博物馆人类学研究书系

博物馆人类学的观点与实践
第二届博物馆人类学研讨会论文集

中国民族博物馆　编

郑茜　主编

科学出版社

北京

内 容 简 介

本书在中国民族博物馆举办的第二届博物馆人类学研讨会论文基础上精心辑选而成，分为"主题演讲""博物馆与文化政治""博物馆叙事：价值、逻辑、策略""历史、认同与博物馆""生态、社区、地方性知识""物、非物：阐释与表达"六个部分。论文从人类学视野出发，覆盖了博物馆业务诸方面，触及了博物馆事业发展的前沿地带和热点问题，显示出博物馆人类学作为一种理论方法可以延伸出来的丰富深邃的观察视角。上述研究成果力图实现理论与实践的互联，促进学术与实操的相触，既引导博物馆人类学从当代中国民族类博物馆业务操作实践的具体案例中汲取学术研究的动力，也引导民族类博物馆从相关理论成果中获取推动自身发展的良好工具和营养剂。

本书可供博物馆人类学、文博界研究者和爱好者以及大专院校相关专业师生阅读、参考。

图书在版编目（CIP）数据

博物馆人类学的观点与实践：第二届博物馆人类学研讨会论文集 / 中国民族博物馆编；郑茜主编. —北京：科学出版社，2021.10
ISBN 978-7-03-069967-1

Ⅰ.①博… Ⅱ.①中… ②郑… Ⅲ.①博物馆学–人类学–文集 Ⅳ.①G260-53 ②Q98-53

中国版本图书馆CIP数据核字（2021）第203991号

责任编辑：张亚娜　周　赐 / 责任校对：王晓茜
责任印制：肖　兴 / 封面设计：图阅盛世

科学出版社 出版
北京东黄城根北街16号
邮政编码：100717
http://www.sciencep.com

中国科学院印刷厂 印刷
科学出版社发行　各地新华书店经销

*

2021年10月第 一 版　开本：787×1092　1/16
2023年 3月第二次印刷　印张：17 1/4
字数：256 000

定价：128.00元
（如有印装质量问题，我社负责调换）

第二届博物馆人类学研讨会
论文集编委会

主　　任：顾　群
副 主 任：郑　茜　李金希　张继康
主　　编：郑　茜
特邀编辑：吴　洁　罗　攀　林飞飞
特邀设计：翟跃飞

序

　　这是一次适逢其时的学术聚会。以"实践、经验、对话"为主题的第二届中国博物馆人类学研讨会于2019年11月在北京举办,此时正值"重新定义博物馆"的国际讨论在全球范围的博物馆界掀起——在当代博物馆面貌发生深刻变化之际,国际博物馆协会试图推动博物馆界的自我反思和"重新塑造自己的身份",以应对21世纪博物馆多重且复杂的未来愿景。在此时举办的第二届中国博物馆人类学研讨会,从人类学视野出发,以细致绵密的议题覆盖博物馆业务诸方面,触及了博物馆事业发展的前沿地带和热点问题,显示出博物馆人类学作为一种理论方法所能延伸出的丰富触角与深邃视角,由此汇聚起来的研讨成果,显然可为博物馆再定义的热潮提供一个独特的思考观察角度。

　　自2017年首次搭建起全国规模的博物馆人类学研究平台以来,中国民族博物馆持之以恒地把推动博物馆人类学研究作为自身的职责和历史使命,这不仅缘于国家民族博物馆以学术立馆、学术兴馆的内在动力,更在于为国内民族类博物馆寻求学理支撑与科学方法的时代要求,以及为民族类博物馆在发展过程中可能面临的业务难题寻求良好科学工具的现实需求。

　　中国民族博物馆所搭建的全国规模的博物馆人类学研究平台,已显示出其开创性的历史性意义和价值,它引导着一批国内学者和博物馆从业人员,自觉地用人类学的观点和方法,去观照中国博物馆事业在迎来高速发展的新时代所出现的理论和实践问题。事实上,经由博物馆人类学视角提出的一系列具有强烈探索性与敏锐性的论题,对于理论研究之风急遽升腾的中国当代博物馆界,显然可提供足具建设性的理论话语。

第二届博物馆人类学研讨会定位于"对话",力图实现理论与实践的互联,促进学术与实操的相触,使仰望星空和脚踏实地两个方面成为可能——既引导博物馆人类学从当代中国民族类博物馆业务操作实践的具体案例中汲取学术研究的动力,也引导民族类博物馆从相关理论成果中获取推动自身发展的良好工具和营养剂。我们看到,这一届博物馆人类学研讨会承袭和巩固了首届研讨会奠定的良好基础,进一步筑牢了这个可用以发表、交流、聚合学术成果和激发新思维的理论研究平台的稳固性,推进了人类学观照博物馆实践发展的深度,在"用人类学看博物馆"和"在博物馆里用人类学"两个维度交织起来的视野下,把人类学观照博物馆实践的广泛程度和深入程度,以及博物馆借助理论研究成果解决实际难题的可行性程度,都向前推进了一步。

本论文集是在第二届博物馆人类学研讨会上发表演讲的论文中,精心辑选而成,标识着博物馆人类学在国内推进发展的又一个显著成果。我们希冀博物馆人类学研究之火持续不断地燃烧,既散发温度,为民族类博物馆的一线实践操作提供理论指导的暖意热量,更带来亮度,为民族博物馆或者更为广大的中国博物馆从业者带来实践之路上的烛照光源。

郑 茜

中国民族博物馆副馆长

目 录

主题演讲

博物馆人类学的根基 ………………………………… 王嵩山 / 3

显与隐——文化展示的人类学与人类学的文化展示 ………… 王铭铭 / 25

批判遗产研究与批判博物馆学研究再思：学术思想渊源与学术动向分析
………………………………… 潘守永　雷虹霁　张俊龙 / 36

博物馆与文化政治

关系主义博物馆学：缘起、立场与困境 ……………………… 尹　凯 / 55

博物馆叙事：价值、逻辑、策略

"物""人"关系的展示学重构：博物馆人类学的方法与实践 …… 郑　茜 / 71

创意、关怀与改变——理解中国博物馆展陈中的文化创新
………………… 张力生　罗攀　大卫·弗朗西斯（David Francis）/ 80

博物馆展示民族身份：从理论诉求到展览实践 ……………… 王思渝 / 93

博物馆作为接触区：异文化与跨领域的展示叙事 …………… 江桂珍 / 105

宗教艺术题材展览的叙事策略与价值诠释
　　——以"天梯山石窟专题展"为例 …………………… 周墨兰 / 118

展览的释展系统构建——以馆藏"洋人远航大碗"为例 ………… 骆文静 / 130

历史、认同与博物馆

移民、族群与国家：新加坡华人主题博物馆的建构与想象 ……… 关　昕 / 149

基于在地社区的少数族裔博物馆建设及展览实践
　　——以三所华裔美国人博物馆为例 ………………………… 蓝　蔚 / 164

生态、社区、地方性知识

作为模糊地带的大鲍岛：一个历史街区的发展、规划与叙事 …… 德明礼 / 181

作为乡村文化遗产保护方法论的博物馆现象研究
　　——以腾冲和顺古镇为例 …………………………………… 杜韵红 / 207

关于威海海草房传统村落生态博物馆建设的几点思考 …………… 吕伟涛 / 221

物、非物：阐释与表达

物质文化的多元表达
　　——中国民间工艺美术在英国的收藏与展示 ……………… 汪燕翎 / 235

人类学视角下的女性文化遗产
　　——石寨山青铜器扣饰的记忆 ……………………………… 沈　宁 / 246

主题演讲

博物馆人类学的根基[*]

王嵩山[**]

一、导　言

博物馆与人类学有什么关系？虽然人类学与博物馆的关系可追溯到19世纪[①]，但是以人类学观点从事博物馆研究的博物馆人类学（Museum Anthropology），则是社会文化人类学非常晚近的一个新分支；再说，博物馆人类学的期刊出版超过四十年[②]，但是主要建构的时间要到1990年代[③]。1990年代有关的研究增加，甚至出现了对此有兴趣的机构。例如：1992年，英国的牛津大学（Oxford University）新设一个民族学与博物馆民族志学院（School of Ethnology and Ethnography of Museum），包括社会文化人类学研究所、生物人类学研究所、陂历佛博物馆（Pitt-Rivers Museum）

---

[*] 本文修改自2019第二届博物馆人类学研讨会"实践、经验与对话"专题演讲，主办：中国民族博物馆，日期：2019年。
[**] 王嵩山，台湾逢甲大学历史与文物研究所教授，亚太博物馆学与文化研究中心主任。
[①] 本文若干观念参见下列拙著。王嵩山：《过去的未来：博物馆的人类学空间》，台北，稻乡出版社，1991；王嵩山：《文化传译：博物馆与人类学想象》，台北，稻乡出版社，1992；王嵩山：《差异、多样性与博物馆》，台北，稻乡出版社，2003；王嵩山：《想象与知识的道路：博物馆、族群与文化资产的人类学书写》，台北，稻乡出版社，2005。
[②] American Anthropological Association. Museum Anthropology. https://anthrosource.onlinelibrary.wiley.com/journal/15481379, 2021-3-17.
[③] 英国的博物馆民族志学者团体（Museum Ethnographer's Group）出版年刊Journal of Museum Ethnography。

三个部门。博物馆研究和博物馆组成（museum formation），都是多学科整合的。早期欧美大学的博物馆相关工作，便是结合人类学、历史学、艺术史、自然史等科系。

全世界的博物馆不但在数量上一直持续成长、性质也在不断地改变，近二十年来通过文化遗产、旅游等目的地文化（destination culture）的建构，博物馆与社会文化体系的关系日益复杂[①]。博物馆已经不被视为单一型态（或单数的形式）。至少，一般将博物馆的类型依其藏品与相关学科知识分为三种：科学类的博物馆[②]、艺术类的博物馆、历史与文化类的博物馆，三者之性质（和其关怀的自然与科学精神、美学观念、时间的或年代的顺序）、所涉及的文化观念、权力与知识的运作、和社会的关系均不同。在这几个范畴中，人类学博物馆的类型归属是较为模棱两可的，跨越在科学类、艺术类与历史类三者之间的灰色地带。这种现象也说明了虽然人类学者主要的工作场域是人类学博物馆，但这并不表示人类学者只以人类学博物馆类型为其研究对象。因此，这便涉及我们对多样化的博物馆（diversity of museum）及其性质的掌握。

博物馆的基本形式被归入文教组织（cultural and educational organisation），唯因其涉及文化治理的五个独特面向（物与知识之搜藏、展示、教育、治理与社会文化冲击），以及其强调非制度化教育、重视非营利性而有别于其他文教组织[③]。以知识的目的而言，物与收藏品（objects and collections）使博物馆拥有足以持续研究的文化材料，而成为博物馆运作、博物馆学研究的重要基础。以前传统功能为对象的博物馆研究（museum studies），至少可分为两个不同的层面：一是博物馆学（Museology），指的是研究博物馆的社会文化史、哲学与其终极的关怀；二为博物馆志（Museography），指涉博物馆工作方法之记录与研究，或称博物馆实务（Museum Practices）。伴随着大众对物质文化、文化遗产与目的地文化的兴趣，博物

---

① 王嵩山：《想象与知识的道路：博物馆、族群与文化资产的人类学书写》，台北，稻乡出版社，2005。
② 科学类的博物馆又区分为自然历史博物馆（Museum of Natural History）与科学工艺博物馆（Museum of Science and Technology）。
③ 事实上，"博物馆的四大功能"、"非制度化的教育形式"与"非营利性的组织"等，都已成为博物馆研究的值得争论的重要议题。

馆的研究日趋热络①,其中便包含了博物馆人类学的兴起。

伴随着大众对物质文化、文化遗产的兴趣提升,博物馆研究日趋热络,博物馆学与博物馆志蔚然成为新兴学科,其中包含了博物馆人类学的兴起。如同过去人类学家对部落、乡民社会、都市、国家的研究,通过人类学的方法、社会文化观点,博物馆已成为一个可研究的单位。由于人类学家所面对的博物馆是一个存在争议的领域,博物馆人类学除了研究博物馆的社会文化冲击现象,也应探索不同的社会文化体系对博物馆实践的影响。不论我们将博物馆视为社会器物,还是视为自成一格的、具有独特的社会组成原则的单位或文化组织,或是一种特殊的社会文化形式,面对一个刚开始积极地呈现其自身的博物馆现象,通过早期民族志学者对部落性质之研究而建构出来的社会文化观的启发,南岛语族文化研究基本文化形式的掌握,以及讨论人类学研究公共博物馆学及其所收藏之物的可能性等方面,本文尝试阐释博物馆人类学的根基,检视人类学研究博物馆多样性及其博物馆性(the diversity of museum and museumality)的可能性②。

二、博物馆作为人类学的研究单位:部落研究与社会文化观的启发

"部落(tribe)"一词广泛被人类学家所使用。然而,与"文化"一样,部落也是一个具争议性的字词。罗马字 *tribua* 指的是一个"政治单位",被用来指涉"占有某个地域的社会群体"。摩根(Morgan)的"古代社会"对"部落"的定义是"不包括政治层面的社会制度"③。缅因(Maine)则指出:"部落"是一个法律关系基于地位原则(principle of status),而非契约(contract)原则的群体④。

---

① 台湾不但有许多系所(特别是历史系、人类学系所、民族学系、社会教育系所、成人与继续教育研究所)开设相关课程,亦有博物馆学研究所(辅仁大学)、博物馆学与古物维护研究所(台南艺术大学)、博物馆研究所(台北艺术大学)、文化资产维护研究所(云林科技大学)、历史与文物研究所(逢甲大学)的创立。
② 王嵩山:《差异、多样性与博物馆》,台北,稻乡出版社,2003。
③ Lewis Henry Morgan. Ancient Society. New York: Henry Holt, 1877.
④ Henry Sumner Maine. Ancient Law: Its Connection with the Early History of Society and Its Relation to Modern Ideas. London: Murray, 1887.

20 世纪 60—70 年代，演化论者使用"游群（band）""部落""酋长国（chiefdom）""国家（state）"等线性的发展系列，表达人类政治单位的变化。部落被视为政治组织中的一个演化的阶段。文化人类学的演化论者如塞维斯（Elman Rogers Service）强调不同政治单位的性质[①]，萨林斯（Marshall David Sahlins）则强调部落与其他单位的整合的机制（mechanisms of integration）而非其界限（boundaries）[②]，弗里德（Morton H. Fried）认为部落是国家所创造出来的[③]。三者虽有不同的关注焦点，但都承认：部落的"界限性（boundedness）"是因外在的冲突、或战争所造成的。这个时期人类学的"部落"概念，指的是社会政治的组织（sociopolitical organization），这个社会政治组织至少具有下列三个特征。第一，拥有一个以上的地方社群（local community）。第二，经由共同的文化特征（cultural characteristics）结合在一起。第三，具有超地方层级（supralocal level）的政治领导、或政治组织；也就是说，更强调其领导权，职业开始专业化（例如：社会内部手工艺、军事、宗教活动等方面的专业化），也出现了再分配的经济机制（redistributive economy）。

20 世纪 70 年代，对于部落的概念有更进一步的发展。比方说，见之于第三世界的"部落主义（tribalism）"并非自然而然产生的，而是被殖民统治者有意识的创造出来的（例如：非洲的部落），其目的在于达到对于殖民地的分裂、剥削与统治。一般而言，这个论点被认为简化了前殖民时期，非洲内在的复杂族群关系以及地方的社会关系。同样的，被认为"现代化与都市化造成部落忠诚的丧失"的"去部落化（detribalization）"论述，亦被认为过于简化，忽视不同种族和族群实际上充满着冲突、竞争和适应的现象。因此，后来的人类学者改用族群意识（ethnicity）的

---

① Elman Rogers Service. Primitive Social Organization. New York: Random House, 1962.
② Marshall David Sahlins. Tribesmen. New York: Prentice-Hall, 1968.
③ Morton H Fried. The Evolution of Political Society: An Essay in Political Anthropdogy. New York: Random House, 1967.

概念来进行研究①。虽然如此,20世纪90年代发生的"部落化(tribalization)"现象(例如,发生于南美洲巴西亚马孙河流域地区和世界各地,由非政府组织和其他的代理组织所促成的一种行动),却值得探讨②。

部落的概念形构,也出现在博物馆的研究中。一方面是人类学发展博物馆的类型化(categorization),一方面是处理博物馆所涉及的社会形成(social formation)。

三、人类学博物馆类型与发展：收藏、展示、教育、治理、社会文化冲击

人类学博物馆至少包含考古学博物馆、民族志博物馆、社会/文化史博物馆三大类。事实上,由于跨学科(人文、社会与生物)的性质,人类学博物馆往往被归类在历史博物馆与自然史博物馆的范畴中。

具有丰富古物的地区或现址博物馆(on-site museum)往往出现特殊的考古学博物馆。考古学博物馆主要的关注在于地上与地下所发现的历史证据。在许多个案中,(史前)考古学博物馆可以提供的文字记载极少,甚至是不见文字记录的某一时期数据。与考古学(特别是历史考古学、或古典考古学)有关的古董博物馆(antiquities museum)特别常见于欧洲与亚洲。在许多著名欧洲与亚洲城市的国家博物馆中,我们都可以发现古代世界的标本器物,例如：约旦安曼、希腊雅典、埃及开罗、丹麦哥本哈根、苏格兰爱丁堡、西班牙马德里、墨西哥墨西哥城等地。

以民族志的观点(ethnographic viewpoint)来收藏并展示各种资料的博物馆,是历史类博物馆中人类学博物馆的另一种特殊形式。正如其民族志用语的涵意,这种类型的博物馆在呈现其藏品时,强调的重点是文化而非年代。民族志博物馆常见于非洲和大洋洲新成立的民族国家。在这些民族国家中,民族志博物馆被视为可以在不同文化群体之间,塑造其贡献于国家统一的手段。另外,某些工业化的国家,

---

① 关于包含"文化展演"之实践的族群意识研究见王嵩山：《集体知识与文化重构：阿里山邹人当代社会实践之意义》,载《考古人类学刊》,台北,台大人类学系,1997；王嵩山：《过去就是现在：当代阿里山邹族文化形式的社会建构》,85-120页,121-158页,台北,稻乡出版社,2003。
② Marc S Miller. State of the Peoples: A Global Human Rights Report on Societies in Danger. Boston, MA: Beacon, 1993.

特别是那些曾卷入殖民化过程的国家，民族志博物馆成为一种异民族之文化的博物馆（museum of the cultures of other peoples）。这些机构许多设立于首都，而这些首都在殖民时代的巅峰时期，是遥远、未知世界的民族之窗（nation's window）。因此而设立的博物馆有法国巴黎的人类博物馆（Museum of Mankind），英国伦敦大英博物馆的民族志部门，以及荷兰阿姆斯特丹的皇家热带研究所博物馆（Tropenmuseum, Museum of the Royal Tropical Institute）。某些特殊的民族志博物馆也可能设立在省郡级的城市中。通常这些博物馆的成立，或与某一个个人有关，如英国牛津的皮特河博物馆（Pitt Rivers Museum）；或因贸易的联系而产生，如德国不莱梅的海外博物馆（Overseas Museum）、英国利物浦默西赛德郡的国家博物馆与画廊（National Museums and Galleries），其中利物浦默西赛德郡的国家博物馆与画廊的产生，便是因其接近主要的国际港口。

与人类学有关的历史博物馆的范畴，也存在着许多社会/文化史博物馆的形式。这些博物馆的大量产生，主要的关注点在于维护城市与乡村的传统（preserving urban and rural traditions）；随着技术的进步，这类博物馆的数量快速成长。

事实上，某些社会/文化史博物馆，不但卷入记录当代生活的各种物质面相，并选择性地收藏各种标本、器物。这种类型的博物馆之先驱，是1873年哈齐留斯（Artur Hazilius）在瑞典首都斯德哥尔摩的北欧博物馆（Nordic Museum）所发展出来的第一个传统生活博物馆。1891年，瑞典斯德哥尔摩出现了第一个露天博物馆斯堪森博物馆（Skansen）。不久之后，这两种社会/文化史博物馆的分支类型，也出现在其他国家。瑞典的社会史博物馆由民族学者与历史学者组成。

人类学博物馆更与当代社会的文化遗产保存有关。巴黎的国立通俗艺术和传统博物馆（National Museum of Popular Arts and Traditions），成为在博物馆内部选取一个较大范围的国家途径的例证。世界各地的户外博物馆（有时是在原址上），不但保存与维护传统建筑，也经常演示和建筑相关的各种活动。例如，尼日尔首都尼亚美的国立尼亚美博物馆（National Museum of Niamey）、尼日利亚乔斯的传统建筑博物馆（Museum of Traditional Nigerian Architecture）、罗马尼亚首都布加勒斯特的布加勒斯特村落博物馆（Village Museum of Bucharest）、加拿大安大略省莫瑞斯堡的上加拿大村（Upper Canada Village）、美国弗吉尼亚州的"殖民地威廉斯堡（Colonial Williamsburg）"、俄罗斯的诺夫哥罗德国家博物馆保护区（The Novgorod State Museum Preserve）等。

在某些例子中，个别的历史房舍之所以被保存与维护，成为一座博物馆，主要是由于它们是某一个特定时期的典型，在另外某些例子中则是由于其相关性。后者即纪念博物馆（the memorial museums），例如，中国四川成都的杜甫草堂（The Cottage of Du Fu）、俄罗斯莫斯科的托尔斯泰博物馆（Leo Tolstoy Museum）、英国伦敦的狄更斯博物馆（Charles Dickens Museum）、美国弗吉尼亚州的乔治·华盛顿故居弗农山山庄（George Washington's Mount Vernon）。其中，前三者可能会被视为文学博物馆。

21世纪初，许多大型博物馆运用其社会地位的优势与文化资本持续开疆辟土，其不只拥有不可动摇的科学的或美学的知识权威地位，更通过其自成一格的独特收藏品，运用与时俱进的博物馆展示与教育技术，发展成无可取代的博物馆或美术馆。这些博物馆开展博物馆收藏技术、展示技术、教育与学习技术等。再说，伴随民众对场所与文物的可及性（accessibility）和公民文化权（cultural rights）之要求，地方博物馆巧妙地响应大型博物馆的中央化与集中化的策略，转而采取分散的、论坛的角色[①]；相对于过去博物馆对文化保存、形塑知识的兴趣，目前这些博物馆（与文化遗产之生产制造）更关心增加经济的收益，也更在意地方的、小区的、部落（与族群）的主体性如何可以更加突显。全球地方化的过程中，不可避免的在地的或小区的博物馆（及其所处理的文化形式）之重要性增加，并参与了小区或部落的赋权行动（empowerment of tribe or community）。虽然如此，以受法国生态博物馆（ecomuseum）概念启发而规划设计建成的宜兰县立兰阳博物馆为例，我们却发现那里依

---

① 创建于1970年代日本大阪万览会之后的国立民族学博物馆，2014年起开始建构"信息论坛博物馆（Info-Forum Museum）"。德国柏林"洪堡论坛"的建构，启动各个民族学博物馆的新社会文化实践。

然受到台湾文化性质的深刻影响，依靠政治力而非市场原则来处理博物馆事务与资源。

博物馆在非西方社会是一个新的文化现象与社会事实。受到人类学社会文化观念影响的法国生态博物馆的做法，影响了许多非西方国家，在中国的少数民族区更蔚为风潮。多民族的东南亚与大洋洲的博物馆的组织殊异，博物馆意识与思维模式各自不同，其类型较多为历史、文化遗产、族群艺术、族群文化的博物馆，少见自然史或科学工艺博物馆。此外，东南亚社会普遍存在"国家博物馆（national museum）"模式[①]，大洋洲则采取"文化中心（cultural centre）"模式[②]。前者，偏重国家再现的文化治理、揭露历史建构的文化假设及逻辑；后者，意识性地处理族群认同的边界、标举去殖民文化遗产重建的政治经济意图。前者如新加坡国家博物馆（National Museum of Singapore）、越南国家历史博物馆（National Museum of Vietnamese History）、印度尼西亚国家博物馆（Museum Nasional Indonesia）等；后者有美国夏威夷玻利尼西亚文化中心（Polynesian Cultural Center）、新喀里多尼亚的堤堡文化中心（Tjibaou Cultural Center）等。位于大洋洲的国家新西兰和澳大利亚与东南亚的菲律宾和印度尼西亚则兼具这两种类型。正因为博物馆与文化中心作为地方文化遗产的表达、保存、再现的基址，也具有经济资源价值[③]，东南亚地区与大洋洲本地民族的博物馆实践，除了承接西方社会对于艺术与文化遗产的概念，也正以其文化的独特性挑战英美、欧陆的博物馆传统。这种情形也见之于生态博物馆的多样化实践现象。这正呈现出探索博物馆治理技术与社会文化关联性技术的重要意涵。

---

① Association of Southeast Asian Nations Committee on Culture and Information. Comparative Museology and Museography in ASEAN, 1997.
② Nick Stanley. The Future of Indigenous Museums: Perspectives from the Southwest Pacific. Oxford: Berghahn Books, 2007; Chris Healy. South Pacific Museums: Experiments in Culture. Melbourne: Monash University ePress, 2006. Kylie Message. New Museums and the Making of Culture. Oxford: Berg Publishers, 2006.
③ Christina Kreps. The Theoretical Future of Indigenous Museums: Concept and Practice, 2007; Nick Stanley. The Future of Indigenous Museums: Perspectives from the Southwest Pacific. Oxford: Berghahn Books, 2007, pp. 223-234.

四、自然与文化：博物馆的民族志书写

从具异国情调的地方带回各式各样的器物是西方社会的文化传统之一。自文艺复兴时代、大探索时期以来，人文学者对新世界的好奇与发现行动，使他们搜集许多人为物与自然物。政府与有钱人支持博物馆的相关工作，王室与主教等人士竞相设立奇珍异宝库（cabinet of curiosities）。到了18世纪晚期，这些奇珍异宝库转变成为公立博物馆。例如斯隆恩爵士（Sir J. Slone）的收藏品支持了当时的大英博物馆。18世纪结束前，更为组织化的探索活动，人为物与自然物的收集行动更加扩张。例如，西班牙的马拉斯皮纳（Malaspina），于1789-1794年到北美（远至阿拉斯加的雅库达湾Yakutat Bay）收集矿物、动物与植物标本。他所收集的民族志物件，目前存放在马德里（Madrid）的美洲博物馆。此外，著名的英国库克船长（Captain James Cook）在大洋洲航行时虽然没有担负特殊的收藏任务，但是目前却可在不同的博物馆看到至少2000件他们所搜集的物件[①]，某些收藏品在大英博物馆展出。1792年，温哥华（Vancouver）航行于北美洲西北海岸、太平洋等地，他和苏格兰自然史学家孟吉斯（Archibald Menzies）收集土著的风俗习惯与民族志标本。这些收藏的目的是教育性的，试图呈现人类不同的手工艺成就，这些民族志标本于1796年被大英博物馆收藏[②]。

1870年至1880年间，北美、南美、欧洲等地陆续地成立许多兴趣于研究人类的博物馆。民族志收藏品在自然史博物馆中扮演重要角色，在某些博物馆中甚至成为主要的馆藏。人类学被视为自然史学科的一员。19世纪末到20世纪初，尤其是欧洲考古学和美洲的文化人类学的学问，几乎与博物馆共同成长[③]。

19世纪的人类学家的兴趣并不在于全力地描述和分析独特的文化，而是致力于重建人类文化及自然界的历史，或致力于单一文化的特征及差异性的研究，以求得

[①] L L G Rozina Adrienne, Karl Henking, Enrico Hillyer Giglioli. Cook Voyage Artifacts in Leningrad. Honolulu: Bishop Museum, 1978.

[②] J C H King. First Peoples, First Contacts: Native People of North America. Cambridge: Harvard University Press, 1999, p. 11.

[③] Paul H Oehser. The Smithsonian Institution. Boulder: Westview Press, 1983, pp. 67-75.

对人类广泛问题的了解。这个时期博物馆对文化人类学的影响至少有两个方面。第一，由于博物馆关心收集可展示材料而强调物质文化的重要性。这方面的影响使人类学与博物馆工作从事标本搜集，也重视美学的人文成分，人类学博物馆因此与原始艺术产生深厚的关系。第二，博物馆工作倾向于鼓励人类学者根据静态的自然史类型学去分类他们的数据。例如，民族志博物馆之先驱——德国，所发展出来的文化传播论，强调文化特质（如不同形式的鱼钩风格、神话等），并将文化视为分离的、不连续的特质累积，而非整合的整体，正如自然科学家们处理岩石或蝴蝶所采取的方式一样。由于其并非将焦点放在文化的动态面，人类的行为和观念被当作具体静态的实体来处理，而非视为一个流动的连续状况下的产物，因此导致博物馆相关工作如同收集个别且分离的事物（separate things）一般来处理与面对文化，而非将之视为一个彼此关联的观念和行为系统。此外，当时的博物馆关心的是如何呈现"异国情调"，并将标本由简到繁从事排比的陈列[①]。

19世纪开始发展的人类学，民族志物件的挪用与收集（appropriation and collection of ethnographic objects）是重要的成分。殖民地的物件被大量的带回西方的国家中展示[②]。但是，19世纪甚至20世纪，博物馆收藏品的文化意义并不被重视。此时的博物馆鼓励物件的收藏，收藏者往往是贸易商、殖民地大农场的拥有者，或是传教士、政府官员。

20世纪初到20世纪中叶，专业的人类学者渐增，人类学的研究与人才训练重心逐渐由博物馆转移到大学中。19世纪20—30年代，人类学系相继在英国、美国成立，促成学院人类学的产生，使得民族学研究与各民族的标本器物的质与量渐增加。这个时期在理论上比较重要的发展，是藉由愈来愈多可靠的民族志资料，批判进化论的化约，而有传播论（diffusionism）、文化圈论（culture-circles theory）、美

---

① William Ryan Chapman. Arranging Ethnology: A. H. L. F. Pitt Rivers and the Typological Tradition, in George W Stocking(ed): Objects and Others: Essays on Museums and Material Culture. Madison: The University of Wisconsin Press, 1985, pp. 15-48.
② James Clifford. The Predicament of Culture: Twentieth-Century Ethnography, Literature, and Art. Cambridge: Harvard University Press, 1988.

国的历史特殊论（historical particularism）的出现。这些重要的理论学派与博物馆的关系都极为密切。例如，许多弗朗兹·博厄斯（Franz Boas）的追随者着重文化区（culture area）的探究，尤其是由美洲印第安人的研究成果来建构不同的文化区，例如北美大平原（The Great Plains of North America）便被视为典型的文化区，这个区域的印第安人共享一些诸如猎水牛、重视战争的价值的风俗习惯与制度，大都有太阳舞仪式和军事社群。这方面的成绩以在博物馆工作的阿尔弗雷德·克鲁伯（Alfred L. Kroeber）最为丰硕，如他在1939年出版的《北美洲的自然和文化区域》（Natural and Cultural Areas of North America）、1944年出版的《文化成长的形貌》（Configurations of Culture Growth），都投注了极大的心力来分析印第安文化的基本要素与分布情形[1]。人类学家将这些文化区图示之后，发现其存在于特定的生态区位中，如亚马孙河（Amazon River）、大盆地（Great Basin）等。

由于受此期间博物馆所重视的工作之影响，传播论者和历史特殊论者强调搜集文化器物和特质（cultural artifacts and traits）标本。研究人员记录标本的分布，根据型态（type）来加以分类。无疑的，这是一种自然史的研究途径。此期的田野工作时间亦不长，因此当他们在有效率地收集篮子和谚语时，对这些标本存在的脉络并没有学得多少。即使强调田野工作之重要性的弗朗兹·博厄斯，也没有在单一的夸扣特尔人（Kwakiutl）村落或因纽特人（Inuit）营地住上超过一星期。因此，当弗朗兹·博厄斯累积了大量的民族志细节时，却从未有清楚的夸扣特尔人或因纽特人生活的图像，而且，他亦很少认识这些民族的不同风俗习惯和制度的方式之内在关系（interconnected）[2]。由于强调文化是由独特的且不连续的历史事件和环境的配合而成，又由于特别注意到土著观点下的文化观，弗朗兹·博厄斯学派所发展出来的文化相对论（cultural relativism），认为各种价值的地位都是相对的、没有普遍的标准，隐含纯粹外在解释的不完整。人类学家必须有更为精确的方法。这方面的进展，更见之于英国的社会人类学领域之中。人类学专业化的过程中，视社会文化为

---

[1] Julian Haynes Steward. Alfred Kroeber. New York: Columbia University Press, 1973.
[2] Howard. The Contemporary Cultural Anthropology. New York: Little, Brown and Company Press, 1986.

一个整合的观点（integrated view）使人类学与博物馆脱离兴趣于文化起源或历史的自然史传统，转而认真思考：信仰与风俗习惯在文化中真正的作用及其彼此之相关。

博物馆收藏研究的成果往往以展示与教育来呈现，而博物馆的展示与教育往往呈现出策展人（curators）和参展商（exhibitors）的文化假设（cultural assumptions）。博物馆的展示与教育不但累积国家认同的信息，也累积国家与他者（others）之间关系的信息。例如，他者在演化序列中的位置，他者与我们的差异等[①]。他者被视为是原始的（primitive），我们则是文明的（civilized）。大部分的自然史博物馆，往往是以自然（nature）而非文化（culture）的观点摆置他者的位置。这些博物馆的展示（以及相关的研究与教育活动）不但明显地突显出西方帝国主义的历史，并为殖民主义之对殖民地之经济与文化挪用的正当性提出辩护。换言之，19世纪的博物馆展示，反应出分类与定义他者的西方权力与知识，以便于合法化对于他者的权力与控制。无论如何，国家认同的观念与国家和其他世界的关系随时在改变，而这不止反映博物馆传达知识的方法的变化，也涉及被传达的知识之变化。

他者的器物也出现在艺术博物馆中。虽然20世纪初，毕加索（Picasso）等人已认识到大洋洲与非洲艺术的美学素质，但是一直到第二次世界大战之后，艺术博物馆才开始接受仪式器物被视为可收藏的物件。纽约市的现代艺术博物馆（Museum of Modern Art），便曾运用来自世界各地的民族志物件，展示原始主义（primitivism）的主题。正由于他者的器物蕴含独特的美学素质，使他者由自然转向文化。

五、区辨与联结：博物馆与事物研究的新取向

博物馆场域是探索物之重要性（object matter）的学术基地。唯博物馆与物件是非中性的，多义的物件隐含诗意的、政治的不同性质，而博物馆收藏、展示、教育与管理的基本形式与时俱变，其诠释与沟通往往涉及竞争性的、自然的、历史的与文化的知识（contesting knowledge）。

---

① Ivan Karp, Steven D Lavine. Exhibiting Culture: The Poetics and Politics of Museum Display. Washington and London: Smithsonian Institution Press, 1991.

19世纪博物馆的兴起,因殖民主义而产生之国家博物馆、海外收藏、自然史博物馆,自然科学与社会学科的科学主义,以分类学的、区辨的方法论,处理博物馆中的物件。

第二次世界大战之后,民族国家独立,文化再现与文化回归议题兴起。20世纪70年代,联合国教科文组织推动遗产概念,文化的性质及其与社会的关系重新被检视。20世纪末,新的科学技术对历史与文化的认识产生冲击,例如博物馆数字化技术产生的四种影响。影响之一,博物馆收藏认知的转变从分类、区辨转向着重联结。影响之二,博物馆的展示与表演,重视创新与互动性的开展。影响之三,博物馆的教育与学习与治理,强调主体性与社群观念。影响之四,博物馆社会文化冲击,并献地方化、全球化与永续发展。

联合国教科文组织的行动,如世界文化遗产(大致是以有形文化遗产为主)、世界记忆(memory of the world,强调自新石器时代文字发明之后各式各样的纪录。文字使思想脱离人类自身且可以继续留传,使文献成为社会文化冲击的物件,因此2014年中国将"慰安妇与南京大屠杀文献"作为申报项目)、文化多样性与生物多样性的保护、无形文化遗产保护等文化实践。这些多面向的遗产,与博物馆的联系越来越密切,更驱动对于作为博物馆实体基础的收藏的物件性质的重新检视。其中,近十余年来的无形文化遗产保护,更扮演了重要的角色。

无形文化遗产有五种基本形式:(1)口头传说和表述,包括作为其媒介的语言;(2)表演艺术;(3)社会习俗、仪式和节庆活动;(4)有关自然界和宇宙的知识和实践;(5)传统手工艺。无形文化遗产被视为是人类存在的基础。它呈现出人类传承的知识群集,也因为这些知识,在社会相互影响的演进中,人们身份认同的意识也得以永续生产与再生产。尽管知识群集带来传承的意识,如同我们的生活方式,但它不断地变化,因此无形文化遗产是动态的形式[①]。

---

① 王嵩山:《无形文化遗产的护卫与博物馆:日本经验》,台中,逢甲大学亚太博物馆学与文化研究中心,2014。

事实上博物馆物件的无形文化遗产的性质是多义的，广泛的见于博物馆世界。众多的艺术博物馆的复制品与修复的真实性（authenticity）议题，产生社会文化冲击。21世纪初法国巴黎布杭利岸博物馆由民族志收藏转向美学物件收藏。美国航天博物馆收藏与展示第二次世界大战投掷原子弹的B-29轰炸机伊诺拉·盖伊号（Enola Gay）引起社会争议。战争与殖民的相关事物被视为历史真相左右为难的遗产（difficult heritage）。文化遗产中的宗教文物，挑战机构的理性。而文物回归的争议亦多、碰触文化权的归属与主体性之敏感地界，如：大英博物馆的艾尔金大理石雕刻（Elgin Marble）、新西兰蒂帕帕国立博物馆的文面头骨（toimoko）、台湾大学人类学系博物馆归还莫那鲁道遗骨、台湾博物馆的柯象木乃伊、台湾自然科学博物馆的家族的神主牌、台湾历史博物馆的土地公庙等。晚期更见新自由主义全球化对博物馆事物的影响，曾参与法国巴黎原初艺术博物馆规划的法国人类学家莫里斯·郭德烈（Maurice Godelier），便曾讨论物的性质所涉及四种不同交换系统启发文化对于了解物件性质的重要①。

博物馆是文化形式保存与再现的主要机构之一。多样化的文化形式，以不同的方式进入博物馆。博物馆通过一套独特的认识的、实践的程序，界定不同文化形式（与标本）的性质，赋予它们在博物馆范畴中的位置。博物馆中的文化保存与其再现不可避免地涉及真实性的判断与论述。不只如此，博物馆面对与处理的是变化而不是稳定，是差异而非一致。了解与诠释变动之事物，在不同的时空背景、社会文化体系中，如何转型、繁衍与再创造，是博物馆研究馆员（curators）与教育馆员（educators）的重要工作。博物馆实践涉及的文化遗产保存工作所面对的问题却是流动的、不稳定的、可争议的。

举例而言，博物馆的日常研究照护工作（curatorial work）隐含两种不同的观点。一方面，研究馆员要具备判断真假（原件/非原件）的能力，收藏与研究非常着重

---

① 〔法〕莫里斯·郭德烈（Maurice Godelier）著，董芃芃等译：《人类社会的根基：人类学的重构》，第一章，北京，中国社会科学出版社，2007。

真品的获取与维护，真品的不可取代的地位也影响博物馆的社会组成。另一方面，教学方面则容许以复制品的存在，教育馆员可以通过具有说明性的（原件的）复制品，传递其意涵的真实的观念与社会文化事实。不只如此，大部分博物馆的专业工作，明显地呈现出下列的客位（etic）立场：保存与展示的工作中往往无视于死亡（pretend not dead），男子会所（或庙宇、宗祠）等圣地被视为物体（objects），保存与展演的焦点摆在物件与观念之上，过去也仅被视为过去（past is past），展演与保存中不见情绪性与险恶性（non-emotional, nonthreatening）的表现，贯通展演意涵的往往是历史学、人类学、工艺学等学术主题，不追求被界定为隶属于教堂、墓地等事物的灵性（spirituality）。相对而言，以人为主体的保存与展演观点，则蕴含下列主位的（emic）终极关怀：死亡与我们如影随形，传统的屋宅如男子会所（或庙宇、宗祠）被视为等同于祖灵或祖先（ancestors），保存与展演关怀的焦点是人（或是族群），过去/现在是未来的指引（past/present are guide to future），保存与展演的经验与内容不只是情绪性的（emotional），也兴趣于人性（humanity）和灵性（spirituality）的追求[①]。

前述情形，意味着文化再现（cultural representations），不但涉及物件（或客体objects）性质的定义，也涉及物件确立其主体价值（subjective value）的过程、与文化内在的意义（emic significance）。换言之，在博物馆领域进行无形文化遗产保存，便应留意文化多样性、主体性、动态性、脉络性、传承性，重新定义知识与情感、有形与无形文化遗产的互补的与连结的范畴。这也见之于南岛文化的情况中。南岛语族两种不同（平权化、阶层化）社会，物件所涵盖的文化形式有五种基本面向方面：人与文化的起源、重大历史事件、祖灵、亲属联结、空间组织。物件在两种社会形式与五种文化形式的不同结合表现，暗示了对于理解与诠释物件性质之全貌的、有机的、生命的、互为关联的方法论的重要性。例如：台湾布农人的研究之例，便显示出"新作物的认识，不仅是建立在原有的人观、土地或空间、工作，以及知识

---

① 王嵩山：《博物馆与文化》，台北，台北艺术大学，2012。

乃至于精灵（hanitu、dehanin）等分类的连结之上，而且更需涉及培育、市场知识、资本投入等新范畴的建立。"①莫里斯·郭德烈研究礼物，尝试去除交换所具有的西方经济性质的文化偏见，以免忽视非西方社会（主要是由他的田野而来）的"具有上层结构或意识形态功能的不可交换"。也就是，将交换扩大到经济性的非交换或宗教性的交换，不仅可以了解在现代社会中经济性交换的限制，更可以了解现代社会具有不回赠礼物（unreturned gift）的慈善事业所具有的平衡现代政治经济的不公平的机制。莫里斯·郭德烈透过交换的探讨，重新定位宗教②。他更进一步阐述宝物或圣物所呈现的交换的关系，更宣称过去人类社会的根基是亲属与经济，如今应是宗教与政治③。

六、博物馆人类学的根基

如前所言，博物馆实践既涉及文化的再现与创造，近年来博物馆人类学日渐受学术注目。文化与博物馆的新理论与议题也逐渐的浮现。除了在博物馆工作的人类学家之外，大学的相关科系（与文化研究）也开始加入探索的行列。

19世纪是大型博物馆的黄金时代，这种博物馆是应合通过物质文化的陈列，以符合特殊的社会和政治的需求的历史过程的产物④。无论是博物馆展示、收藏、教育的研究，都隐含殖民主义在文化中呈现的影响，并触及去殖民化的议题。当代人类学家尝试重新检视收藏品与博物馆本身，以揭露其隐藏的文化的或意识形态的假设（特别是由西方文化复制而产生的）；人类学家也尝试检视不同形式的博物馆展示与教育的沟通过程中所涉及的创造、选择、和诠释。举例而言，和传统的物质文化研究者所采取的途径不同，自然物与人为物不但具有表达器物制造和用户的世界观

---

① 黄应贵：《物与物质文化》，20页，台北，"中研院"民族学研究所，2004。亦参见 Godelier. The Enigma of the Gift. London: Polity Press, 1996.
② 黄应贵主编：《物与物质文化》，9页，台北，"中研院"民族学研究所，2004。
③ 〔法〕莫里斯·郭德烈著，董芃芃等译：《人类社会的根基：人类学的重构》，北京，中国社会科学出版社，2007。
④ Donald Horne. The Great Museum: the Re-presentation of History. London: Pluto Press, 1984.

(world view) 的性质，也表达搜集和展示这些器物者的宇宙观。在这个脉络中，有几个相关的争论。

首先，博物馆收藏的物件作为一种器物、或是一种艺术形式。这方面定义上的差异，影响其研究与展示所采取的途径：将器物摆置于民族志的脉络，或是如艺术史学家追求其美学属性（ethnographic context / aesthetic attributes）。进一步的讨论，细腻处理博物馆与艺术的关系，如将博物馆视为一种公共艺术（public art），摆脱过去博物馆性质所隐含的物质性感知、渴望永存、拥有普同的价值与固定化的意义[①]。

其次，文化事物与人类遗留的归还议题（repatriation of cultural material and human remains）。已有的例子如希腊和英国对艾尔金大理石雕（Elgin Marbles，由艾尔金勋爵 Lord Elgin 掠夺自希腊的帕得农神庙 Parthenon）的争议，以及美国国家与土著族群的文化争议，如祖尼族（Zuni）根据《美国原住民墓葬保护与归还法》（The Native American Graves Protection and Repatriation Act），从史密森机构（Smithsonian Institution）取回战神等"神圣事物"。在文物归还的议题上，可以发现两种不同的态度，一种是拒绝归还，另一种则是协调出一种新的关系（例如以国家或区域归还的文物成立由本地民族经营的博物馆）。归还议题不只影响被收藏的器物和标本，最终也影响博物馆的存在，也将重塑其与特定族群和小区的关系。事实上，文物归还现象是当代人类学挪用（appropriation）议题，也就是再现的政治（the politics of representation）议题的一部分。如伊万·卡普（Ivan Karp）和史蒂文·拉文（Steven D. Lavine）所编的论文集，就分析了博物馆中多元文化再现、博物馆志和展示等问题，特别还讨论了影像内容与脉络的掌控和诠释的社会现象[②]。

再说，博物馆学的研究也讨论博物馆所卷入的知识民主化的现象，博物馆的实践被视为不可避免地卷入政治过程，因此博物馆是一个将物质文化、艺术、文物

---

① Hilde Hein. Public Art: Thinking Museums Differently. Lanham MD: Altamira Press, 2006.
② Ivan Karp, Steven D Lavine. Exhibiting Cultures: The Politics and Poetics of Museum Display. Washington and London: Smithsonian Institution Press, 1991.

(artifacts)变型为意识形态（ideology）的社会机构[1]。博物馆与社会需求密切结合，社会以不同的方式影响博物馆的形成。例如，由于当代社会兴起的休闲、旅游活动，要求博物馆的易接近性（accessibility），减低博物馆呈现事物时太过于偏重收藏研究信息（curatorial message），试图提高观众服务的质与量。也因此突显出博物馆与社群、社会发展的关系。事实上，许多人类学家开始留意不同社会文化呈现自成一格的博物馆实践方式。而新的沟通模式如数字化媒体的创造、教育的引导观念的变迁，更导致博物馆人类学者重新检讨博物馆收藏、展示、教育、治理、社会文化冲击性等技术（museum technologies）在社会与知识上的角色与任务。与公共人类学密切相关的新兴的公共博物馆学，便要求一种具反思性的博物馆学与博物馆志。

非西方社会的新博物馆诞生之时，已如罗伯特·简斯（Robert R. Janes）所说的置身于麻烦缠身的世界，无法自外于社会文化脉络。而博物馆所遭遇的问题是全球性的，处于社会文化与自然严峻情境之下的博物馆，到底是能力求更新，与麻烦无关，还是受影响就此崩溃[2]？答案当然是：博物馆应更积极地响应相关的社会议题（如人权、健康、暴力、族群、生态与气候变迁、文化治理之与真、善、美的判断和自由、平等、正义的行动等）[3]。因此博物馆人类学的公共博物馆学（public museology）研究，不仅研究文化遗产的保护，也不仅分析诸如文化多样性、历史以及集体知识、全球化与地方性等议题，更要能针对前述社会困境，运用涉及文化治理的博物馆（收藏、展示、教育、治理、社会文化相关性）技术提出批判性的观点。

不仅如此，人类学的公共博物馆学研究涉及更多的议题与观众，跨越既定的博物馆学的学科界限，也涉及不同社会文化体系对公众议题的极具差异性的理解与诠释方式。将博物馆视为提供包容性公共空间（inclusive public space）的公共领域（public sphere），公共博物馆学的目标是与更广泛的观众、更深刻的社会关怀进行对

---

[1] Flora E S Kaplan. Museum and the Making of "Ourselves": The Role of Objects in National Identity. London: Leicester University Press, 1994.
[2] Robert R Janes. Museums in a Troubled World: Renewal, Irrelevance or Collapse?. London: Routledge, 2009.
[3] 王嵩山：《博物馆、思想与社会行动》，台北，远足文化事业股份有限公司，2015。

话。即使如此，不同社会的公私领域也不相同①，因此不同社会文化脉络中的新博物馆实践，便是亟需关心的议题②。

不论如何，博物馆人类学刚起步、试图进一步的探索博物馆的性质，且至少可以关心下列三个相关的理论主题：(1) 不同时空背景中的器物、文化形式、与社会关系（组织与结构）之间的关联；(2) 事物体系及其范畴、记忆与历史的建构，以及自然、社会与人的本质之理解所涉及的真实性、持续性 (continuity) 与异他性 (otherness) 之关系；(3) 博物馆所涉及的社会文化范畴之意涵与性质，及其与文化再生产所涉及之意识性、分类概念、交换、艺术创造之条件、认同建构等社会现象之间的关联③。

接受柏拉图与亚里士多德之物的认识论影响的博物馆研究者，虽然已着手探究博物馆事物 (objects and things of museum) 的多种照护模式 (modes of curation)，但是这些探讨，不但往往落入人为物与自然物、历史的与去历史的、艺术的与科学的、物质的与精神的、真实的与复制的、传统的与现代的、信仰的与日常生活的、公众领域的与私领域的、国家的与地方的／民族的、我族与他族、政治与市场、西方与非西方的二分的判断，更深陷物件的成因、作为历史建构与塑模文化认同的功能分析之网，不免有碍于我们对于博物馆的性质的掌握。

为了突破前述博物馆的探索惯常的受到二分法与功能分析的影响，并将博物馆／美术馆视为一个对事物进行诠释与沟通的领域，我们需要进一步进行跨学科、新方

---

① Duane Blue Spruce, Tanya Thrasher. The Land Has Memory: Indigenous Knowledge, Native Landscapes, and the National Museum of the American Indian. Chapel Hill: University of North Carolina Press, 2008.
② 王嵩山：《博物馆是自然与文化遗产的居所》，载《博闻 eMnews》，2010 (3)；王嵩山：《住居形式的再现》，载《博闻 eMnews》，2010 (5)；王嵩山：《艺术、美术馆治理与社会性》，载《博闻 eMnews》，2011 (7)；王嵩山：《新博物馆与公共博物馆学》，载《博闻 eMnews》，2012 (10)。
③ 〔法〕莫里斯·郭德烈著，董芃芃等译：《人类社会的根基：人类学的重构》，第一章、第八章，北京，中国社会科学出版社，2007。

法的研究。博物馆事物的诠释与沟通,就要透过搜藏技术①、展示技术②、教育与学习技术③、治理技术④、社会的相关性技术⑤等博物馆根基面向,从事历史编纂学与博物馆民族志的探索,处理博物馆事物的结构化与动态化的认识,及其区辨与联结的博物馆过程。

从阿德里安娜·凯普勒(Adrienne Kaeppler)、莫里斯·郭德烈、马歇尔·萨林斯(Marshall Sahlins)等人对于南岛语群相关博物馆物件的研究当中,我们可以得到一些启发。长时间在美国史密森机构人类博物馆工作的阿德里安娜·凯普勒认为,大洋洲、亚太地区的南岛族群有五种基本文化形式(elementary cultural forms):人

---

① 王嵩山:《台湾民族学搜藏之比较研究》,载《博物馆学季刊》,1993(1),75-90页;王嵩山:《博物馆搜藏学:探索事物、秩序与意义的新思惟》,台北,原点出版社,2012;王嵩山:《博物馆搜藏的观点》,载《博物馆搜藏的文化与科学》,143-166页,台北,台湾博物馆,2010;王嵩山:《博物馆搜藏的文化与科学:导论》,载王嵩山主编《博物馆搜藏的文化与科学》,5-14页,台北,台湾博物馆,2010;王嵩山:《博物馆、搜藏与文化》,载黄贞燕主编《民俗/民族文化的搜藏与博物馆》,31-66页,台北,台北艺术大学,2011。

② 王嵩山:《导论:全球化与地方文化展演》,"全球化与地方文化展演"专辑,载《民俗曲艺》(第148期),1-5页,台北,财团法人施合郑民俗文化基金会,2005;王嵩山:《揭露的与隐藏的:台湾博物馆展示研究的回顾与展望》,载《博物馆学季刊》,21(3),5-37页;王嵩山:《导论:展示文化》,载《民俗曲艺》,(第156期),1-8页,台北,财团法人施合郑民俗文化基金会,2007;王嵩山:《博物馆展示的景观:导论》,载王嵩山主编《博物馆展示的景观》,9-27页,台北,台湾博物馆,2011;王嵩山:《展演台湾:博物馆诠释与民族志反思》,载林淑蓉等编《重读台湾:人类学的视野——百年人类学回顾与前瞻》,392-432页,新竹,台湾清华大学出版社,2014。

③ 王嵩山:《地震物件、行动者与社会:台中东势匠寮巷的例子》,载林美容、丁人杰、詹素娟主编《灾难与重建:921震灾与社会文化重建研讨会论文集》,93-130页,台北,"中研院"台湾史研究所筹备处,2004;王嵩山:《博物馆中的教与学及其超越:导论》,载王嵩山主编《想的与跳的:博物馆中的教与学及其超越》,27-40页,台北,台湾博物馆,2014。

④ 王嵩山:《地震物件、行动者与社会:台中东势匠寮巷的例子》,载林美容、丁人杰、詹素娟主编《灾难与重建:九二一震灾与社会文化重建研讨会论文集》,93-130页,台北,"中研院"台湾史研究所,2004;王嵩山主编:《制作博物馆》(博物馆研究专刊第02号),台中,自然科学博物馆,2009;王嵩山:《艺术、美术馆治理与社会性》,载《博闻 eMnews》,2011(7);王嵩山:《再思客家博物馆体系》,载张维安、何金梁、河和洋尚主编《博物馆与客家研究》,41-63页,台北,桂冠图书股份有限公司,2018。

⑤ 王嵩山:《博物馆、思想与社会行动》,台北,远足文化事业股份有限公司,2015;王嵩山:《新博物馆与公共博物馆学》,载《博闻 eMnews》,2012(10);王嵩山、廖仁义编:《当地方遇上博物馆:台湾经验与跨文化视野》,宜兰,兰阳博物馆,2012;王嵩山主编:《无形文化资产护卫与博物馆:日本经验》,台中,逢甲大学亚太博物馆学与文化研究中心,2014;王嵩山:《文化与自然遗产的复原与回春:博物馆学的视野导论》,载王嵩山、张婉真主编《文化与自然遗产的复原与回春:博物馆学的视野》,27-40页,台北,台湾博物馆,2016。

与事物的起源、历史事件（如大洪水、他者进入、疾病流行等）、祖灵意象、系谱链接、空间组织①。马歇尔·萨林斯从库克船长的历史事件，以在地观点来建构历史，使历史得以重新诠释②。莫里斯·郭德烈检视物的性质，重新思考玻利尼西亚之传家宝（Taonga）的文化意涵，并从"知识与乐趣"的观点来具现博物馆③。

来自不同社会文化的博物馆事物的研究，也许是寻求理解物的基本性质、物与社会文化的关系之最重要的基地。博物馆物件因其具有的"动态的"与"创新的"性质，因而成为不同学科探索的议题，例如：物自身的能力（agency），交换与社会文化性质，物的象征化及其与其他分类的关系，物、社会生活与心性，物性的表征，物性与历史及社会经济条件，物的象征化及物在各文化的位置，物与文化等④。再说，物的生产与制造，不论是人为物或自然物，制造（make）的重要性质是其创造力（creativity），而创新来自创作主体探索事物的相关与联结（relate, connection）。现在，博物馆物件的研究，重点应该在于创新在不同的文化中如何表现。换言之，新时代不同类型博物馆物件的本地民族的照护模式（indigenous models of curation），应该有助于我们理解：社会文化如何界定创新，影响创新的观念与实践。在博物馆人类学的根基上的提问便是：社会文化如何界定博物馆，如何影响博物馆的观念与实践。

总结而言，我们可以从人类学的视野反省博物馆及其专业实践的基本性质。至少，从事博物馆人类学研究的民族志学者应要思考：从部落社会、乡民社会、国家社会，或是全球化（以及复杂地方社会的兴起）研究而来的社会文化观点（notions of society and culture）如何增进博物馆人类学五大根基的探索？博物馆人类学研究之方法论是什么？博物馆的存在是自成一格的实体？全世界新的文化形式和社会事

---

① Adrienne L Kaeppler. The Pacific Arts of Polynesia and Micronesia. Oxford: Oxford University Press, 2008.
② Marshall Sahlins. How "Natives" Tink: About Captain Cook, for Example. Chicago: The University of Chicago Press, 1996.
③〔法〕莫里斯·郭德烈著，董芃芃等译：《人类社会的根基：人类学的重构》，第一章、第八章，北京，中国社会科学出版社，2007。
④ 黄应贵主编：《物与物质文化》，台北，"中研院"民族学研究所，2004。

业都在本土环境中持续地发展，其思考模式与世界观、生活方式、权力关系和生活计划往往产生巨大的变化，因此源自西方的博物馆如何被社会文化所界定？我们应该如何博物馆人类学五大根基的探索建构具中国特色的博物馆人类学？博物馆人类学研究有没有可能增进我们对于人类学学科的主要关怀：物、社会文化本质与人性的认识？形成中的博物馆人类学，细腻地探索西方博物馆实体推展的五大根基（搜藏技术、展示技术、教育/学习技术、治理技术、社会文化相关性），终将有助于开展人类学有关物观、人观、时间观、空间观、记忆、历史性、知识、劳动与工作、性别、族群意识、现代性、景观、公共性、参与、可视性、再现、边界等当代议题。

显与隐

——文化展示的人类学与人类学的文化展示[*]

王铭铭[**]

1992年我在伦敦大学完成了博士论文,其中一个章节写的是庙宇的"博物馆化(museumification)"。十几年前,我也一度萌生了办个小博物馆的想法,并曾在四川安仁古镇进行过实验,筹备过一次民族志摄影展和重绘世界地图的活动。这些年,我获益于和迈克尔·罗兰(Michael Rowlands)教授的来往,对近期西方博物馆学理论的发展也多了一点了解。本文主题是"显与隐",我将试着谈谈人类学研究中的文化展示大概意味着什么;如果我们要参与到文化展示的实践中的话,既有见解会有什么启迪?大致而言,本文将试图沟通文化展示的人类学与人类学的文化展示。

一、显与隐

"显",在《说文解字》中的解释为"显,头明饰也",也就是说,"显"是指头上装饰得非常闪亮。繁体的"顯(显)"由三个部分构成,包括"日"、"丝"和"页"。有的文字学家认为右边的页字是"现"或者"见"的一个通假,意思就是展

---

[*] 本文原刊于《博物院》2020年第4期(总第22期)。
[**] 王铭铭,北京大学社会学教授、人类学学科主任。

现得明明白白、清清楚楚，就像丝绸被太阳光照射着的那种状态。

"隐"在《说文解字》中被解释为"隐，蔽也"，就是掩盖或者藏着的意思。有的古文字学家认为，繁体的"隱（隐）"来自山洞的意象，其形状貌似山洞。引申而言，指把欲望收敛起来，或藏之于深山。这同道家的隐居意思差不多。有人类学家研究汉人的"隐士"，或印度的隐修者，写下的文本比较多，无法一一列举。这些实际都涉及显与隐相反相成的关系。如上面说到，显与隐，一个像是戴着漂亮头饰，展现自己的辉煌面；另一个则是指躲起来，不加粉饰。这两个字构成的一对相反相成的意象，有助于我们说明人类学研究的总体特点。

（一）民族志的显与隐

许多人认为，人类学家都是从事民族志工作的，而民族志工作中的重要部分是田野工作。但是民族志田野工作到底是什么？我认为，一方面我们做的是对"隐"的研究，另一方面也包括对"显"的研究。国内做"隐"的研究比较多，学者喜欢去研究人民生活背后的所谓"结构"。其实乡间对"显"有着自身的精彩表现，而为了揭示所谓"结构"，为了让自己有权成为理论提出者，以往学者们似乎更倾向于将"揭示"和"展示"形容成自己的志业。

过去这些年，文化遗产引起了重视，我们对诸如节日之类的展示活动慢慢重视起来，有了承认其"先在性"的态度，我认为这是可喜的，对我们重新识别自身的志业也有意义。

其实田野工作同时涉及个体和集体两个方面，我们不仅要跟个别的老百姓谈话，还要研究他们合为一个集体后是什么样子。集体往往表现为事件。英国人类学家维克多·特纳（Victor Turner）把社会内分与在事件中的聚合看成一个对反形态，认为它们属于结构和反结构。如果引用他的观点，那么，我们也可以说，事件与结构这个对子也可以被理解为"做表演"与"过日子"两个方面。我们研究的人民当然并没有把活动称为"表演"，他们所做的仪式包括了大量的富有神圣意涵的文体活动，而他们把这类事件视作生活的一部分，不会像我们现代人那样，把这些文体活动分开说，并视之为"表演"。另外，田野工作也涉及观察和分析可见与不可见境界之间的沟通。好些年前，迈克尔·罗兰教授应我邀请，到中央民族大学做讲座。他提到，人类学家研究的现象有许多处在不可见和可见之间，特别是我们研究的一些巫术和仪式活动，这些都是把一些不可见的力量引入到人类共同体里来的行动。我的理解是，这可以形容为"化隐为显"，使隐秘的力量产生明显的社会作用。

做民族志，大体上就是在特定地方，对生活世界里的个体与集体、结构与事件（结构与反结构）、过日子与做表演、不可见与可见（内与外、上与下……）之间的关系进行研究并加以"理解"。本质上可以说，民族志工作就是关联日常之"隐"与非常之"显"的学术工作。

我们做这样的研究，往往追求生成学术文本。然而必须要承认的是，人类学者其实往往也是爱好收藏和展示的人。我觉得，我们当下的时代，可以试图将过去我们专注的集体性展现的研究与文化展示关联起来。文化展示范围本来已经很宽泛，除了博物馆之外，还有美术馆、民族志电影、摄影、"文化节"等。这些正如《文化展示：博物馆展示的诗学与政治学》（Exhibiting Cultures: The Poetics and Politics of Museum Display）一书的作者们指出的那样，通常是美感、情景、观念之间关系的表达，也构成各类"文化"。我们通常写的民族志文本，也可以说是展示的一种方式，并因表达关系而构成"文化"。

关于显与隐，我的意图是想走得更宽一些，将所谓"文化展示"界定为：使"隐"的东西得以显现的活动，在一般意义上，可以界定为那些使隐蔽因素和结构及不可见的力量展现出来的活动。

我想说的是，我们不应在研究者与被研究者之间做区分，以为展示或"显"是研究者的工作，以为研究对象等待着我们去彰显他们的文化。做田野工作，也就是在田野中交流，通过交流获得理解。做展示也一样是在开展交流，比如说，把那些在我们所在的位置不显现的事物与来自另外一些位置的意象进行沟通，使我们对人世与文明的理解得以彰显或表达。更重要的是，展示有形形色色的方式，我们不能习惯性地将我们自身熟悉的方式当作唯一可行或正确的。作为沟通活动的文化展示不单是我们的创造,而是实际上活跃于我们所工作的田野场景中。不少"在野"的文化展示方式,其实饶有兴味。因此,我们有必要对自己从事的搜集与展示活动进行反思性研究,也需要认识到,在远处,还有丰富的、"在野的"文化展示方式等待着被认识、挖掘和借鉴,这些方式并非无关乎我们的反思,还有助于再认识我们的工作。

(二)神堂的"显"或文化展示

以上的反思,对我们这个时代可能有着特殊重要性。当下的文化展示越来越丧失文化本身的内涵,我们甚至忘乎所以,以清除这些内涵为自身使命。因此,在当下,我们人类学者,还有以人类学为工具和理论基础的博物馆从业者特别需要了解文化的核心内涵是什么,我们又该如何在展示中给予充分的尊重。

在这一认识的基础上,下面要多花一些时间来说明我是如何认识那些等待人类学者与博物馆工作者们去认识、挖掘、借鉴的文化展示的。我把这些视为是"在野"的展示方式。但这类"在野"文化展示方式有何特征?下面,我谈谈"田野之所见"的个别片段。

我最早的研究并不是在少数民族地区进行的,大概是从1999年我才开始到西南地区做民族学调查研究。在此之前,我做的研究都是在汉族地区展开的。今天我想利用这个机会,回忆一下多年前在东南沿海汉族地区看到的情况。

我在闽台区域调查时,曾经在一座城市和三个村庄中蹲点,这些地方包括了泉州城,及安溪、晋江和台北县的三个乡村社区,它们都位于闽南语区域。在这些地方,我重点是看当地的节庆。对我而言,节庆展示的最重要的是时间,即所谓年度周期,就是一年一个圈,而圈中有一些非常的时间,也有一些日常的时间,其中非常时间往往是各种节庆。在我研究的地方,这些节庆主要是神明生日的庆典。这些节日庆典有的与其他地方一致,也有的具有地方特殊性。而这些有地方特殊性的节日,往往都是地方神的生日。地方神年初要回老家,所以人们要恭迎他,要进香,此外他们还有各自的诞辰或成神之日,这些分布在不同时间点上的"节",构成了地方民间文化展示的机会。在这些一年中的非常时间里，人们暂时摆脱日常的那些无聊、孤独、矛盾以及结构性的规则对人们的控制，表现出有时被称为"狂欢"的状态。这些在公共领域可以感受到的忙碌、和谐的状态，就是特纳所称的"反结构"的状态。所谓"反结构"是指超日常的共同体意识，在意义上是积极的。每个社会都需要一些公共领域，而这些领域需要将人间与超人间的存在融通起来，使它们构成另外一个境界，人们在那个境界里找到了"另一个自己"。

节庆所发生的场所，与外面的世界——特别是神圣世界——有特殊联系，而外面的世界似乎总是在节日时才特别具有神圣的意涵。

节庆发生空间经常位于给神明盖的房子的内里和周边。诸如米尔恰·伊利亚德（Mircea Eliade）之类的宗教学家们早已告诉我们，神堂（我故意说成神堂，是因为我们的博物馆跟这是有关系的）最早是仿照山洞建的。我们可以想见，最早的圣人都是在山洞里修行的，他们的居所或许就是"隐"字代表的那种方位，这些方位的状态，往往成为神堂模仿的原型[①]。同样，人们祭祀所供奉的神灵，平常也是"隐"在庙里面的，而庙的形制类似于山洞。神堂这类空间是相对永久的，其格局井然有序，正中间一定是一排神像，中间是它的主祀神。两边绘有壁画（迄今为止，我们对这些壁画的研究还不够，尤其是对民间神坛壁画的研究，我很渴望有学生愿意做一篇博士论文，来展现这些民间祀神的壁画的精彩）。值得一提的是，这些壁画的内容讲的是主祀神显灵的故事，分阶段描绘、叙述被祀奉的神怎样慢慢命定为神/成长为神的过程。主祀神一般位居神堂正中，其地位有点像多数的现代博物馆所欲求展示的"民族精神（ethnos）"——这个词是德国人从古希腊引用来形容民族文化精神之主干的概念。而神堂两边的壁画则又像民族史那样，展现着某种精神的形成历程。神堂壁画不是民族史，它是神灵成长和显灵的展现，但它跟民族的历史叙述是可比的，因为民族史也必须有一些民族英雄显灵，也存在一定的结构性次序。

地方神各种各样，比如说儒士、道人，比如说在民族关系矛盾激烈的情况下抵

---

① Mircea Eliade. The Myth of the Eternal Return. Princeton: Princeton University Press, 2005, pp. 6-11.

抗"夷狄"的汉族"英烈",比如说医神、瘟神,或者有德行的一些少女和老太太。另外还有一些有冤屈或经过苦战而非正常死亡的,或者说平时没有得到道德话语彰显、没有在正史被承认的特殊人物。这些人物有时候会突然之间显灵,对人民生活产生影响,在历史上,他们也会被供为神。这对基督教徒来说也许是不可思议的,因为上帝并不是成为神,他本来就是创造了世界和人类的造物主,没有任何人能够成神。而在我国地方,成神有各种各样的故事。成神的条件有两方面,一方面是成神者要有德行,另一方面他还要有灵力,两方面缺一不可,单独有德行,或者单独有灵力,都不够。

神堂里的神像,在不同的时间会有不同的装扮。这当然不是神自己做的,而是我们人给他做的。节日就是神像盛装的时间点,而盛装一词,意思估计离许慎说的"显"字并不远。神堂是相对永久的空间,但它并不总是一样的,它在非常时刻会膨胀。此时,神要打扮起来,神堂也要打扮起来。节庆前,神堂要立坛,也就是要按照一定规范在堂的内外适合之处安设神坛,所谓立坛,就是使神堂四面都充满着各种各样的正神,传说这些神是来参加地方神的诞辰活动的,他们的在场,让神堂变得像是一个能够容纳上下内外各种各样的神明的空间,其空间一时得以膨胀,显示出其神圣秩序的威严隆重。神明自上而下,由内而外,汇聚在神堂里,而神堂外面要开出一个广场,使得仪式活动能够充分展开。立坛仪式完成后,往往要举行请神仪式,人们不仅要在坛上把神位摆好,还要请真身降临。只有这些仪式完成之后,祭祀才能开始。祭祀就是在神堂内外摆上各种各样的祭品,堂内一般是素食,堂外则是牲品。它们生的时候就要摆,然后再拿回去煮熟过后再拿回来摆放。神堂外面往往要开出一个广场,用于容纳各种戏剧活动。神堂节庆的最后一个环节,往往是送神,也就是恭送"与民同乐"之后要离开的神明们。

二、从献祭到文化展示的人类学

我在闽台汉人社区看到的节庆,大体有以上程序。为简明起见,我们不妨将之列为如下。

第一，立坛与请神：赋予公共空间充分的公共性，邀请上下四方之神光临盛宴。

第二，祭祀：献生（分肉，留在本地的，送到市场的）、献熟（分肉，给对仪式有贡献的，给亲戚）、祝寿。

第三，送神：送走四方之神。

19世纪末法国现代民族学与人类学的奠基人马塞尔·莫斯（Marcel Mauss）和昂利·于贝尔（Henri Hubert）解释了这类程序，认为这类程序是为"圣化"而设的，其内容和本质都是"圣化"，也就是使神的力量能够流动到人间[①]。祭祀必然包含某种"暴力"，特别是某种终止祭品的生命的"暴力"，其目的是让被消灭的生命（祭品）消除肉身的负担，获得"轻盈"的精神存在，以便被释放出来，自由扮演沟通人神的作用。也就是说，祭祀并不是没有用的浪费，它有一些正面价值，如，把神圣界的神圣品格传递到人间，使牲品的精神能够流动到神圣界去与神明沟通，祈求神明保佑、为人类消灾，使神不会降罪于人。

莫斯和于贝尔讲得特别好，只是在个别地方有含糊之嫌。比如，其实祭祀含有文化展示的逻辑，必须要通过"显"来实现那些所有的作用。要通过圣化达到那些作用，其实先要做到使圣化的过程异常隆重，而要实现这个，便要展示私家生养和"收藏"的"主要物品（祭品与人口、文物，以及各种表演品种和节目）"，其多寡似乎由祭祀的用途（社会化、祈福、禳解）而定。

说到这里，我想到宋末元初描述杭州习俗的书《武林旧事》。其中一段，题目是"社会"。我做的是社会人类学研究，在社会学系当教授，那么，"社会"是什么？大家往往莫衷一是。而《武林旧事》"社会"那段表述很有说明意义。作者说，"社会"就是某些特定的时候，在一些社区，有一些宫庙，"朝拜极盛，百戏竞集"，在宫庙上有各种各样的展示，"如绯绿社杂剧、齐云社蹴球、遏云社唱赚、同文社耍词、角抵社相扑、清音社清乐、锦标社射弩、锦体社花绣、英略社使棒、雄辩社

[①] 〔法〕马塞尔·莫斯著，杨渝东等译：《巫术的一般理论：献祭的性质与功能》，桂林，广西师范大学出版社，2007。

小说、翠锦社行院、绘革社影戏、净发社梳剃、律华社吟叫、云机社撮弄"。这些展示，包括各种各样的戏剧、说唱、体育。还有"玉山宝带，尺璧寸珠"之类珍品，"璀璨夺目"，以及各种"厨行果局，穷极肴核之珍"。与此同时，"奇禽则红鹦、白雀，水族则银蟹、金龟，高丽、华山之奇松，交、广海峤之异卉"，也"不可缕数"，很多珍禽、水族、草木也会得到展现，很像我们在北京的花鸟鱼虫市场上看到的。文本述及节庆中的各种各样的表演、陈设，足以让我们见识到汉人"社会"的展示侧面。

我上面谈到的主要涉及神圣时间和空间的祭祀，尤其是"食物"的献祭。这类献祭的祭品，先给神"吃"。人们会说，神只有精神，肉体已经不存在，应该不会吃。但我在乡间看到的情况却是，即使明知如此，我们也一定要想象祭品是被神吃过了之后才能从祭祀场所"退出"，被人们当成吉祥之物继续消耗掉。神的等级比我们高，因此神吃过了我们再吃，比较吉利。也就是说在这个过程中，存在莫斯和于贝尔所说的"圣化"，神圣会通过饮食过程流动到人间。

必须强调，我在汉人社区中看到的展示，远远超出食物性祭品，而包括了《武林旧事》作者所提及的不少方面。在神明面前展演戏剧说唱，表现"身体技能"，是其中的一个重要方面。在节庆上，我们几乎可以看到区域性戏剧说唱的所有形式，而主持节庆活动的师公，同时也都是最好的音乐家，他们能通用声音这种"时间艺术"制造出神明在空间中运动的节律。对乡民而言，仪式都要有"显"的作用，能展现"社会"的活生生力量。这个力量往往也是通过神明的"显"来表现的。在节庆中不乏神明出巡的环节，在这一环节中，被迎出去巡行的神像在特定方位应当"动起来"，动得越厉害，说明神明力量越大。有必要说明的是，尽管闽台地区的神堂节庆没有花鸟鱼虫之类的展示，但却广泛流行纸制的各种亭台楼阁之类供品，也是另一种类型的展示。

以上闽台地区的"田野之所见"，是否有更大范围的代表性？答案并不单一。闽台地区有其特殊性，其地方民间传统的复兴发生得比较早，比较系统而集中，这是其他地区无法与之相比的。不过，我们看到的情况，似乎也并不全然特殊。最近学界对西南节庆研究很多，大家也发现，节庆这类社会活动作为"显"这一事实是广泛存在于各民族的生活世界中的。随着非物质文化遗产识别运动的展开，现在这类事实有"官民难分"的情况，在现代化程度高一些的地方，所谓"官民难分"也可能表现为传统—现代杂糅（这种现象，在诸如日本京都的神社节庆中表现得最为明显，在国内不少地方也广泛存在）。虽则如此，我觉得还是有从众多杂糅现象中分辨出以上所说的"在野"的文化展示传统的可能性的，而这类传统的核心特征是圣俗混融，也就是说，所谓"展示"，都不单是世俗化的演绎，都含有"显圣"的内容。

三、何为人类学的文化展示？

我之所以要在民族博物馆这样的文化展示空间里提到自己对这些内容的认识，是因为考虑到它们蕴含的启迪。

我的一个忘年交阿里夫·德里克（Arif Dirlik）教授（已故）曾写了许多有关中国近代史的理论书。他的书很多，内容极其丰富，三言两语说不完，但其中有一点我记忆犹新。德里克认为，现代化与殖民化其实不好区分，其本质是"殖民现代性"[①]。对所谓"殖民现代性"，我的理解是，现代性是把"中国心灵"殖民化的势力。这个势力，首先当然表现为一种历史意识，有了它，我们便会把自己社会的过去理解为非现代，把西来的文明视作历史的未来或目的。与这一历史意识同时来临的，有各种新文化"格式"，尤其是"现代神堂"，包括博物馆、戏院、电影院、广场等文化展示的新空间。我虽然说这些新空间是"现代神堂"，但吊诡的是，为了"现代化"，必须跟我前面叙述的那些神堂脱钩，也就是说，必须跟神圣界脱离关系。除了新空间的确立之外，为根据"殖民现代性"的图景营造新的国族，20世纪初以来，我们也相继确立了某些现代历法。这些历法包括了节假日规定，而这些规定旨

---

① Arif Dirlik. The Anthropology of Colonial Modernity: Some Thoughts on the Work of Sidney Mintz. 载王铭铭主编《中国人类学评论》（第9辑），200-219页，北京，世界图书出版公司，2009。

在对整个社会的活动节律进行国家性的安排，使之纪念该纪念的，忘记该忘记的，使之迎合某些政策性的要求或倡议。总之，"殖民现代性"在文化上的两大特点，一个是文化展示空间的去神堂化，另一个是节日的"规则化（routinization）"。这两个方面相辅相成，将我们社会生活中的"显"的那一层次规范化、无聊化了。

在这样一个时代，"返回生活"，去田野中重新发现神堂和节庆，发现它们虽已经被"殖民现代性"这种"大传统"转化成"小传统"，但对我们起码有两方面的启迪。一方面，这些文化展示形式，与我们习惯的不同，它们没有像博物馆那样"去魅"，而是保留乃至复兴了"魅"字代表的"圣化"和"灵力"，因而比去魅了的新文化展示空间更易于引发参与激情，更易于使人想到"展示"是社会生活的核心组成部分，而不会流于"教育"这样的词汇形容的单项信息传播的无聊程序中。另一方面，这些未去魅的"文化展示"形式，比去魅以后的那些，具有更鲜明的综合性，总是如我们的民间节庆中看到的那样，表现为特定时刻神圣空间的膨胀、装饰的隆重，以及"热闹"这个词显示的温度与声音的混杂和人、物、神的共融。也就是说，他们不是分类的，不像"殖民现代性"进入以来那些展示形式那样，如此注重乃至局限于分门别类。由于现代的分门别类总是体现现代规范性文化的刻板和支配性，因而，这些未去魅的文化展示形式更加鲜活而有触动人心的意味。

我不是说博物馆这类的现代文化展示空间必须变回像神堂那样，我提到从神堂及其节庆的观察引申出以上看法，主要是学术性的。我觉得，这一观察让我们看到现代式文化展示有着浓厚的自然主义特征，即近代以来占支配地位的人与自然世界分离的看法。这一看法的核心，是主体与客体的分离。在现代人类学里，它表现为文化意义上的自我与他者的分离，研究者与被研究者的分离，这个分离对于文化展示是有深刻影响的。一方面，文化展示似乎有"主体"，即展示者。另一方面，它又有"客体"，即那些被展示的、去魅了的"文物"。最糟糕的分离，是将博物馆展示的"客体"转化成展示者历史意识中的阶段化分类体系。主客分离的必然结果是：为了使其疏离于其原来所在的区位，成为没有主体的客体，被展示的物本来具有的德行和灵力方面的含义要被清空或转化，于是，现代式的文化展示必须消除其原有的圣化、祈福、禳灾等方面的效力。

鉴于主客分离的学术已经造成不少思想和现实灾难，经历田野工作的人类学研究者，必然对"文化展示"有特殊期待。他们除著述民族志外，还致力于采用各种方法来展现非自然主义社会的生活世界与宇宙观，"唤醒"主客不分、物我/神我/人我贯通的古老智慧。

关于这些，还可以说很多，而就我们在这里所关注的文化展示而言，我认为，那种主客不分、物我/神我/人我贯通的古老智慧的重新发现，应使我们更有自信地持续在节庆中展示"献祭逻辑"，并得以用来充实现代文化展示空间。对我而言，创造神堂般的博物馆，再现活生生的文化，物我之灵均不可缺。

附记：本文根据笔者在2019第二届博物馆人类学研讨会的主旨演讲改写而成，由罗攀帮助整理和校对，在此一并感谢。

批判遗产研究与批判博物馆学研究再思：
学术思想渊源与学术动向分析

潘守永　雷虹霁　张俊龙[*]

按照人类学家伊万·卡普（Ivan Karp）等的论述，博物馆人类学（Museum Anthropology）包含：（1）在博物馆里从事人类学（anthropology at museum）；（2）关于博物馆的人类学研究（anthropology of museum），从人类学角度来观察研究分析博物馆与博物馆现象。前者基于人类学的演进脉络，即人类学对于物、物件、藏品的民族志知识体系，如克虏伯宣称"人类学家有自己的博物馆，而他们（社会学家）则没有"；后者则主要基于当代社会科学和人文学科的批判性思维。因此，要想深刻理解和把握当代博物馆人类学的学术边界、问题意识及其背后的理论的、思想的根基，需要建立批判遗产研究和批判博物馆学。文化展演、话语系统、博物馆叙事以及文化政治、去殖民化/反殖民化、性别政治、少数人权利、文化赋权/赋能、环境以及动物植物权利等，均拓展了批判博物馆学的维度和话语实践。将博物馆学置于当代社会科学与人文学科的总体系统中，文化遗产和博物馆研究不再仅仅限制于考古学、文物学、博物馆学、艺术史、教育学、传播学等单一学科之内，如展览

---

[*] 潘守永，上海大学图书馆馆长，教授；雷虹霁，中央民族大学教授；张俊龙，中央民族大学，博士候选人。

的叙述诗学、政治学、文化赋权等，涉及行为科学和社会科学诸多领域。

梳理当代批判遗产研究（critical heritage studies）、当代批判博物馆学的学术思想、研究脉络，与安东尼·谢尔顿（Anthony Shelton）、麦夏兰（Sharon Macdonald）①、罗德尼·哈里森（Rodney Harrison）、劳拉简·史密斯（Laurajane Smith）、蒂姆·温特（Tim Winter）等为代表的当代学者形成有效对话，从中国学者的角度提出一些批判与再反思，是本次论坛讲座的主要目的②。这些学者长期耕耘在当代遗产研究和博物馆学领域，所发表作品是非常多的，这里无法一一征引。

一、批判（性）遗产研究与中国语境

2018年在杨瑾教授召集的中英博物馆学对话会议上，潘守永和张俊龙发表了《批判（性）遗产研究会是一场学术革命吗？》的演讲，引起了一点点波澜③。这篇论文原本是我们关于批判（性）遗产研究（critical heritage studies）和批判（性）博物馆学的三部曲之一，另外两篇分别《批判（性）遗产研究的中国语境、情景与窘境》和《中国需要批判（性）博物馆学吗？》，都是基于与国内的学术对话而形成的文字。这些论文完成之后，杭州正在筹备召开第四届国际批判（性）遗产研究年会，闻听"批判（性）遗产研究"被理解为敏感词，将英文"critical heritage studies"变通译为"思辨性遗产研究"。令人感到意外和惊讶。联想到张俊龙在某个学术场合介绍自己从事批判（性）遗产研究和批判（性）博物馆学研究时，某一位业内领导直言道："批判性研究，这是一个敏感词啊，你是批判我们吗？你的这个研究成果

---

① 国内有些学者虽采用英文名直译"沙伦·麦克唐纳"，但实际上，与Sharon Macdonald有过密切学术合作的几位学者都以"麦夏兰"称呼她。
② Rodney Harrison. What is Heritage?, in R Harrison (ed): Understanding the Politics of Heritage. Manchester/Milton Keynes: Manchester University Press/Open University, 2010, pp. 5-42; Rodney Harrison. Heritage: Critical Approaches. London and New York: Routledge, 2013; Laurajane Smith. Editorial: A Critical Heritage Studies?. International Journal of Heritage Studies, 2012, 18 (6); Winter Tim. Clarifying the Critical in Critical Heritage Studies. International Journal of Heritage Studies, 2012, 18 (6), pp. 532-545.
③ 张俊龙、潘守永：《批判性遗产研究是一场学术革命吗？——关于批判遗产研究内核的讨论》，载杨瑾主编《开放与共享：博物馆学理论与实践新探索》，131-141页，北京，人民出版社，2019。

好像无法发表吧。"事实上，张俊龙所做的研究是从多模态话语研究的视角切入新博物馆学主题，此"批判"乃批判性思维意义上的批判，是科学理性的必然要求，显然不是这位领导所理解的"批判"（如"文革"时期"大批判"的"批判"）。用"思辨"替代"批判"，意思不仅丢失殆尽，而且也容易被误解为"使用错别字表达学术思想"。这种情况下，我们觉得将几篇的主题重新融合，对批判（性）遗产研究和批判（性）博物馆学进行某些申辩和类似正本清源的工作，也许更有意义。

当前，国内的遗产研究和博物馆学对于理论创新议题日益关注，即便在文化遗产和博物馆实践的具体流程中，学理性的追问也已经是无所不在、无处不在。但，从学术发表看，对于思想性和理论的探讨则显著不足，从事理论研究的人，面对日益丰富的、多样的创新实践，有力不从心之感，以至于有人认为博物馆实践和文化遗产实践似乎也不需要理论的引导或指导。从事遗产和博物馆的学科，更偏重于技术和实践领域，主流刊物上的最新文章也热衷介绍操作层面的技术性的内容。中山大学的《文化遗产》季刊偶有关注理论的议题。今天利用中国民族博物馆主办的第三届博物馆人类学论坛的时机，将我们的一些思考呈现给大家，欢迎批评和批判。

文化遗产研究作为一个跨学科领域，于 20 世纪 60-70 年代渐成气候，与世界遗产运动基本同步，其时正是启蒙反思如火如荼的时代。批判（性）遗产研究和批判（性）博物馆学似乎是近年的一股逆流。其实，批判（性）遗产研究自 2012 年批判（性）遗产研究学会（Association of Critical Heritage Studies，简称 ACHS）成立以来，一度极受追捧。首届会议时提交的论文多达 500 篇，而在蒙特利尔召开的第三届年会居然有 800 名注册参会者。这些现象充分说明文化遗产研究已经不再限定在某些单一学科范畴之内，而是更广泛地进入了广义理论批评的领域。这与 1970 年代世界遗产概念提出时的批判反思思潮（启蒙反思），似有一比，当然当下这些对文化遗产批判反思的社会文化与思想根源，国内外学界尚未来得及系统整理。

笔者有幸与批判（性）遗产研究的诸位领袖人物有一些交往，参与罗德尼·哈里森的"未来遗产"研究计划（2014 年英国人文基金重大项目 AHRC 2014-2019, Assembling Alternative Futures for Heritage），参与批判（性）博物馆学创始人安东尼·谢尔顿的学术小组,与麦夏兰、劳拉简·史密斯、朱煜杰都是学术好友。批判遗产研究学会创始会长蒂姆·温特两次访问上海大学时,我们都安排专场讲座和对话交流。2018年蒂姆·温特"转会"到西澳大学,筹办遗产研究研究生班,来中国做招生推广工作,我们又有几次长谈,他对丝绸之路遗产议题的热心,令人感动。2019年浙江大学严建强团队主办"批判性探索中的文化遗产和博物馆"小型研讨会,主要就欧洲批判(性)博物馆学研究团队的代表性著作如何更准确翻译为中文,做一些研讨。笔者所接到的题目是对近20个英文表述[①]的中译文发表意见。

近10年来,批判(性)遗产研究似乎已经席卷全球,在多个涉及文化遗产的学科领域"遍地开花"。国内学界虽然"反应较慢",反响不热,但不乏惊呼"遗产本体消失论"以及"批判遗产空洞论"的不同态度或指向。在中文对译中,学者似乎也是各有所好(所需),有的使用"思辨遗产",有的使用"警示性遗产(或警世遗产)",而最简单直译为"批判遗产(或批判性遗产)"的反而成为少数,好不奇怪。

二、"批判(性)遗产研究"是一场思想革命还是学术革命

前文提到,潘守永和张俊龙参加2018年陕西师范大学"中英博物馆学者对话",在大会上做了《批判遗产研究:概念、理据与思考》的发言,正式出版时将其中的一部分修改为《批判(性)遗产研究会是一场学术革命吗?》。其当时的想法是先做一个学理的梳理,然后再回来处理思想(思潮)和方法论(学)议题。事实上,学术的与思想性的议题,从来都是难以分割。因此,这里需要将前面没有论述清楚的问题,再做引申。

批判(性)遗产研究,作为一个专有名词,目前已被学术界广泛接受,但在其

---

① 本次研讨会集中讨论的关键词包括:critical heritage studies, authorized heritage discourse, heritage making, performance, participatory engagement, agency/agent, multiculturalism, repatriation, new orthodoxy of cultural globalization, pragmatology, haecceity, above threshold, infallibility, vanish, transactional, anchor, liquid modernism, vector, dramaturgy.

他学术领域,"批判性"并非惟一的意思。2019年6月浙江大学遗产著作翻译研讨会上,不同学科在一起讨论,深刻感受到不同学科之间对于批判遗产研究的理解是很不一样的,对于关键性概念的认识也有很大的差别。此外,在管理学中,"Critical approach",通常翻译为"关键方法""关键路径"。而"Critical Incident Technique",被译为"关键事件技术(CIT)",关键事件技术是一种分析方法。罗德尼·哈里森的名著使用"Critical approach",也有关键方法、关键路径的意思,是毋庸置疑的。

遗产运动作为全球化现象的组成部分,它所试图构建的"全球准则"在极具批判性的人类学家看来,其实也是属于"地方性知识"的一部分。中国语境之下,对于此"人类共同遗产价值"的认同,在很多时候是其主动融入国际化的一部分,很难理解为这是"被动全球化"。自1987年长城、北京故宫、莫高窟、泰山、秦始皇陵及兵马俑五处入选世界文化遗产及自然遗产名录以来,30多年,中国以主动融入国际为准则,调整适应"国际话语"为原则,成绩辉煌。纵观整个遗产事业,承认人类共同遗产价值,分享人类已有成果,世界遗产流程中复杂的具体原则,当然包括了欧洲的"先在经验",这些经验在中国不会被理解为"不平等""知识上的宰制",而是被看作是技术化的一部分。在有关传统与发现/发明之间的诸多纠葛中,遗产被重新发现和整理也不会被认为是"传统的发明或再发明",而马歇尔·萨林斯(Mashael Sahlins)所说的传统具有发明性(inventiveness of tradition)[①],是传统具有的本质属性,这样扩展霍布斯鲍姆传统发明概念的学术张力。

一个更为适当的用词,回过头来看,也许特伦斯·兰杰(Terence Ranger)会更愿意用的说法不是"对传统的发明(invention of tradition)"而是"传统造成的发明(invention by tradition)"。如何更好地认识我们所身处的"遗产井喷"时代?如何更深层地理解遗产概念及其理论支撑?如何更好地践行遗产保护利用?批判性路径的遗产研究为这些问题提供了可适用的不同声音。

---

① Marshall Sahlins. Two or Three Things that I Know about Culture. The Journal of the Royal Anthropological Institute, 1999 (5), pp. 399-421.

批判（性）遗产研究的四段论，是罗德尼·哈里森[①]将世界遗产之缘起、历变及当下化为四个阶段：（1）始自启蒙运动阶段，即公共空间的出现以及自1837年法国古建保护委员会成立而延至英美古建古迹和国家公园保护；（2）19世纪后期及整个20世纪，民族国家对遗产保护的掌控，如各项立法的颁布、遗产保护名录的制定、遗产遗址数量的增加等；（3）第二次世界大战后埃及因阿斯旺大坝修建而引发的数座神庙之国际合作保护，1964年《威尼斯宪章》颁布，及至1972年《保护世界文化和自然遗产公约》（以下简称公约）的制定；（4）后现代语境下的当代遗产保护运动，即1972年公约于全球不同地理文化区位语境下的适用移变过程。其中，20世纪60-70年代以降的遗产研究，既是对当时全球社会政治文化语境变动所作出的有意识回应，又为其背后考古学、建筑学和历史学所支撑及源于欧洲中心的权威性遗产话语所主导。

首先，遗产研究是对下述几项交织事项所做的自我有意识的回应：（1）第二次世界大战结束之后，极为高涨地公众性、民族性和国际性政策致力于"抢救"被视作人类为"未来后代"福祉而创造得"脆弱的、有限的资源"；（2）对遗产缺乏管控的经济性开发愈加强烈，如20世纪70年代学界对过去及遗址的潜在商业化或迪斯尼化深感担忧，同时社区博物馆、生态博物馆开始不断地出现；（3）20世纪80年代，如英国撒切尔遗产（legacy）等西方国家正当时的政治层面、社会层面运动，加之保护性社会文化政策中对遗产概念的愈发重视；（4）20世纪晚期，遗产作为政治资源（虽然此项并非自我有意识地侧重，或得到系统地认定和讨论），在此，遗产的政治意义和社会意义可归置于"身份认同政治（identity politics）""承认政治（politics of recognition）""差异政治（politics of difference）"，关于差异和认同的承认，于20世纪后几十年的政治冲突中已有社会公平的争取和权力资源分配的协定[②]。

其次，于学界而论，从20世纪90年代起，遗产研究即由两类学术研究主导：

[①] Rodney Harrison. Heritage: Critical Approaches. London and New York: Routledge, 2013, p. 43.
[②] Laurajane Smith. Editorial: A Critical Heritage Studies? International Journal of Heritage Studies, 2012, 18 (6), p. 537.

(1)被称为文化资源管理或文化遗产管理,由建筑学、考古学、艺术历史所掌控的技术性工作和个案研究,该类研究秉持借助(精于民族性和国际性合法的、政策性工具的技术性应用的)训练有素的、客观的、专业的专家支持,他们可以忽略甚至或调控遗产的政治效用,这种基于个案的研究,实则模糊了系统的、政治的和文化的议题,抑制了理论的探讨,对遗产保护实践中超出建筑学和考古学架构的影响不愿做整合性分析;(2)精英观念认为,遗产是历史的相反形态和大众流行形态,遗产的大众流行形态需要受到质疑,并要受历史学家、考古学家和博物馆策展人等专业人士的监督,此类工作明显缺乏方法论动机和理论动机,视自身为"政策讨论(policy debate)",于某种不可言说的智识性、政治性标准下讨论遗产。然而,20世纪90年代以来,一股重要的批判(性)遗产研究已有所现,即地理学家布莱恩·格雷厄姆(Brian Graham)、格雷戈里·阿什沃思(Gregory Ashworth)、约翰·滕布里奇(John Tunbridge),社会学家托尼·本内特(Tony Bennett)、贝拉·迪克斯(Bella Dicks),人类学家芭芭拉·科申布拉特-金布莱特(Barbara Kirshenblatt-Gimblett)、麦夏兰,考古学家丹尼斯·伯恩(Denis Byrne),这些专家学者的研究仍被前述遗产研究的两类主导领域所忽视,或于(认为遗产研究仅为技术性保护的)学术研究资金及评价体系中受冷落。

最后,权威性遗产话语(Authorised Heritage Discourse,AHD)作为能够影响遗产研究和国际遗产实践的主导性话语,实际为欧洲中心的专业话语,强调遗产的普识性方面如重大纪念性、物质性和民族性叙事的内在价值,尽力闭塞对遗产的批判性反思。鉴于此,诸多学者为跨越上述限制,自我有意识地同此主导性研究保持距离,提出批判(性)遗产研究。

批判(性)遗产研究研究什么?如果批判(性)遗产研究只是一个纯粹的概念或噱头,其在学理上是难以成立的。罗德尼·哈里森在其2010年的一篇论著中使用批判(性)遗产研究这个术语,他应该是第一位使用此名称的学者[①]。扼要而言,

---

① Rodney Harrison. What is Heritage?, in R Harrison (ed): Understanding the Politics of Heritage. Manchester/Milton Keynes: Manchester University Press/ Open University, 2010, pp. 5-42.

批判（性）遗产研究旨在超越技术层面以介入遗产，对遗产概念做更为批判性的思考和介入，以突破以往的整理编辑和简单的个案研究；其研究基点是认识到遗产作为一种现象，会产生文化性、政治性和社会性影响；其立足点是挑战权威性遗产研究，开启一种研究领域以探求遗产的不同概念、功用和观念，即赋载于权威性话语与国际性宪章、公约及其他条约之上，致力于传播、加强权威性遗产话语及其他关于遗产的以欧洲为中心的理解、功用和观念。遗产研究的合法性不仅是因遗产的重要性，还有遗产的高度政治风险；后者不只基于表征过去所选用的方式，更关乎当下关于文化性和社会性身份认同、地方感与记忆的表述是怎样被利用，以争取得到认可和政治性、社会性掌控。遗产的重要已超越经济利益，亦或联合国教科文组织和政府遗产机构所声称的美好宣言，即表达普识人性和普世价值以及其他空洞宣言。相反，遗产之所以重要，是因它于人们生命生活中情感性、政治性和智识性影响，为此它不但值得更是急迫需要批判性研究[1]。

为对批判（性）遗产研究之基本概念做更为准确引介阐述，第一届批判（性）遗产研究会议刊发于《国际遗产研究》（International Journal of Heritage Studies）第19卷第6期"批判（性）遗产研究（Critical Heritage Studies，简称CHS）"专栏中，蒂姆·温特[2]强调遗产研究重心从所研究学科转向所需关注的目标（from subject of our effort to the object of attention）。换言之，需主要关注当下所面临的重大议题以及基于遗产而产生、扩展的更大议题。为此，他提出两种导向性策略——消解/除基于人文社会科学的遗产研究与由科学唯物主义引导的专业性研究之间的紧张关系；关注遗产研究同区域性、全球性转型之间的关联，这需要基于对文化、历史和遗产以及实现这些转型之背后社会政治力量的后西方性识解。首先，批判（性）遗产研究仿依批判性亚洲研究于1969年的创立宣言，汲于现今学术批判与反思，"批判性"

---

[1] Laurajane Smith. Editorial: A Critical Heritage Studies?. International Journal of Heritage Studies, 2012, 18 (6), pp. 538.
[2] Tim Winter. Clarifying the Critical in Critical Heritage Studies?. International Journal of Heritage Studies, 2012, 18 (6), pp. 532-545.

立场有其明确道德伦理和思想形态关怀，其任务有：（1）继续推进对 UNESCO 专业机构及其实践的批判；（2）厘清遗产在现今多重多向挑战中所担角色及所起积极效用；（3）认清与文化和遗产保护相关的利弊。这些方向的坚持需要两点支撑，任务（1）坚持后西方性视角，任务（2）同遗产保护领域展开更具高效性介入性／参与性（engaged）互动。批判（性）遗产研究要想有所作为，自身需建构一套融通智识和领域边界的话语。

其次，世界秩序变动让人类对外来产生前所未有的不明确性和不稳定性。因公众关注和资本的大量涉入，遗产陷入气候变迁、可持续发展、人类安全、多元文化主义和冲突纷争等多项议题，在发展中国家更为紧迫。相比西欧和北美，世界其他国家和地区对遗产的广泛利用和滥用已达至一种前者几乎无法匹极的强度、频速和效应。这种增长趋势，部分是对当下社会和政治生活与治理模式转型的表征，部分是因捆附于后工业式全球资本生产之新模式的身份认同和经济的成型。遗产既孕生、交缠于当代人类社会政治各方面剧烈转型过程中，同时也是全球后工业时代不同地方主动寻求自我认同（self-identification）建构的结果。

再次，遗产保护作为一种科学唯物主义的历史。起于 17—19 世纪（尤其启蒙运动后）关于知识的理性科学主义范式，成为一种认知世界的方式，即收集证据、优先考虑探索发现和分门别类、约化可证真理、思辨真理；这致使 19 世纪诸如考古学与建筑保护等学科采用经验主义和自然历史作为建构科技性方法论的基点，继而关注遗产文本——物件、建筑、人工制品、绘画、雕刻等。此处呈现的是对遗产保护之科学唯物主义的进一步加强。至 19 世纪早中期，科学唯物主义作为帝国主义殖民统治的"文化智识框架（cultural-intellectual scaffolding）"，当时考古学、建筑保护和博物馆均调用现代的、理性的、经验的和科学的方法夯实帝国统治基础。即便第二次世界大战后成立的各种国际组织，也无不基于这种科学性知识实践。1972 年公约亦是基于物质概念中心的保护（"fabric"centric concept of conservation）。眼下数字技术即科学性物质路径之遗产保护的精确度，同遗产保护核心之模糊的、少为人知的"社区"或"文化旅游"概念之间的知识论导向差异，尤为明显。

最后，基于概念视角、方法论视角、教学视角和机构视角的四层论述，蒂姆·温特认为批判（性）遗产研究面对遗产研究领域中社会人文学科同自然科学学科之间知识鸿沟，尤其是二者之间的相互排斥及内部分支的高度专业化倾向，需要进行更多跨学科的尝试。同时应在批判（性）遗产研究与遗产保护具体专业实践之间进行更为实质性、有效性的互动介入，促进对话沟通，消除分歧，建立相互信任，促成新型评价基准，打开全新视野；继而，在遗产研究教学领域，除却囿于自然科学技术性的知识论导向，遗产研究领域背后的社会政治文化复杂脉络同样需要得到传授教导。最后，相较集于物质中心、科学导向的重大纪念性建筑、陵园式建筑和记忆研究，当前弥散于减贫困、气候变化、可持续性、人权、民主和国家未来的遗产应同文化遗产自身保护一样受到同等重视，人文社科导向的遗产工作若能直接介入基于问题的遗产研究，这将是非常有益的举措。综上而论，从后西方视角思考遗产研究，不是将土著知识置于前景以对抗"西方理性思维"，而是于知识生产领域对当下急迫性挑战作出回应并积极介入，以突破原有知识论固有界限，将文化和自然相交融，换个视角讨论遗产。

三、博物馆学与遗产研究中批判性理论构建的思想基础

西方航海"大发现"以来的人类历史的书写，其背后是站在西方人以非西方的、遥远的、异化的、想象的"他者"为镜像来认识他们本身的"自我"，这种笛卡尔式二元对立的认知判断对遗产研究之影响，从最初对有形的重要性古建古迹之保护，到对遗产话语实践表征背后意蕴之细描，再到现今本体论和情感转向的批判性路径。艾玛·沃特顿（Emma Waterton）、史蒂夫·沃森（Steve Waston）认为可适用于遗产研究的诸多学科理论需要进一步发问提升[①]。实际上，遗产研究只能在批判性地在刺激中受益，即便是对遗产本体论生疑。"批判性想象"的提出，旨在汲用

---

① Emma Waterton, Steve Waston. Framing Theory: Towards a Critical Imagination in Heritage Studies. International Journal of Heritage Studies, 2012, 18 (6), pp. 546-561.

诸多学科及其理论介入的各自广度和目的范畴,以将它们适用于恰当语境(in order to apply them usefully in appropriate contexts)。通过历时性分析遗产本体(theories in heritage)、遗产表征(theories of heritage)、遗产行为过程(theories for heritage)三类渐序性且交叉连接点相衔的理论进路,两位学者绝非意欲创设统一论点,而是致力于一类发散性探索性议程——颠覆遗产是什么或者遗产可能是什么的论点,代之推问理论能有何作为及如何付诸:此举意在使遗产自身去中心化,更多关涉生成改变遗产及使它用于更宽广设定中,使意义不凡的其他知识与理论介入。

遗产本体视角(theories in heritage ontology),作为遗产研究领域最早理论之一,同物质文化研究密切相关,主要涉及考古学、艺术史、建筑学和人类学等学科,重点关注物质性,多数观点围绕遗产本质价值与遗产管理的不同模态,如旅游业和博物馆学等学科对遗产研究的介入,注重遗产保护、遗产的游客管理和阐释。此处介入遗产研究的理论适用,多通过教育与阐释的方式,服务于遗产的物质形态与目标观众之间发生的有意义的"邂逅(encounter)",大部分受大卫·乌泽尔(David Uzzell)[①]"主题-市场-资源"模式影响。遗产本体维度的理论,基于各种操作管理和遗产更为深层概念化之间的张力,围绕管理和展陈中何为"好的实践"且常涉猎市场营销、财政金融、人力资源等领域。关于遗产本体的架构性理论,依然是现今遗产研究的主流,世界遗产运动影响下的学科体系与学科布局使然。

世界遗产旅游所衍生出来的其他学科尤其基于游客的思路,仍关切高效遗产管理经营与达成此类目标的方式。人们,于其中,多被想象成孤立于他们的社会语境,被架构为消费者、游客、或者更模糊些的观光客。这些源于遗产研究外部但被适用于该研究本身的理论,具有某种工具性属性,很少触及本体论层面的遗产。在建立关于物质文化和过去的面向时,它们认为问题的消解依赖于某种解决所出现议题的遗产管理方式。这些理论具有实际操作相关性且极易归类操作,它们(这些理论)

---

① David Uzzell. Planning for Interpretive Experiences, in David Uzzell, Roy Ballantyne (eds): Contemporary Issues in Heritage and Environmental Interpretation: Problems and Prospects. London: The Stationery Office, 1998, p. 235.

能为实践者所共享，或者能以某种有益性或发展性的方式挑战这些实践者而得以成型。鉴于此类理论将游客视为"接受者"，更多是被动的，沟通是设定的、产品是定制的、相遇是被操控的。我们需思考遗产商品化或过度商品化的倾向和可能，这就带入原真性、身份认同、商品化和社区遗产等议项——曾现于20世纪八九十年代的概念，及今仍被不断讨论。

遗产表征（theories of heritage）——第二类遗产研究的架构性理论，起于20世纪80年代中晚期英国，将遗产视作一种"产业"，基于该民族国家的过去而忽视其未来。这种重要历史性文化性观点使遗产研究从其客体转向遗产之社会文化语境及其意义。遗产在此作为一种社会文化现象，连接遗产客体作为表征的角色，从而阐读遗产建构意义中的文化机制，以一种批判性视角打破遗产本体论的短板。正是这种认识到潜在意识形态的宽广性、包容性、抽象性的遗产研究尝试，使遗产表征维度区别于遗产本体维度。此类理论受西方马克思结构主义、后结构主义／后现代主义、建构主义和后殖民理论影响，发问关于过去的意义（特别是霸权意义）表征，是如何在某民族国家处于经济重组、社会动荡或面临全球化负面影响时，高效论证一个民族当下的合法性或者重新篆载其内在本质的。至此，通过分析和阐释遗产之表征，弄清遗产内容和价值是如何被传播被识解，什么被隐瞒，什么能被揭示，变得尤为关键。正如劳拉简·史密斯关于"权威化遗产话语（Authortised Heritage Discourse）"所言，是一类单一的权威性话语，反映于面临对过去的潜在冲突性读解时对身份认同、民族感情和社会整合生成的思量。

遗产实践、过程和情感研究（theories for heritage），因遗产表征研究所无法回应的诸多问题——政治-经济权力、文化差异、指称和身份认同的语义链、意义创造的语言结构。换言之，上述问题实质是追问我们自身的存在，我们身体自身发生了什么变化。究其核心，其所问是关于在遗产的空间中，不论它们是物理性的、话语性的亦或情感性的，个人、寻常事象和每日生活所产生的影响。该类研究，是对情感人类学研究的进一步拓展和延伸。整体而论，虽然遗产的表征研究需要处理非常复杂的工作，但在我们的介入（身体工作）中，仍有一些更为深层的超出文本性和视觉性语域的"工作",不仅要抓取体验状态,更要关注感觉性、触觉性、躯体性、动觉性话语。此部分主要包括社会学的移动理论(mobilities theory)、自然科学和社会学的行动者网络理论,以及(源于心理学,发变于社会理论和文化地理学的)情感,另外,德勒兹对活态、生命、表述和经历、感情和情绪的探索,以及生发于行为同其前置语境相切分的新型关系状态,将研究注意力移向"展演性(performativity)"实践,即作为对事物、空间和时间的主体性介入所层现的动态关系的一种描写。由此而推,遗产不再是传统意义上隔绝于其他经历之外的事象,将其反置于人类生命存在的鲜活的状态,遗产便成为生活长流和复杂特色中的一种存在感、契合感和归属感。

其中移动理论核心"非表征(non-representation)"乃植根于身体和物件之间的关系形态,加之身体和空间之间相结合的新陈代谢,在此,作为人、物件和地方之间动态交织的结果、作为社会和空间交互界面的遗产,有潜能将对遗产的理解视作上述流动的一类例示化。行动者网络理论,为理解社会行为提供情境化和具身性视角,关注人类和非人类参与者或"行动元"之间于意义创生中的相互交织。行动者网络可识解为个体、群体、物体、人造物和无形事象之间的任何相互排列组合中,它们相互组合以此创生某种活动场域,简言之,人类和非人类的物体都有"行动"的潜能,都有能动性。这种理论是导向"去研究什么"而非"去如何理解",该类遗产研究源于能动元自身所赋载的多样性和异质性。最后,遗产研究的情感转向,更是植根于"不仅是表征性"或"除了表征性"框限,以此试图充分识解我们自身显而易见的、不仅是人类的、不仅是文本的,多感官、多模态的多重世界。这类研究者更多地思考难以计量的每日实践和过程,同文化世界之间的交互,注重感觉、情绪和情感,呼应现象学的观点将展演和具身等概念置于前景,以求将意识之外的所有人类生命界域变成能为人所理解。相较于前两者,遗产情感研究更专注于未来意向,强调情感在遗产工作中的影响,阐明流动于身体和地方之间、以感觉和情绪作为限域的强烈度。情感不固限在某个体或群体,而是传播的、运动的、流变的,与其运动中吸纳诸多物体、地方和科技。先前遗产研究集中于"表征性",但也要意识到遗产的展演性（performativity）以及表征仅为遗产介入的多种可能表达之一，不同人会对某一特定遗址不可避免地产生不同反应。情感如同氛围，无形但可作为感觉于我们身体内部和身体之间被感知，作为情绪被识解和被表达，此三者可能暗含集中于个体层面，但他们更为侧重日常生活中的人际交互以及由其而生的边界。情感于空间边界的体现以及身份认同和意义的体现中起到一定作用。

综上，我们的核心理念是可持续性，即理论不仅是前提，同样是受其先辈启迪，对他们予以尊重。谨慎而言，我们知道我们所要做的是什么，即探求利用不同的框架以为我们所称的批判性构想形塑一个连贯性基底的可能性。质言之，上述三个方向有其自身价值，没有一个是多余的，它们之间是相互补充而非承继或竞争关系，我们的理论视野不只要延至能为我们提供遗产时间、行为、过程研究的学科，同样需要扩至那些使我们能够对遗产本体研究和遗产表征研究予以批判性思考和在思考的学科，它们实际上已成为某类复杂的理论性连续体。

四、结　语

从批判（性）遗产研究和批判博物馆学的视角看，遗产或者遗产保护实践并非单一的一类社会文化现象。博物馆实践也是如此，均具有杜尔干社会学意义上的作为"总体性社会事实"表征的意义。遗产保护一直被认为是一个操作性的实践活动，不是一个学理性的思想活动，所以各国的遗产保护实践均可以上溯到很久远的历史传统，而遗产研究（或遗产学）作为一个核心议题是20世纪80-90年代才发展出来的。同样的，博物馆实践同样有久远的传统。现代意义的博物馆也有数百年的历史了，但博物馆学一直不被认为是独立的学科，甚至不被认为是一个独立的研究领域。直到新博物馆学运动开始，"普通博物馆学"才获得了更充分的发展空间。在21世纪开始的几年里，英美国家的学者一直在追问"博物馆学存在核心文献吗？"其实意思很明白，博物馆学会是一个独立的学科吗？

遗产保护实践、博物馆实践是一套技术性的实践操作，必须满足技术话语，所以具有突出的"专业排他性"。而事实上，遗产和博物馆领域，在最基本的层面，是一种社会事实、一类文化现象，而非纯粹的面向技术性和政策性的争论。国际批判（性）遗产研究协会的宣言提到："遗产，作为一类政治行为，我们需要认真发问总是利用遗产而得以维持的权力关系。"①

第四届国际批判（性）遗产研究协会大会所选定的主题是"跨界视角下的遗产"，不同学科如人类学、考古学、社会学、语言学、建筑学、城市规划、博物馆学、旅游学等，对遗产保护实践、研究的全球影响。上述学科的不同理论流派、区域发展等也是不平衡的。受麦夏兰推荐，笔者和方李莉教授共同参与英国国家人文基金重点项目"面向未来的遗产"，项目召集人是伦敦大学的罗德尼·哈里森教授，在项目执行的四年多时间里，我们充分感受到遗产话语实践的地区差异性②。众所周知，世界遗产运动所追求的恰恰是"文化价值的一致性"，即突出的共同价值（普遍性意义）。也就是说，世界遗产运动影响之下，我们的原则是"求同"，这显然不是人类历史发展的真实，至少不是唯一的真实，所谓真实性原则受到挑战，还远远不止这些。求同与存异之间，如何达到平衡？

2017年夏天，在史密森学会格温内拉·伊萨卡（Gwyneira Isaac）、英属哥伦比亚大学安东尼·谢尔顿等的倡议之下，"边界与打破：移动时代的博物馆"工作坊终于在墨西哥城启动③，中央民族大学博物馆人类学团队的潘守永、倪威亮（William Nitzky）、溥摩根（Morgan Perkins）均参加了会议。针对当前互联网时代人人都是"移动端"所带来的变化，以及对博物馆发展的挑战，进行了充分讨论，并且针对特朗普政府在美墨边界的"建墙"计划，圆桌会议上一致提出如何"打破"博物馆界的边界议题，提出种种全球协作与协商机制的可能性。批判博物馆学理论的发起者安东尼·谢尔顿不仅分享他的学术思想，更分享他在跨界（人类学、博物馆学、当代艺术策展等不同领域）上的实践体会，以及他和团队在全球不同地区的研究案

---

① Association of Critical Heritage. History. http://www.criticalheritagestudies.org/history/.
② "面向未来的遗产"之中国学者信息所在网站, https://heritage-futures.org/partners/。
③ Gwyneira Isaac, Diana E Marsh, Laura Osorio Sunnucks. Borders and Interruptions: Museums in the Age of Global Mobility. Mexico City, 2017, 6 (7-9).

例。他介绍到2018-2019年度自己将在日本度过一个学术年,他对日本在博物馆和遗产领域的哲学和理论均满怀"敬意"。他表示,下一轮的"边界与打破"对话可以考虑在日本或在中国,或以轮流的方式进行。墨西哥学者和当地文化部官员则表示,墨西哥城不仅很荣幸地成为这个博物馆人类学全球对话小组的发起地,也愿意未来一直成为这个对话小组的永久驻地。这让笔者想到,批判(性)遗产研究最初从澳大利亚学界发起,然后才蔓延至全球其他地区,批判博物馆学至今也还局限在一个不大的学术圈子中,学人分散各处。墨西哥有全球一流的人类学博物馆,应该是一个不错的选择,但墨西哥与澳大利亚在当代学术生产链上的地位其实是难以相比的。这是否意味着博物馆人类学的边界与打破会长期处于"边缘"。由于已经位于"主战场"和核心,也就不必打破了。批判(性)遗产研究理论很早就进入中国学术领域,但它不是在遗产和博物馆园地,而是在马克思主义美学领域。早在十年多之前,《马克思主义美学研究》等刊物对英美国家的批判(性)遗产研究就开始了系统的译介,托尼·本内特这位批判性研究的先行者的大部分理论和思想,均为这个领域的学者所熟悉[1]。麦夏兰的"困境遗产研究"也早有节译[2]。《托尼·本内特文化理论研究》是2013年山东大学文艺学的博士学位论文[3],武汉大学的学位论文中也有专门研究"托尼·本内特文化理论"的。可见,有关遗产的马克思主义哲学的批判性思考在中外学术界几乎同步。这似乎在一定程度上说明遗产研究领域的批判性视角在一定程度上是对西方政治经济学的承继和发展。

---

[1] 〔英〕托尼·本内特著,强东红、陈春莉译,柏敬泽校:《形式主义与超越》,载《马克思主义美学研究》,2006(1),295-309页;〔英〕托尼·本内特著,陈春莉译,强东红校:《文化、历史与习性》,载《马克思主义美学研究》,2009(2),27-41页。
[2] 〔英〕沙伦·麦克唐纳著,陈春莉译,强东红校:《骚动不安的记忆——对棘手的公共遗迹的干预与争论》,载《马克思主义美学研究》,2008(2),195-207页;〔英〕沙伦·麦克唐纳著,尹庆红译,王斌校:《博物馆:民族、后民族和跨文化认同》,载《马克思主义美学研究》,2010(2),72-90页。
[3] 张朋:《托尼·本内特文化理论研究》,济南,山东大学出版社,2016。

博物馆与文化政治

关系主义博物馆学：缘起、立场与困境[*]

尹凯[**]

一、缘起："关系主义博物馆学"的问题意识

在回顾数度更易的博物馆定义时，学界内部往往对1974年的博物馆定义着墨颇多、赞誉有加。其中，"为社会及其发展服务"的表述在学界引发了一系列讨论：有学者认为该定义标志着从侧重博物馆功能界定转向博物馆与社会之关系[①]，有学者认为这实现了博物馆人格化形象的重新塑造，使博物馆性格渐趋外向化，由精英气质转变为大众品格，并显露出女性特质[②]。这些研究虽然在遣词造句上存在一些细微的差别，但是却在一个基本认知上达成了共识，即博物馆应当建构与社会之间的关系。

如果将1971年的国际博物馆协会第九届年会（主题是"为了人类、今天和明天的博物馆"）和1972年圣地亚哥圆桌会议（Round Table of Santiago）也纳入到博物馆服务社会的发展脉络中，那么我们将看到20世纪70年代实际上是一个博物馆走向社会的关键时期。1977年，国际博物馆协会（ICOM）在莫斯科举行的

---

[*] 本文原刊于《中国博物馆》2020年第2期。
[**] 尹凯，山东大学文化遗产研究院副教授、硕士生导师。
[①] 杜水生：《从博物馆的定义看博物馆的发展》，载《河北大学学报》（哲学社会科学版），2006（6）。
[②] 刘迪、黄国辉：《1974年国际博协定义对博物馆人格化形象的塑造》，载《温州文物》，2015（12）。

第 12 届全体大会上通过了关于"国际博物馆日"（International Museum Day）的决议，一方面增进社会公众对博物馆的了解、参与和关注，另一方面坐实了博物馆在文化交流和充实、相互理解与合作方面的工具性角色[①]。这种关于工具性的博物馆论调深受拉美地区的青睐，并在此基础上凝练成了独具特色的社会博物馆学（sociomuseology/social museology）。简单来说，社会博物馆学指的是尽最大努力让博物馆及其博物馆学特质满足于当代社会的基本状况[②]。

博物馆与社会之间关系的建构是思考与理解关系主义博物馆学的底色，甚至可以说，这种关系的建构深刻影响了之后博物馆的发展轨迹，并由此衍生出一系列学术立场与议题。在此，笔者将先解答一个关于博物馆与社会关系的基本问题，那就是这次是博物馆与社会之间的初次相遇吗？答案既是否定的又是肯定的。为什么是否定的呢？自现代博物馆诞生以来，"充分表征原则"和"公众权利原则"构成了博物馆变革的主要政治修辞[③]。在这种情况下，欧洲的博物馆经由理性、文明、品位的塑造，成为理解社会的场所。那为什么又是肯定的呢？博物馆虽然在专业化之前和专业化之后都与社会存在不同程度的关系，但是之前的博物馆工具性是作为国家的治理技术而出现的，而之后的博物馆工具性则具有了某种社会公益的属性，或至少从理论上说是具有了某种共享利益、目的和价值的机构形态[④]。

博物馆之所以在新时期所建构的与社会之间关系中具有一定的独立性和话语权，这与之前经历的比较完整的专业化发展密不可分。正是这样一种基于标准化和规范化的功能设置与运作程序构筑了一种普遍的共同体意识。这在一定程度上避免了博物馆犹如浮萍般随波逐流，但是当博物馆最初被嵌入社会的风潮所席卷之时，还是不免出现一些激进的论调和行动。譬如忽视博物馆行业赖以生存的既定准则，

[①] 国际博物馆协会官网：https://icom.museum/en/activities/events/international-museum-day/.
[②] Mário C Moutinho. Evolving Definition of Sociomuseology Proposal for Reflection. Sociomuseology Ⅳ. Cadernos de Sociomuseologia, 2010 (38), pp. 27-31.
[③] 〔英〕托尼·本内特著，赵子昂、强东红译：《博物馆的政治合理性》，载《马克思主义美学研究》，2007（1），250-263 页。
[④] Robert Janes. Museums, Corporatism and Civil Society. Curator: The Museum Journal, 2007, 50 (2), pp. 219-237.

站在社会而非博物馆自身伦理角度来思考问题①。这样一种革命色彩浓厚的潮流直到20世纪80年代末期才渐趋平稳，其中扮演关键性角色的是《新博物馆学》②的出版。该论文集虽具有"新"的标签，但却站在博物馆而非社会、社区等外在因素的立场上思考问题的，其基本的研究旨趣在于吸纳其他学科的研究成果来重新思考传统博物馆在新时期的定义和角色③。从20世纪70年代到80年代末90年代初，博物馆与社会之间的关系经历了从无到有、从激进到平稳的演变轨迹。从1992年以来的国际博物馆日主题来看，无论是主题中频繁出现的"与""和"等连接词还是诸如"桥梁""中枢"等名词的都不约而同地彰显了博物馆在建构关系上的尝试与努力④。这些显现的社会事实和隐含的集体意识都不同程度地宣告着博物馆与社会之间关系的正式建构，同时也标志着博物馆学迈向关系主义的新阶段。

简单来说，"关系主义博物馆学"或"博物馆学的关系主义"最初生成于两种力量的纠葛与拉扯。一方面我们可称之为"本质理性"，其导向的是自1934年马德里研讨会⑤以来持续追求的博物馆学专业化和纯洁性，其基本假设是博物馆是一个中立性的机制，其基本任务是聚焦于博物馆的方法与功能。另一方面我们可称之为"工具理性"，其指向的是20世纪70年代以来对政治、民主、赋权、参与和发展等社会议题的介入，其基本假设是博物馆是一个关联性的工具，其基本任务是关注博物馆的目的与影响⑥。作为两种理想状态，处于光谱连续体两端的本质理性与工具理性将博物馆置于普遍存在的关系主义中，并时刻左右着博物馆自身的位置与方向。

---

① 皮埃尔·迈朗：《新博物馆学的确立》，载《国际博物馆》（中文版），2016（Z2）。
② Peter Vergo. The New Museology. London: Reaktion, 1989, pp. 3-4.
③ 尹凯：《目的感：从〈新博物馆学〉一书重思博物馆价值》，载《博物院》，2018（4）。
④ 虽然有研究指出，历年博物馆日主题呈现出鲜明的阶段性：即基础建设阶段（1992—1999），以人为本阶段（2000—2011），变革创新阶段（2012—2018），但在笔者看来，历年国际博物馆日主题实际上是代表了国际博协试图建构博物馆与社会关系的尝试。详见韩晓倩：《从国际博物馆日主题看世界博物馆发展》，吉林大学硕士学位论文，2019。
⑤ 刘婉珍：《互即互入——博物馆学的存有与发展》，载《博物馆学季刊》，2013（1）。
⑥ Mary Elizabeth Williams. A Noble Balancing Act: Museums, Political Activism and Protest Art. Museum International, 2017, 69 (3-4), pp. 66-75.

因此，要想理解当代博物馆的整体图景，进而提出富有价值的建设性意见，"关系主义博物馆学"为此提供了一个有益的分析架构。

二、立场："关系主义博物馆学"的基本主张

近些年，作为一种视野、方法或心态，关系主义已经在社会科学领域出现，并得到了不同程度的阐发与讨论。从社会学的研究视角来看，关系主义的方法论的真正意图在于改造社会学的本体论和认识论，不再从个体和社会的二元对立出发来思考关系，而是从关系出发来思考一切社会历史现象，从关系中寻求对社会历史现象的解释①。从民族学的研究视角来看，关系主义民族学意在表明民族单位之间存在着密切的相互交往关系和物品与观念的双向流动，这一反思可能预示着中国民族学研究以"关系"替代"识别"时代的来临②。从人类学的研究视角来看，"在一起"的人类学实际上也是一种基于文化形态转向和权力转变而强调文化关联的意识与策略，其背后的哲学根基是整体、融合和互惠③。这些跨学科的有益探讨虽然在现象感知、阐释层次和未来出路上存在细微的差别，但是却共享了一套参考框架，即不同程度地认识到现代社会所造成的分离处境，以及旧有学术研究的问题框架、概念体系和命题系统的不足与局限。

如果说第一部分旨在阐明关系主义博物馆学得以可能的社会现实层面，也就是博物馆在新时期自身发展的结果，那么上述所及则澄清了关系主义博物馆学得以可能的学术研究层面，即人文学科内部普遍存在的调整与反思。秉持内与外的双重视野，笔者将在接下来的部分中集中讨论关系主义博物馆学的认识论立场与基本主张。

有感于博物馆现实世界的演变轨迹和学术研究领域的总体趋势，在博物馆领域讨论关系主义不仅是可能的，而且是亟需的。总的来说，关系主义博物馆学的基本主张是现实实践与理论分析的基础和前提是关系论的，或者至少应将彼此关系的体

---

① 郑震：《社会学方法论的基本问题——关系主义的视角》，载《天津社会科学》，2019（4）。
② 王铭铭：《中间圈——"藏彝走廊"与人类学的再构思》，127-192页，北京，社会科学文献出版社，2008。
③ 赵旭东：《文化转型人类学》，72-105页，北京，中国人民大学出版社，2018。

认置于和本体论存在同等重要的位置。具体而言，关系主义博物馆学大概可以从三个方面来加以阐发：其一是作为文化机构的博物馆，虽然有学者认为博物馆并非博物馆学唯一的研究目的[①]，但是我们仍然可以将具有实践与机构属性的博物馆作为关系主义博物馆学思考的第一个层次。其二是作为关系一端的博物馆，这种将博物馆置于二元关系结构的基本假设是博物馆与关系的另一端之间存在或潜在着某种相互作用的关系。其三是作为关系介质的博物馆，较之于二元结构的关系，这个层次的关系网络更进一步。由此，博物馆是以关系的维系者和协调者的身份而出现，其目的在于保持彼此关系的均衡。

就微观的博物馆机构而言，关系主义博物馆学的基本立场是在实践和运作层面建立物件（遗产）、知识（专业）和公众（社会）之间的关系。根据莱茵沃德学院（Reinwardt Academie）所提倡的 PRC 系统（保存－研究－沟通）[②]即可发现，这三个关系主体实际上是可以还原为博物馆的具体功能的。具体而言，博物馆经由保存建立物件（原初情境）和（藏品）博物馆情境之间的关系，经由研究建立物件（科学信息）和知识（文化信息）之间的关系，经由沟通建立研究员（博物馆情境）和公众（社会）之间的关系。但需要指出的是，这种传统意义上的博物馆内部关系的建构与运作是构筑在一种内生性的立场之上的。博物馆功能的出现与进一步分化实际上博物馆专业化的产物和表现[③]，在这样一种基于社会分工的专业化时期，功能的分化在保证机构运作效率的同时，也产生了两个难以回避的困境：其一，立足于功能而建立起来的关系是线性的、断裂的，关系建构的背后逻辑依循的是机构操作的时间顺序；其二，这种内生性的运作关系在博物馆世界造成了一种行动的惯习，换句话说，行动肇始于我们知道怎么做而不是基于重要性的评估（doing things just because we know how to do them without carefully assessing their desirability）[④]。

---

① 安德烈·德瓦雷、方斯瓦·梅黑斯著，张婉真译：《博物馆学关键概念》，42 页，Armand Colin，2010。
② 安德烈·德瓦雷、方斯瓦·梅黑斯著，张婉真译：《博物馆学关键概念》，17 页，Armand Colin，2010。
③ 彼特·萨米斯、米米·迈克尔森著，尹凯译：《以观众为中心：博物馆的新实践》，IX 页，北京，科学出版社，2018。
④ Abnold Berleant, Kevin Dettmar. Rethinking the Museum and Other Meditations by Stephen Weil. The Journal of Aesthetics and Art Criticism, 1991, 49 (4), pp. 402-403.

因此，在微观的博物馆机构层面，关系主义博物馆学意图在承认博物馆专业主义有效性的基础上破除其对博物馆现实运作的束缚与局限。较之于功能化和程式化的关系建构，关系主义博物馆学对行动的判断与抉择是基于价值和意义评估而得出的。这种基于目的性的、有意识的行动在某种程度上激发了博物馆机构的效益和活力，并促进关系的能动发现与建构。按照传统博物馆学的法则，博物馆教育人员一般是在展览基本完成之时才会被委以重任。在关系主义博物馆学的基本立场里，教育人员，甚至是展厅内的一线工作人员因其对教育理论和观众的了解应当在展览一开始提出的时候就应该保证在场，并贯穿展览制作的始终。同样的，最近颇为流行的公众研究，甚至是合作策展其实都是关系主义博物馆学的有益尝试。合作策展对于关系的建构其实可分为两个层面：一方面涉及意义的符号学，即建立物件与原初情境之间的关系，另一方面涉及沟通的符号学，即建立一套研究员和公众共享的沟通代码①。其实在博物馆实践领域，具有关系主义博物馆学意味的行动策略正在逐渐增加，一些尝试在业界获得了一致的承认。在这一层面上，关系主义博物馆学不仅有助于将基于偶发性的、被动的实践进一步巩固为战略性的、主动的自觉，从而将其纳入专业化的操作机制中，而且还将提供关系生成的能动力量。

如果我们跳出博物馆的机构范畴，将博物馆作为关系的一端进行思考，那么我们就会进入上述提及的关系主义博物馆学的第二个层面。在这种情况下，上述提及的博物馆内部的功能与机构运作实际上是作为一个整体而出现的②，以此来建构博物馆机构或博物馆领域与其他问题、现象和议题之间的关系。总体而言，这种关系主义博物馆学实际上关涉着边界与跨界的学术议题。就目前来看，博物馆已经与政治、市场、经济、环境、原住民、社区、全球化、无形遗产、青少年、旅游、记忆、文化景观、社会可持续发展等命题建立了关系。这种数量上的增加与类型上的齐备看

---

① Eilean Hooper-Greenhill. A New Communication Model for Museum, in Gaynor Kavanagh(ed): Museum Languages: Objects and Texts. London and New York: Leicester University Press, 1991, pp. 47-62.
② 鲁迪·拜尔，皮蓬·里奥尼，克里斯廷·伯纳德：《"公司"博物馆身份认同的若干思考：以尼斯的法国当代艺术学校（Villa Arson）为例》，载罗杰·米尔斯、劳拉·扎瓦拉著，潘守永、雷虹霁译《面向未来的博物馆——欧洲的新视野》，33-40页，北京，燕山出版社，2007。

似将博物馆纳入到更为广泛的关系网络中,实际情况却并非如此。仔细审视这些建构起来的关系即可发现,有些所谓的关系往往流于表面,更不用说维系或平衡了。概括来说,这种二元结构的关系体在具体的阐释过程中往往会导向一种程式化的书写定式,撷取与之相关的一个或多个功能来讨论博物馆对另一个关系主体的单方面贡献与价值。此种情况将会把博物馆置于伦理争议的危险境地。

在这种情况下,关系主义博物馆学的基本立场在于防止关系的权重导向任何一方,以此来维系关系的平衡。如果是这样的话,那是不是意味着应该把博物馆从一些不合适的关系中抽离出来,以此远离麻烦与纷争。在笔者看来,如果要实现博物馆的生存与发展,就无法避免与外界发生关系,因此,逃避绝非良策。在这种情况下,关系主义博物馆学的基本主张在于提升博物馆的独立性地位和专业化素养,并在此基础上以情感认同和公共价值为准绳来处理二元论的结构关系。这可以通过几个问题的答案来进行引导和评估:博物馆为何存在?博物馆想要产生何种影响?这将会产生哪些解决方案?博物馆不可议付的价值有哪些[1]?较之于第一个层面而言,当博物馆处于一种二元结构关系中时,关系的平等与平衡是关系维系的核心所在。因此,夯实并坚持自我的底线和边界是构建、维系健康关系的根基,否则,博物馆将沦为任人摆布的工具。与此同时,对博物馆专业化的锻造也应当具有外向型视野和反思性魄力[2],譬如将关系体另一端的语言和风格经过挪用吸纳进博物馆的日常机制中,以此来构建更深层次的关系。

无论是出于一种直觉,抑或是源于一种思考,博物馆及其博物馆学似乎总有一种内在的矛盾和张力。罗伯特·简斯(Robert R. Janes)将其称之为"多样化拼盘"(diversified portfolios)[3],即博物馆的一些工作(例如餐厅和商品开发)属于市场的范畴,而其他活动(跨文化合作、提升多地区意识)则明显属于社会责任范畴。毫无疑问,博物馆必须在确保两者共同在场的情况下整合彼此之间的关系,并在动态

---

[1] Robert R Janes. Museums, Corporatism and Civil Society. Curator: The Museum Journal, 2007, 50 (2), pp. 219-237.
[2] Robert R Janes. Museums, Corporatism and Civil Society. Curator: The Museum Journal, 2007, 50 (2), pp. 219-237.
[3] Robert R Janes. Museums, Corporatism and Civil Society. Curator: The Museum Journal, 2007, 50 (2), pp. 219-237.

均衡的状态中进一步实现博物馆的价值。其实，这种基于市场思维和社会责任对博物馆所做出的两难选择是极具启发性的，并为我们提供了发现博物馆复杂关系主义的钥匙。就博物馆的独特存在而言，类似于这样的张力关系随处可见，譬如内容与容器[①]、物件与观念[②]。但其中最主要的关系还是由"他者"生成的，而且在时间（过去、现在、未来）和空间（地方、国家和国际）两个维度上展开。就时间而言，现在的博物馆为了未来子孙后代而收藏、保管、研究与展示来自过去的历史证据；就空间而言，地方的博物馆在感知到特殊地方与全球网络的同时，也追求在空间维度上实现超越性文化理解的可能。上述情况孕育了关系主义博物馆学在第三个层次上的基本立场，即无论是对于博物馆内在的还是衍生的关系体而言，博物馆是作为一种协商、整合的桥梁、中枢和媒介而出现的。在这种情况下，关系主义博物馆学的基本主张在于，通过博物馆的从中调节，最终实现关系的健康、均衡发展。

就关系主义博物馆学的这个层次而言，我们大致可以根据所观察到的博物馆现象和已有的理论阐释来加以把握。当博物馆作为一对关系的介质时，如何在兼顾两者的基础上整合彼此之间的关系是关键所在。比如近些年来，以生态博物馆和社区博物馆为代表的新博物馆学（遗产）运动过多地痴迷于社区的价值，这严重阻碍了对社区议题及其相关文化工具的理解[③]。根据肯尼斯·哈德森（Kenneth Hudson）的"双重输入系统"[④]，社区和政府、民主与专业的共同在场、充分对话才是关系主义视角的真谛。当博物馆作为一个介质承载着多重关系，或者说围绕博物馆存在着多个利益相关者时，上述策略同样有效。在承认关系的平等状态基础上，经由博物馆的力量对其进行充分的沟通、交流与协商，并最终达成关系的均衡。最后，这一层面

[①] 里默·克努普著，许捷译：《内容还是容器？作为学科的博物馆学》，载《博物院》，2017（3）。
[②] 伯乐·奥博齐：《20世纪末自然历史博物馆的"身份"危机》，载罗杰·米尔斯、劳拉·扎瓦拉著，潘守永、雷虹霁译《面向未来的博物馆——欧洲的新视野》，217-223页，北京，燕山出版社，2007。
[③] Emma Waterton, Laurajane Smith. The Recognition and Misrecognition of Community Heritage. International Journal of Heritage Studies, 2010, 16 (1-2), pp. 4-15.
[④] Kenneth Hudson著，陈彦铭译：《梦想与现实——哈德逊谈生态博物馆和生态博物馆学的二十年》，载《博物馆学季刊》，1996（1），56页。

的关系主义博物馆学还暗含着一种主客之间、物人之间的穿梭与杂合状态。简单来说，在本体论意义上处于被动和客体的存在（物件、情境、观众）都具有不同程度的能动性，并在此基础上生成意义和关系①。从这个角度来看，关系主义博物馆学将博物馆及其各个要素、环节置于"无处非中"②的玄妙境地。

三、困境：关系主义博物馆学的建构危机

2019 年 9 月 1-7 日，国际博协第 25 届大会在日本京都召开。作为会议主题之一，"博物馆定义和系统"涉及如何重新定义博物馆，如何应对博物馆的日常挑战③。在"新的博物馆定义"的阐释、讨论、表决过程中出现了戏剧性的一幕，即同意延迟对"新的博物馆定义"进行投票。较之于 2007 年之前的博物馆定义，此次的博物馆定义有何变化？为何会出现重新修改并延迟投票的尴尬局面？在回应这些问题并展开进一步讨论之前，让我们先看一下在京都大会上提交投票的博物馆新定义：

博物馆是民主化、包容性、多元平等的空间，用以展开传统和未来的批判性对话。博物馆应承认并试图解决当前的冲突和挑战，为社会保管人工制品和标本，为子孙后代保存多样记忆，保障所有人享有平等的权利和遗产获取权。

博物馆不以营利为目的。它应具有参与性和透明性，并与不同社区积极合作，旨在为不同群体征集、保存、研究、阐释、展示和加强对世界的了解而努力，为人类的尊严、社会正义、世界平等和全球福祉作出贡献④。

---

① Anita Herle. Anthropology Museums and Museum Anthropology, in Department of Social Anthropology (ed): The Cambridge Encyclopedia of Anthropology, 2016, pp. 6-7; Alan Radley. Boredom, Fascination and Mortality: Reflections upon the Experience of Museum Visiting, in Gaynor Kavanagh (ed): Museum Languages: Objects and Texts. Leicester: Leicester University Press, 1991, pp. 63-82.
② 无处非中的意思是地球既是圆的，世界上便没有一个地方不能被定义为中心。此处的"挪用"暗指博物馆的任何一个要素和环节都具有关系生成的能动性和潜在性。王铭铭：《无处非中》，济南，山东画报出版社，2003。
③ 2019 年国际博协大会（日本京都）官网：https://www.sohu.com/a/236838382_426335，撷取时间 2019-10-28。
④ 根据官网上的英文翻译而成。原文详见：https://icom.museum/en/activities/standards-guidelines/museum-definition/，撷取时间 2019-10-28。

不得不承认，这个博物馆新定义是极具革命性和辨识度的。在此，笔者将暂时抛开国际博协内部不同力量之间的关系纠葛不谈，单从博物馆定义的文本出发来尝试对上述两个问题进行阐释。1974年之前的博物馆定义主要关注的是"博物馆是什么"这一根本问题，其研究旨趣在于从本体论的视角来定义博物馆机构及其工作内容。自1974年以来，无论是从博物馆定义还是博物馆的经验现实来看，博物馆实际上已经进入到一端是本质理性、一端是工具理性的关系主义博物馆学的光谱。2019年所提及的新定义则主要聚焦于"博物馆能做什么"，其思考旨趣具有强烈的目的论色彩和倾向。从1974年到2019年，博物馆定义始终滑动在关系主义博物馆学的光谱上，其中，光谱一端讲述的是博物馆的本质理性，另一端讲述的是博物馆的工具理性。之所以会出现延迟投票的戏剧性一幕，原因在于关系主义建构的"过度"。如果说修改定义的初衷在于博物馆在关系主义上的"不足"，那么新定义遭遇到的尴尬处境则可以归咎于博物馆在关系主义上的"过度"[①]。换言之，当博物馆开始由其外在力量和关系来定义时，博物馆往往会陷入到沉默与悬置的关系困境中，这也就意味着博物馆从关系主义的光谱轨道上滑落下来。

与此同时，2019年国际博物馆日主题是"作为文化中枢的博物馆：传统的未来（Museums as Cultural Hubs: The Future of Tradition）"[②]。较之于"新的博物馆定义"所抱持的激进态度，该主题以比较温和和适切的方式提供了诊断当代博物馆基本图景的替代性路径。或者我们可以说，今年的这两个事件都共享一个危机意识，即两者都不同程度地感知到关系主义对博物馆实践与理论的撕扯。就国际博物馆日主题来说，近些年来的主题阐释总是努力在"收藏、研究与交流等基本职能的基础性地位"和"博物馆如何介入公众、社区、社会和全球议题的价值性角色"之间寻求一种平衡。然而，这种长久以来的张力关系在今年彻底爆发，上述两个事件对此的回应截

---

① 国际博物馆协会副主席安来顺曾于2019年9月26日在山东大学青岛校区作了一场题为"我们需要重新定义博物馆吗？"的讲座。在讲座中，安来顺在谈到2020年的博物馆该如何定义时提到了一个极富洞见性的观点，即采取"两段论"的方法来定义博物馆，第一段说明博物馆是什么，第二段说明博物馆有什么作用。由此实现博物馆内外力量的关系平衡。

② 详见国际博物馆协会官网：https://icom.museum/en/activities/events/international-museum-day/。

然不同:"新的博物馆定义"对此开出的良方看似是拥抱关系主义,实则是对关系主义的背离;与此同时,国际博物馆日主题则再次以比附和隐喻的修辞手法坚持了关系主义博物馆学的持中立场。

该主题中"作为文化中枢的博物馆"这一表述实际上是与上文述及的关系主义博物馆学的第三个层次相契合的,也就是博物馆应当具有作为关系介质的意识与潜力。如果对此表述进行更深入的剖析即可发现一个隐藏的命题,即博物馆不仅能够在既有的关系网络中扮演桥梁、中枢和媒介的角色,而且博物馆自身也是一个生成与制造关系的形式和要素。如果说前者要求博物馆成为关系主义的维系者和协调者,那么后者则督促博物馆成为关系主义的生成者和能动者。在此,笔者将就后者的价值多说两句:就行动者网络理论而言,博物馆与人工制品、技术以及人类一样,是复杂、互动网络中的行动元和能动者,这意味着对嵌入社会关系的博物馆能动性的进一步体认,以及对人类意图和活动等诸多方面的关系主义洞悉[1]。

该主题中"传统的未来"这一表述折射了博物馆学界对当代博物馆基本图景的认知与期许。重拾传统并非一种保守主义的做派,亦或是对未来充满怀疑的踟蹰不前;相反,这是一种基于批判性和超越性的风险预估和冷静判断。简单来说,传统是导向未来的传统,未来是立足传统的未来。如果我们超越传统与未来的字面所指,并将其纳入到关系主义的范畴中来进行思考的话,那么传统与未来两个关系意象在一定程度上构成了关系主义博物馆学的基本命题。传统隐喻的是时间上的过去,是空间上的地方,是传统博物馆的基本价值,是学术上的本体论倾向;未来隐喻的是时间上的将来,是空间上的全球,是新博物馆的基本价值,是学术上的认识论导向。由此,传统在未来的复归或未来对传统的修正其实昭示着两者的共同在场和关系主义的建构,同时也意味着对彼此所言说内容的自省与超越。

因此,如果把"作为文化中枢的博物馆"和"传统的未来"放在一起来思考的

---

[1] Anita Herle. Anthropology Museums and Museum Anthropology, in Department of Social Anthropology (ed): The Cambridge Encyclopedia of Anthropology. 2016, pp. 6-7.

话，我们收获的是关系主义博物馆学在微观、中观和宏观三个层次上的全部内涵。从国际博物馆日的主题到"新的博物馆定义"的滑铁卢，从作为关系体的博物馆到作为关系介质的博物馆，这些动态事件和多层次分析一方面凸显了博物馆现象认知的复杂性和细微性，另一方面也宣布了博物馆学正式进入关系主义的新时代。

四、余论：关系主义博物馆学的延伸思考

在结语部分，笔者首先将对关系主义博物馆学的总体内涵做一个概况和总结。关系主义博物馆学的逻辑与范畴大体存在三个相互关联的层次结构，一是作为关系体而存在，且内部充盈着物、人、知识与价值关系的博物馆；二是作为关系一端而存在，且相对于某种外在东西而发挥工具关系的博物馆；三是作为关系介质而存在，且处于中间地带维系或生成关系网络的博物馆。我们可以将这三个层次结构称之为关系主义博物馆学思想的三种基本范畴，或关系主义博物馆学体系的基本框架。需要指出的是，关系主义博物馆学的三个层次之间一无等级结构之别，二无单向驱力设定，其各层次之间是交互依存、彼此交织的关系。如此看来，关系主义博物馆学其实在借由层次结构来表述与澄清自我体系的同时，也在一定程度上依靠各个层次之间的流转与穿梭而消弭了内部的结构形态，从而在整体体系上达成了关系主义的总体诉求。因此，关系主义博物馆学是一个经纬具在、兼顾物质性与社会性的立体关系网络。

虽然笔者就关系主义博物馆学的缘起、立场和困境做了一个系统的梳理，并提出了关系主义博物馆学的基本框架和范畴。但需要指出的是，本文对"关系主义博物馆学"的讨论和思考仍属于一种初步性的论纲，肯定还存在诸多尚不成熟的地方。与其说这是一个理论设想，倒不如将其看作是一种自省和呼吁，进而从关系主义的视角重新发现博物馆实践与理论的诸多可能性。因此，笔者文章的最后就"关系主义博物馆学"可能面临的批评预设做出三项回应。

第一，关系主义博物馆学得以可能的前提源自博物馆本质理性与工具理性之间的张力。就此而言，很多学者都已经注意到了这个难以回避但又不易回答的问题。

在谈及博物馆的定义因社会变迁和文化发展而演变的趋势时，王嵩山认为，对博物馆的理解不仅需要"博物馆应该有什么内容与功能"的描述性定义，而且还应兼顾"博物馆作为一个能动主体能够为社会带来什么"的规范性定义[①]。在北京大学的一次讲座中，徐坚通过检视1946年以来国际博协对博物馆的几次定义，提炼了博物馆的四个关键概念，即空间、馆藏、功能（活动）和目的，并据此提出了博物馆的实际或潜在的两种形态：宝藏型博物馆（侧重空间和馆藏）与教育性博物馆（侧重功能和活动）[②]。虽然这些基于不同的问题意识和学科视野的基本表述存在细微的差异，但总体而言，这些判断和认知高度雷同。因此，笔者所言的"关系主义博物馆学"大概也就在"发明"新术语上算是一个创新，其意欲回应的议题其实早已被学界感知、体认与讨论了。

第二，要想讨论"关系主义博物馆学"就必然会涉及一个时间节点的问题，即博物馆分别从什么时候步入或走出关系主义的光谱呢？在处理起点时，本文分别从历史维度和意识层面其实给出了两个答案：其一是1974年的博物馆定义，第一次将"为社会及其发展服务"正式写进博物馆定义中；其二是博物馆的专业化导向，聚焦于博物馆内部功能与方法的专业意识很少或被动地回应社会议题。至于关系主义的终点问题，有学者认为，当博物馆未能准确分析社会的需求，从而造成博物馆与社会之间"供求关系"失衡时，博物馆也就失去了存在的意义，关系主义也就无从谈起了。这一观点其实重申了史蒂芬·威尔（Stephen Weil）关于博物馆转型的基本认知[③]。在笔者看来，新的博物馆定义所引发的闹剧似乎以反证法的方式做出了回答，那就是短时间内博物馆学依然需要在关系主义的复杂纠葛中前进。或者到了大家不再谈及诸如"关系""边界""跨界""中枢"时，大概也是"关系主义博物馆学"落幕之时。

[①] 王嵩山：《博物馆、思想与行动》，17-18页，新北，远足文化事业股份有限公司，2015。
[②] 徐坚：《情境主义博物馆史：基于博物馆定义——第一讲：宝藏与教育》，北京大学，2019年11月26日。
[③] Stephen E Weil. From Being about Something to Being for Somebody: The Ongoing Transformation of the American Museum. Daedalus, 1999, 128 (3), pp. 229-258.

第三,"关系主义博物馆学"在认识、理解与分析博物馆现象时具有一定的普遍性,但需要指出是这种普遍性是有条件、有限度的。何种程度和意义上的"关系"才属于"关系主义博物馆学"的意图范畴呢?那些仅仅停留在口号和倡导层面上的"关系"是"关系主义博物馆学"所关照的对象吗?在此,笔者谈及的"关系"更确切地来说应该是一种"有效的关系"。一旦满足了"有效性"的条件,"关系"一方面获得了某种互惠性的品质,从而保证了合作的互利性和关系的制度化;另一方面则从中生成出一种自觉的意识,保证具体的博物馆实践、活动与项目的价值与意义。"关系主义博物馆学"是基于国际博物馆世界的总体发展态势而提出的,因此,其普遍性在遭遇不同国家和地区的文化语境、不同博物馆类型的具体语境时会出现解释力不足,甚至有所偏差的现象。博物馆知识与日常生活的实践密不可分,这也就在某种程度上决定了"关系主义博物馆学"的限度。

附记:本文的部分内容曾在中国民族博物馆主办的"第二届博物馆人类学研讨会"(2019年11月9-11日)上公开讲述。在成文过程中,王嵩山、朱幼文、史吉祥等学者都曾对文中的一些表述提出宝贵的意见,在此表示感谢。

博物馆叙事:价值、逻辑、策略

"物""人"关系的展示学重构：博物馆人类学的方法与实践

郑茜*

一、展示的困境及其调适

（一）碎片化的物如何呈现整体性知识？

追溯现代公共博物馆的历史，展示的困境如影随形——不管是加特梅尔·德昆西（Quatremère de Quincy）对于博物馆合法性的质疑[①]，还是法国哲学家梅洛·庞蒂（Merleau Ponty）认为博物馆"只能提供一个关于艺术的崩溃影像"的指责[②]，这些批评实际上都部分地指向博物馆展示方式及其文化后果。进入博物馆的物，是以脱离其原生文化环境作为前提的——这些浮游于历史文化脉络之外的实物，以碎片化的形态存在于博物馆的收藏库中；而橱窗式的陈列——文物被密闭在玻璃柜里，塑造出博物馆里的"物"作为珍贵的、奇异的、宝藏的属性和形象，是现代公共博物

---

* 郑茜，中国民族博物馆副馆长，研究员。
① 〔美〕大卫·卡里尔著，丁宁译：《博物馆怀疑论——公共美术馆中的艺术展览史》，66页，南京，江苏美术出版社，2009。
② 〔美〕大卫·卡里尔著，丁宁译：《博物馆怀疑论——公共美术馆中的艺术展览史》，72页，南京，江苏美术出版社，2009。

馆的典型展示形式。

指出博物馆将"物"与其历史文化环境相区隔的展示方式的不合理，乃至其危害性的文化后果，并第一次在反思基础上系统性重构一套展陈理念者，是19世纪晚期以弗朗兹·博厄斯（Franz Boas）为代表的美国人类学家及其在民族学博物馆里进行的尝试。美国人类学家基于人类学文化整体论和文化相对主义原则提出了一套民族学博物馆展陈理念，让我们看到了对于博物馆历久以来占据主流地位的展示方式所进行的首度调适和革新。

弗朗兹·博厄斯在《民族学博物馆与其分类方式》一文中，陈述了民族学博物馆展示理论最重要的两个原则。

首先，"按照部落陈列"原则。因为每一个部落的文化，都是由于共同心理因素所引起的、或者受共同环境影响而产生的某种现象。所以，博物馆的陈列，应当首先按照部落，以部落为单位，来陈列博物馆的标本，这"算是唯一合格的方式"。因为"这种方式能呈现自然与民族的环境"，同时也能表达出"民族学的一切现象都是独特的"这一观点[①]。

其次，"展品分类和陈列需显示环境影响文化"原则。"环境既包括自然，也要考虑周边族群，因此相关陈列也必须兼顾自然与人文，这也是唯一能展现出某一现象的特征与周边环境的方法"[②]。弗朗兹·博厄斯认为，民族学藏品陈列的第二个目标，是显示每一种文明在多大程度上是地理和历史环境影响的结果，"这是我理想中民族学博物馆的样子"[③]。也就是说，在19世纪末的美国人类学家看来，博物馆展示应当呈现出一种文化自身内在的全部逻辑，这是最核心的理念。

直到21世纪初，北美一些民族学／人类学博物馆仍将上述展示原则奉为圭臬，

---

① 〔美〕弗朗兹·博厄斯著，吴洁译：《民族学博物馆及其分类方式》，载《中国民族博物馆研究2015》，4页，北京，民族出版社，2015。
② 〔美〕弗朗兹·博厄斯著，吴洁译：《民族学博物馆及其分类方式》，载《中国民族博物馆研究2015》，4页，北京，民族出版社，2015。
③ 〔美〕弗朗兹·博厄斯著，吴洁译：《民族学博物馆及其分类方式》，载《中国民族博物馆研究2015》，6页，北京，民族出版社，2015。

这使我们仍能在一些著名的民族学/人类学博物馆的展厅里一窥其貌。如加拿大历史博物馆（原加拿大文明博物馆）关于印第安文化的展示，正是加拿大人类学家玛丽亚严格依照弗朗兹·博厄斯的民族学展示理论设计呈现出的经典之作。

人类学家重构博物馆展示理论与实践，是一件值得思考和理解的事情——它再次提醒我们博物馆与民族学/人类学虽非同根生，但却紧密相连。

（二）"物""人"关系重置：新一轮展示理念调整

20世纪70年代兴起的国际新博物馆学运动，引领了当代博物馆的重大变革，并重塑了一系列博物馆价值观念。这一变革最重要的表象之一，是博物馆从一个生产专门化知识的地方，变成一个意义建构场所。这意味着博物馆传统的文物中心主义观念的瓦解，并预示着一系列的历史性转变，如博物馆展陈逐渐从对"物"的形态陈列转向对"物"的意义诠释。博物馆职能逐渐由"以藏品为中心"转向"以人为中心"。

芭芭拉·科申布拉特－金布莱特（Barbara Kirshenblatt-Gimblett）在1998年写道："博物馆以前是由与文物的关系而得到定义的：馆长是'保管人'，他们最重要的财富就是藏品。今天，博物馆的定义前所未有地取决于它们与参观者的关系。"尹凯则指出："'从物到人'这一观念是关于博物馆结构与未来发展的总体设想，旨在从以证据（物件）为导向、强调实证与秩序的博物馆迷思中走出来，迈入以合作（人）为主导、强调人文与关系的博物馆新视界。"[①] 新博物馆学运动挑战了传统中以藏品为基础的博物馆结构，转向强调以藏品为诠释基础的、彰显理念与社会主题的意义建构活动。在这一变革潮流中，博物馆展览组织者从被动依附于博物馆典藏库的专业知识生产者，变成主动的意义建构者，以及以叙事先行、观念先行为理念的主体形象，使展示不再只是从博物馆藏品出发的思维和组织活动。

由此，物的角色在博物馆里发生根本性转变：在传统博物馆展示中，物是主角，

---

① 尹凯：《"从物到人"：一种博物馆观念的反思》，载《博物院》，2017（5），10页。

展览以物为主体；在当代博物馆展览中，意义建构是中心，物成为了可担当不同戏码和说出不同台词的演员……与此同时，观众在博物馆展览中的角色也随之发生了重要改变——从被动的观看者、观念接受者，变成展览意义的生成者、参与者、主动建构者。由于物的诠释须围绕人的认知需求为本位，所以观众的心理和兴趣、观看方式不可避免地参与进展览的表征实践中。"观看"变成一个重要的因素，它成为博物馆策展、设计、制作等一系列操作流程的一个不在场的建构者，一个隐性的策展人和设计制作参与者。

当观众对于展览的意义生成与建构作用开始逐渐占据一种显性位置，成为展览策划、制作中的一种结构性因素和力量，博物馆里知识权力的结构亦随之发生改变。此时"物""人"关系的展示理念调适，就触及了对这一博物馆本质性二元关系的当代重置。

二、"从物到人"的多重意涵：博物馆人类学的方法论意义

"物""人"关系是博物馆里一对永恒的二元关系。但自从博物馆作为一种体制性机构诞生，这一对关系则一直处于一种不平衡状态："物"在博物馆机构中所居的显要性和主导性地位，使之成为博物馆的本质属性，而居于关系另一侧的"人"则一直处于隐性和从属性位置，其意义被"物"所遮蔽和覆盖。当新博物馆学运动试图通过调整"物""人"关系，从而使博物馆成为一个更具价值意义的空间，这意味着这一二元结构的真实内涵将被系统性、整体性重构。

但在新博物馆学运动发展过程中，"以人为中心的博物馆"口号首先导向了对"观众"主导性地位的认识与发现，"人"的内涵主要落在了"观众"之上。然而事实上，在博物馆里的"物""人"关系中，处于其中一端的"人"，并不仅仅指向观众这一单一因素，亦不仅仅只包含观众这一唯一内涵。随着理论探讨与实践探索的深入，"以人为中心的博物馆"不能简单地被推导为"以观众为中心的博物馆"的观点愈发清晰。尹凯在《"从物到人"：一种博物馆观念的反思》一文中，指出需关注藏在博物馆"物"背后的"人"的三个意义取向："其一，关注最初持有者对物件

功能的原初解释，这让展览讲故事成为可能；其二，关注物件社会生命历程的经手者，这提供了物件意义与价值流变的证据；其三，关注物件承载的文化体系和社会关系，这种视角涉及了文化史和社会史的相关研究。"①

事实上，处于博物馆二元结构关系中的"人"，其指向复杂而深刻。作为结构性关系的一侧，它可被发掘出多元性内涵，指向一个复数的内蕴。而对于其多元意涵的揭示，人类学的理论范式尤其是人类学对于物质文化的观察与研究，可提供具有方法论意义的重要路径。

人类学的历史部分地呈现为物的民族志记录研究史，对物的研究形成了人类学特殊的民族志范式。"从人类学的发展历程来看，早期进化论学派将无文字社会的物作为民族志的对象，试图构筑人类学社会演进的图式；结构主义人类学则通过细致描绘物在社会中的流动和交换，来考察社会的结构和文化要素的功能；象征主义人类学将仪式中物的位置或物的洁净/危险等符号所指视作社会群体与分格的标志；解释人类学则通过对物的主位关注和物的符号能指的再解释来求得文化沟通。"②概言之，人类学对于物的民族志范式研究至少包含着两个重要层次：一、由外在的"物形""物性"一步步指向物的象征性及其庞大的意义之网——物背后的生产、交换、使用、弃置等社会、文化、经济、历史等信息，包括物的制造者、使用者、交换者甚至抛弃者的那些"人"，以及隐藏其后发生作用的社会结构、历史背景等；二、由物的本体而指向物的符码意义及其流动、演变，即人通过物所进行的文化叙事。"这些社会符码释放着复合的信息，人们根据自身所处的社会语境重新对它们进行拦截和撷取，却不能完全背离物的意义原型。而器物符号的指喻总要在特定的场合中产生意义且随着场景的变动而变化。"③

上述两个层面提示着"以人为中心的博物馆"的基本指向，除了物与过往历史

---

① 尹凯:《"从物到人"：一种博物馆观念的反思》，载《博物院》，2017（5），9页。
② 彭兆荣、葛荣玲:《遗事物语：人类学对物的研究范式》，载《厦门大学学报》(哲学社会科学版)，2009（2），60页。
③ 彭兆荣:《物的民族志述评》，载《世界民族》，2010（1），50页。

的关联——物所牵系的社会结构、文化背景、历史信息外,同时还包含着物与当下现实的关联——即物在被作为遗产管理后被赋予的种种借喻性:人根据当下需求能动地采用物的符号性象征潜力,从而不断生产出新的社会文化意义。"物自身的历史并非随着进入博物馆而中断,相反它们在不断地研究与展览中持续联结起博物馆、公众之间广泛而复杂的联系。"① 由此,经由物与过往历史的关联,博物馆展示可显化出展品背后的那一个人——物背后的社会文化信息和故事。经由物与当下现实的关联,博物馆展示则可首先连结至策展人,使之成为意义构建的主体性角色,通过赋予物以新的符号意义从而缔造展示的逻辑;其次则连结并触及观众,使观众兴趣、观看心理与方式成为展品意义建构的依据与出发点。

以上分析缕析出博物馆"物""人"关系中,"人"所涉及的三个角色:物背后的人(社会关系与历史结构)、策展人、观众。由此,博物馆展示成为一个与"物"相牵连的"人"的多元声音复杂交织的现场。"物"与"人"之间错综互动的空间促成了物的多重叙事以及观念的流动和意义的传递。这正是人类学对物的民族志观察与书写范式所带来的观念启迪。

三、重构"物""人"关系的民族博物馆展示实践

近年来,中国民族博物馆的一系列展览实践,正是建立在将展示置于重构"物""人"关系的目标设定之下,并由此追寻当代博物馆变局的规律与轨迹,尝试在博物馆里完成"物"与"人"关系的根本性重置:如何探寻并展示"物"背后的社会历史脉络,充分挖掘和呈现与"物"相关联的文化与习俗?如何构筑物的符号化意义,使之得以最大化伸展?如何达成博物馆展示空间里观念的流动和意义的传递?等等。这一场发生于民族博物馆里的实践转向,不仅涉及手段与形式,更是以博物馆人类学方法论为指导的博物馆新价值观探索。

重置"物""人"关系的民族博物馆展示实践,首先应深刻还原器物的原生文

---

① 谭倚云:《博物馆中的黎族服饰馆藏研究与展示》,载《中国民族博览》,2020(7),193 页。

化背景与历史脉络，构拟出"物"背后广阔深远的社会结构和历史文化进程，以此揭示物的象征性隐喻及其符号化意义，重建"物"通往自身历史脉络的道路，使"物"突破博物馆分类体系张贴于其上的僵化标签和冰冷的标本说明，使物背后的人发出声音。

其次，基于博物馆人类学方法论的民族博物馆展示实践，应将观众观看"他者"文化的心理机制纳入重要议题，尤其是将展览建立在观众与异文化发生互动的认知规律之上，积极搭建出一个认知通道，在所展示的民族学器物与观众所能接收到的意义之间，实现顺畅的认知传递。

此外，基于博物馆人类学方法论的民族学展示实践，应更加突显策展人的主体性角色。策展是依靠博物馆藏品资源而建立的一种认知秩序。民族博物馆的策展需要实现一个重要的价值目标，这就是把充满差异性和陌生感的"他者"文化器物，赋予一个普适化的社会关联和意义背景，使展览与观众发生深刻关联，用观众的观看创造意义。

中国民族博物馆于2016年推出的"传统@现代——民族服饰之旧裳新尚"展，对于上述观点是一个较好的说明案例。这是一个用中国少数民族服饰揭示"传统的现代性"以及"我们仍未逃出传统掌心"的主题展览。展览采用的是所有民族博物馆最普遍和最典型的一种藏品，即民族服饰。由于服饰是传统社会里最显著的民族身份标识，作为最重要的族性表征，民族服饰展在大多数民族博物馆里都以基本陈列形式出现。但是，博物馆简单的分类体系使这些展览变成标举民族身份的抽象符号，即便从材质或工艺角度进行展示，也常陷入"原始的、未经现代化污染的活化石"式的狭义主题，"直接以器物代表族群的研究与展览出发点将复杂的现实约化为死物，器物建构社会、文化与人的历史过程却隐而不见。"[①] 从文化差异性角度对于这些"奇装异服"进行的强调，通常会加剧观众对于这些民族的陌生感——"他们跟我们穿不一样的衣服，他们是跟我们不一样的人。"这有可能成为观众的显著

---

① 谭倚云：《博物馆中的黎族服饰馆藏研究与展示》，载《中国民族博览》，2020（7），192页。

观后感。显然，展示的结果加剧了人群之间差异鸿沟。

如果博物馆只提供知识，只负责向观众单向度传播关于"他者"的生活方式，那么，上述展示方式并无不妥。但在博物馆试图从专门化知识生产空间变成意义建构场所的时代，简单的知识呈现显然已经不够，向观众提供更多的价值与意义变得必要而迫切。而意义构建需发生在观众与展品之间，在二者有效的认知与情感联接中发生，策展人为此需要寻求民族服饰跟观众之间的意义关联，为民族服饰构建起一个普适化的价值系统，使展品与观众产生充分而密不可分的价值连接。

事实上，由于民族博物馆的展示之物通常是陌生的"他者"文化，民族博物馆因此需要应对文化多样性所引起的表象系统的认知挑战：其一，"他者"文化的特殊性、差异性如何完成普遍性、普适化的价值传播？其二，民族学器物的传统性、历史性如何完成当下时代性、现实性的意义装载？对此，民族博物馆的展示应首先基于人类普遍性心理而达成观众对于文化差异性、特殊性的认知理解与共情；其次，基于时代性心理取向而达成观众对于传统性文化的认知理解与共情。由于理性认知与感性共情均牵系于观看者的心理机制，所以观者的普遍性和日常性经验是其与民族学器物发生意义碰触的接入口。

基于博物馆人类学的方法论启迪，"传统@现代——民族服饰之旧裳新尚"展摒弃了面对"他者"文化的猎奇眼光，抛弃了以往少数民族"五色斑衣"在各种展示场合中的含混语义，转而将西南少数民族尤其是苗族服饰所承载的庞大罕见的图纹符码，还原成一场留在文字典籍外的历史书写事件，以及一场背对文字史的漫长历史独白，解读其对远古重大事件与人物的记录功能：对于祖先形象的刻画，对于祖居地域的记忆，对于迁徙路线的描摹，对于原始宇宙观的哲学描绘：星月，太极，阴阳，玄冥莫测的"旋涡"……此外，展览着力对民族服饰的传统工艺和经典美学价值进行现代性解读，以"时尚"与"匠心"等现实概念在传统与现代之间进行一场美学融通与精神互联，深刻揭示民族服饰之上的现代价值，使观众在展览中理解"传统—现代"二元对立的瓦解坍塌，传递出一个深刻主题：传统是现代生活内在价值的必要来源。在此意义上，这一个独特的民族服饰展有效缔结起了展品与观众之间的意义关联，让观众感受到陌生文化跟自己不可拒绝、难以回避的价值连接。

此外，"传统@现代——民族服饰之旧裳新尚"展还通过营造和构建具有现代审美特性的、具有包容力的观念性图景和想象空间，达成观众在展示场域里的视觉体验和情感触动，由此达成从"他"到"我"的普遍性价值传递。如通过搭建起"生""嫁娶""死"三个层次逐次上升的生命殿堂的展览场景，形成认知民族服饰所承载的生命时间的一个观念性图景，通过观众在其中的情感触动，达成对于民族服饰的背景、内涵、价值、意义的深度理解。

与此同时，展览还通过设计艺术性装置提供对静态服饰的另一种阐释方式，让沉默的文物开口说话。这些艺术性装置以一种隐喻的方式，缔结起文物和消失的历史现场的隐喻性关联，让民族服饰重回历史现场与意义结构之中，重置器物的历史文化脉络。如在"方寸·宇宙"展区里，通过搭建起一个高度象征性的空间：将两架完整的旧织布机拆解，以阐释出纺织品的来源与成形；一根根木构零件悬浮于如宇宙象限的透视镜面空间之中，隐喻宇宙大爆炸之初或万物起源的场景；几件带有太阳纹、月亮纹、星芒纹的服饰置于一片混沌之中，摹拟人类经由服饰而建构的天文与人文的关联，以此连接个体、民族与宇宙。这一意味深长的装置呈现出民族服饰对于人在宇宙中的身份的自我认识，让服饰自己发声，完成对于自身深度价值的阐释。

如上，在"物""人"关系重构方面，博物馆人类学显示出积极的指导意义，并呈现出对于博物馆展示困境的解救意义。

创意、关怀与改变
——理解中国博物馆展陈中的文化创新

张力生 罗攀 大卫·弗朗西斯（David Francis）[*]

2008年后，受金融危机影响，欧洲和北美的文博机构为应对其所面临的财政紧缩，进行了一系列探索。"创新"成了西方博物馆界备受关注的议题[①]。几乎同一时期，中国的博物馆数量和规模则经历了前所未有的增长，即众所周知的中国"博物馆热（Museum Boom）"。欧美的博物馆创新主要借鉴商业的运营理念，将博物馆展陈与设计、建筑、时装等创意产业相结合，形成社会企业（social enterprise）带动地方经济[②]。类似的实践在中国的博物馆建设中同样普遍。自2002年11月党的十六大报告首次对"文化事业"和"文化产业"进行明确区分，作为文化事业单位的博

---

[*] 张力生，北京大学社会学系人类学研究所博士后研究员；罗攀，中国民族博物馆研究部副研究馆员；大卫·弗朗西斯（David Francis），伦敦大学学院考古学研究所博士后研究员。

[①] Haitham Eid. Museum Innovation and Social Entrepreneurship: A New Model for a Challenging Era. London and New York: Routledge, 2019; Mark O'Neill, Jette Sandahl, Marlen Mouliou. Revisiting Museums of Influence: Four Decades of Innovation and Public Quality in European Museums. London and New York: Routledge, 2020; Zvjezdana Antos, Annette B Fromm, Viv Golding (eds). Museums and Innovations. Cambridge: Cambridge Scholars Publishing, 2017.

[②] Haitham Eid. Museum Innovation and Social Entrepreneurship: A New Model for a Challenging Era. London and New York: Routledge, 2019.

物馆开始转型，逐渐将文化创意类产业融入博物馆运营。近十年来，博物馆文创产业得到政府的高度重视，一系列相应政策陆续出台①。

在发展创意经济的大背景下，应该如何理解博物馆语境中的文化创新？一般提及博物馆文化创新，往往容易想起博物馆研发并销售文创产品的实践。因此本文将首先尝试对当下博物馆实践中的创新做一定的讨论和梳理。在我们看来，当前中国博物馆中展览是最重要的创意产品之一。因此，本文中将试图以展览为切入点，选取有代表性的案例，探讨博物馆展览如何在策展理念、叙事方式和展陈技术上进行创新。本文认为，在文创经济背景下，展览作为博物馆最核心的文化产品，成为博物馆创新实践不可避免的实验田，围绕知识生产与输出方式而展开的创新实践，需要与更深切的社会关怀相结合。

一、博物馆与"创新"

乍一听闻，似乎在博物馆语境中讨论创新，有其吊诡之处，因为这两个概念之间似乎存在着渊源甚深的对立。现代意义上的博物馆从 19 世纪的欧洲开始普遍发展，一个重要背景是技术革新带来的传统"失落"和社会性的集体遗忘。如西奥多·阿多诺 (Theodor W. Adorno) 在《瓦莱里、普鲁斯特博物馆》一文中所言："在德语中，单词 museal（类似博物馆的）一词，有一种令人不快的意味。这个词指的是那些对旁观者无关紧要的，死亡之中的东西。对于它们的保存，更多是出于对历史的尊重，而不仅仅是为现时的需要。"② 西奥多·阿多诺写道"博物馆就是艺术品的家族墓"③，亦可理解为一种为在现代性革新中"逝去"的传统的守灵。换言之，在西奥多·阿多诺看来，现代博物馆是现代性的一种自我反思"技术"，其存在正是为了处理创新所带来的、与过去的认同危机。

---

① 2014 年，国务院通过《关于推进文化创意和设计服务与相关产业融合发展的若干意见》；2015 年，《博物馆条例》明确博物馆可以从事商业经营活动，并鼓励博物馆多渠道筹措资金促进自身发展；2016 年，国务院办公厅转发文化部等部门《关于推动文化文物单位文化创意产品开发的若干意见》。
② Theodor W Adorno. Valery Proust Museum in Prisms. Cambridge: The MIT Press, 1982.
③ Theodor W Adorno. Valery Proust Museum in Prisms. Cambridge: The MIT Press, 1982.

创新一直是在与过去的关系中被定义的。"创新"并不是"无中生有"凭空捏造，而是总意味着批判性地处理与过去的关系。现代博物馆虽然诞生于挽救传统的尝试，却也同时是创新的试验场和发生地，甚至，博物馆本身也可以被理解为社会变更中的一种创新物。在上文引述的那篇文章中，西奥多·阿多诺借普鲁斯特的观点阐明，博物馆将艺术品脱离原本场景进行展陈，非但不会造成作品的"死亡"，反而赋予了观者一种能真正窥探其创作真髓的观看方式，这是因为博物馆"清醒地剥去了所有装饰性的细节"，从而"象征了艺术家能够退隐其中来创作作品的内在空间"[1]。

当下对博物馆"创新"的讨论还与另一个更新的社会历史语境相关，在这里，我们将看到博物馆与创新之间的辨证关系/吊诡依然延续着。20世纪80年代末，博物馆的"商业化/产业化"转型已经在欧美初现端倪。1988年，托马斯·克伦斯（Thomas Krens）出任古根海姆博物馆馆长，开启了他称为"全球古根海姆（Global Guggenheim）"的博物馆品牌化扩张：古根海姆相继在毕尔巴鄂、拉斯维加斯、柏林、阿布扎比等地建立分馆，并高调与宝马（BMW）、乔治·阿玛尼（Giorgio Amani）等企业赞助商合作举办超级大展（blockbuster exhibition）。

这场以商业理念为基础开展的博物馆运营的"创新"革命，也使托马斯·克伦斯成为了晚期资本主义时代全球化博物馆图景中最富代表性和争议的人物。美国学者菲利普·维斯（Philip Weiss）1990年发表的《出售藏品》一文毫不客气地将这种现象描述为"博物馆界的危机"，并指出"博物馆作为公共遗产保护者的定位，已经让位于适销库存和增长欲望的公司实体"[2]。博物馆批评家罗萨林·克劳斯（Rosalin Krauss）在著名的《晚期资本主义博物馆的文化逻辑》一文中警告道，博物馆正逐渐被企业模式"接管"，变成一种"市场导向的交易（market-oriented dealership）"[3]。

---

[1] Theodor W Adorno. Valery Proust Museum in Prisms. Cambridge: The MIT Press, 1982.
[2] Philip Weiss. Selling the Collection. Art in America, 1990, 78 (7), pp. 124-131.
[3] Krauss Rosalind. The Cultural Logic of the Late Capitalist Museum. Cambridge: The MIT Press, 1990, 54 (10), pp. 7-13.

然而这并未影响博物馆的"产业化"转变的进程。托马斯·克伦斯的"全球古根海姆"扩张计划受到包括巴黎卢浮宫、伦敦泰特美术馆在内的世界顶级博物馆的效仿，引发了一场"古根海姆效应（the Guggenheim effect）"。从威尼斯佩吉·古根海姆博物馆，到阿布扎比卢浮宫，再到深圳维多利亚阿尔伯特博物馆，每年"超级大展"层出不穷，博物馆已成为了全球性的重要文化创意产业。

中国也以自己的方式参与了这个全球性过程。中国的博物馆"产业化"一方面表现为博物馆在数量上的增长，另一方面也表现在博物馆建设逐渐被纳入各地的"文化创新"战略和"创意产业"的规划当中。"看展"与购买博物馆文创产品逐渐成为文化消费的新风尚。在过去的近 20 年里，中国博物馆数量保持着每年 200 座的高速度增长。2005 年以来，全国范围内创建了特定的文化产业园或文创园区，而博物馆则是城市文创景观当中的关键空间[1]。截至 2019 年底，中国博物馆总数为 5535 家，有 70% 是国家博物馆[2]。自 2017 年开始，收费博物馆只占总数的 10% 左右，博物馆雇佣超过 10.7 万人，每年总收入超过 300 亿元，成为政府大力倡导的创意经济发展中的重要组成部分[3]。

伴随着博物馆"产业化"扩张过程，那些与博物馆相关的"创新"发展并不平衡。例如，中国博物馆热最突出的方面是建筑热，兴建的馆舍通常委托知名建筑师进行创作，而外观设计却往往缺乏对博物馆藏品主题和展览叙事的考虑[4]。在很长一段时间里，相比于建筑上的"大胆"创新，博物馆用于引领文化消费的文化产品却显得过于同质化。除了文创产品的类别和设计严重趋同外，展览的设计与内容也缺乏创意。这种情况的出现有两个方面的主要因素，一是由于地方博物馆单位往往视

---

[1] M Keane. From made in China to created in China. International Journal of Cultural Studies, 2006, 9 (3), pp. 285-296.
[2] 国家文物局：《截止到 2019 年底全国备案的博物馆达到 5535 家》，http://www.ncha.gov.cn/art/2020/5/18/art_1027_160665.html，撷取时间 2021-5-7。
[3] 前瞻研究院：《2020 年中国博物馆行业发展现状分析观众接待量将近 13 亿人次》，https://bg.qianzhan.com/report/detail/300/200722-0a82de74.html，撷取时间 2021-5-7。
[4] Oscar Ho Hing-Kay. Zen Ho and the Art of Museum Maintenance, in S MacLeod, T Austin, J Hale, Oscar Ho Hing-Kay (eds): The Future of Museum and Gallery Design. London: Routledge, 2018.

大型国家级博物馆的展览叙事和设计风格为典范进行效仿，许多博物馆的叙事和展陈风格显得相当雷同，从而导致某些展览主题出现"千展一面"的现象①。另一个突出的原因是分配给制作过程的时间非常有限。中国国家博物馆的策展人表示，一个大型展览通常在三到四个月的时间内制作完成，而在欧洲和北美，筹划一个展览则通常需要三到四年的时间②。

即便如此，当前中国博物馆语境中仍然不乏对"创新"的尝试与实践。我们或许可以从遗产研究学者柯林·斯特林（Colin Sterling）的观点中发现一些相关的路径。柯林·斯特林认为，创新应基于对现状的批判性思考，他归纳了四种"批判－创新"途径（critical creative approach）：（1）对遗产话语的批判；（2）对遗产机构、政策、运行主体和机制的分析；（3）创造新的展览与文物解读模式，增强当下与过去的沟通；（4）对更关键的社会问题的关切和处理③。前两点无疑是关于遗产的学术研究中的重要议题，而后两点则为博物馆实践，尤其是展览的创新实践指明了进路。即一方面，对博物馆表征方式进行实验与创造，探索新的知识传达的方式；另一方面，对博物馆的社会定位及功能，及知识生产的价值进行重新思考。接下来，我们将用一系列案例说明，这两种路径在中国博物馆中不仅存在，并且具有一体两面的关系。

二、沉浸式展览

近十年来，世界范围内博物馆几乎都开始了一种沉浸式转向（immersive turn）④。而中国观众对沉浸式展览的体验大多是在当代艺术展览中开始的。随着这

---

① 黄亦兵：《关于博物馆陈列同质化现象的分析与思考》，载《回眸·创新——全国博物馆陈列展览学术研讨会论文集》，南京，译林出版社，2014。
② Lin Qiqing. Curating the World for China's Museum Crowds. https://www.sixthtone.com/news/1000290/curating-the-world-for-chinas-museum-crowds, 2020-6-1.
③ Colin Sterling. Designing "Critical" Heritage Experiences: Immersion, Enchantment and Autonomy. Archaeology Internationa, 2020, 22 (1), pp.100-113.
④ Colin Sterling. Designing "Critical" Heritage Experiences: Immersion, Enchantment and Autonomy. Archaeology International, 2020, 22 (1), pp. 100-113.

种展览方式的风靡,博物馆界的展陈也亦步亦趋地跟随了这一潮流。最为知名、最具代表性的沉浸式展览案例,包括 2010 年冰岛艺术家奥拉维尔·埃利亚松(Olafur Eliasson)和中国建筑师马岩松在北京尤伦斯艺术中心(UCCA)合作的作品《感觉即真实》,2013 年末上海当代艺术馆展出的日本艺术家草间弥生的《我有一个梦》,2017 年美国艺术家詹姆斯·特瑞尔(James Turrell)在龙美术馆的大型回顾展。许多沉浸式展览在艺术口碑外获得了巨大的商业成功,例如 2017 年创立于日本东京的跨学科数字艺术团队 teamLab 在北京佩斯画廊展出《花舞森林与未来游乐园》;2019 年年初 teamLab 又于上海油罐艺术中心展出《油罐中的水粒子世界》,接待观众近 20 万人次,成为当年上海最热门展览之一。同年,上海还迎来了继日本东京馆之后全球第二个 teamLab 无界美术馆。

这一系列展览,通过全息投影、互动投影、虚拟现实(VR)等数字化技术,将展览内容数字化呈现,以沉浸式视觉体验,代替了传统意义上的展品。光影和空间所打造的视觉环境,带给了中国观众全新的沉浸式展览体验,也获得了现象级的商业成功。无边界的视觉冲击,沉浸式的互动体验,数字技术似乎创造了一种无"表征对象"的展览,颠覆了展览"叙事+内容"的认知框架和作为文本(text),或剧本(script)的隐喻[1]。在这些展览中,原真性的珍宝与博物馆所惯常的"知识"的传递均退居次席,而将观众的感官体验推到了前列。观众并非从展品或文字说明中接受信息,而是通过具身的"在场"来感知整个环境,并作出相应反应。尽管沉浸式展览的风靡曾一度引起了不小的争议,其中大多围绕艺术品的原真性问题,但随着展览受众日渐扩大,数字艺术的概念逐渐被广泛接受——即观众渐渐认可:互动性和浸入式观展体验本身就是具有"原真性"的作品。

伦敦博物馆考古学(Museum of London Archaeology)研究与公共教育部主任萨拉·佩林(Sarah Perry)将这种沉浸式的体验表达为博物馆的一种"情动式的赋魅

---

[1] Mieke Bal. Looking In: The Art of Viewing. London. New York: Routledge, 2001, pp. 448-469.

(affective enchantment)",这显然是对近年来"情动(affect)"理论的一种回应①。加拿大哲学家布莱恩·马苏米(Brian Massumi)在经典的《情动的独立性》一文中指出,"情动(affect)"不同于"感情(feeling)"和"情绪(emotion)",是由身体感触引发,与强度相关的情感流变②。

作为考古学家,萨拉·佩林所谈的"赋魅"来源于遗产"灵性"(heritage efficacy)的概念,即重要的遗址所带给人的神圣感和精神性体验。她认为如今的数字化手段能够在展览空间中制造类似的体验。展览需要能够超越传统展览的信息传达方式,进一步给予观众能够影像感知、情绪、行为的具身体验,也即从"情动"的层面对观众产生启迪,从而在展览以外的世界带来行动上的改变。值得注意的是,萨拉·佩林强调,这种"赋魅"绝不仅是一种技术所带来的美学体验,而是"目的性的(purposeful)",即带有一种道德关怀。这类实践的意义在于创造一种"道德模式(moral model)"或者"公共价值模式(public value model)",并在展览之外唤起人们之间的相互尊重以及社会责任③。借用遗产学者蒂姆·温特(Tim Winter)的话说,就是通过"情动性"展览体验来刺激观众去关注和处理人类社会的"关键问题(critical issues)"④。

萨拉·佩林所强调的这种博物馆的"社会责任"和"道德关怀"一直是博物馆创新的一个核心议题。1989 年,"新博物馆学"思潮的领军人物彼得·弗格(Peter Vergo)在《新博物馆学》中,批评既往的博物馆实践过分重视"方法"而不重"目的",而提出博物馆"非中立(non-neutral)"的态度,引来了对博物馆行业内部的权力关系与社会定位的广泛反思⑤。21 世纪的博物馆实践中,博物馆的"社会责任"

---

① Sara1 Perry. The enchantment of the archaeological record. European Journal of Archaeology, 2019, 22 (3), pp. 354-371.
② Brian Massumi. The Autonomy of Affect. Cultural Critique No. 31, The Politics of Systems and Environments, Part II, 1995, pp. 83-109;汪民安:《何谓"情动"?》,载《外国文学》,2017(2)。
③ Sara1 Perry. The enchantment of the archaeological record. European Journal of Archaeology, 2019, 22 (3), pp. 354-371.
④ Tim Winter. Clarifying the critical in critical heritage studies. International Journal of Heritage Studies, 2013, 19 (6), pp. 532-545.
⑤ Peter Vergo. The New Museology. London: Reaktion Book, 1989.

与"道德关怀"一直是重要的议题,在历年的博物馆日主题中,都可以见到端倪。

然而若以此为标准来反观中国当下的沉浸式展览风潮,数字技术带来的"赋魅"似乎仍停留在审美层面,展览内容以数字艺术和纯艺术作品为主。尽管观众置身于美轮美奂的声光互动环境中,但似乎并未被唤起更为深沉的思考。策展者也显然尚未考虑将更广泛的社会性议题纳入其展览中。诚然,近年来沉浸式展览的主题不断丰富,但不论作为一种审美"体验"还是展陈"方法",如果不考虑展览的"目的"和"态度",都无法跳脱"形式+内容"的表征逻辑。当下的沉浸式展览更多是作为一种文化消费意义上的"奇观(spectacle)"[1],而不能完成其作为知识生产的社会功能。

这里,或许值得回顾博物馆学家亨丽埃塔·利琪(Henrietta Lidchi)关于博物馆"诗学(poetic)"和"政治(politics)"这一对概念的论述。亨丽埃塔·利琪认为,博物馆"诗学"是"从展览的独立但相关的组成部分的内部秩序和结合中产生意义的实践",而"政治"则指"展览/博物馆在社会知识生产中的作用"[2]。这两者相互交织,互为前提。中国沉浸式展览看似在展物和技术上取得了巨大创新,然而其所面临的挑战,正是兼顾和平衡亨丽埃塔·利琪所谓博物馆的"诗学"与"政治"意义,才能将这种强大的"情动"体验真正引领到知识生产的过程中来。

相较而言,实体展览的知识生产创新则有一定程度的突破。下文所列举的两个展览个案,均代表着一种以"关键问题"为导向的探索创新路径。这两个展览均以手工艺为切入点,探究关于创新一个核心的理论议题,即创新与传统的关系。

三、中国民族博物馆"传统@现代——民族服饰之旧裳新尚"展

中国民族博物馆的"传统@现代——民族服饰之旧裳新尚"展,是一次将博物馆展览的知识生产与社会关怀相结合的实验性尝试。展览通过对中国少数民族服饰

---

[1] Guy Debord. The Society of the Spectacle. Saint Petersburg: Black and Red, 2002.
[2] H Lidchi. The Poetics and the Politics of Exhibiting Other Cultures, in Stuart Hal (ed): Representation: Cultural Representations and Signifying Practices. London: The Open University, 1997.

的重新诠释,探讨了服饰传统与时尚、设计之间的动态关系。展览反映了不同的民族服饰上所表达的对时间、空间和地方性的理解,梳理服饰上超越族群与世代的价值,并试图讨论这些传统应如何在当下进行创造性的传承与转化。

"传统@现代——民族服饰之旧裳新尚"展试图创造一种关于民族文化的全新叙事方式。与当前主流的民族类展览不同,该展并没有因循基于社会进化论的线性叙事,介绍某个或某几个民族的历史文化、社会现状与发展历程,而是如题目所示,紧扣传统与现代关系的命题。

"我是谁?我从哪里来?要到哪里去?"

展览以这样的问题开始,或许会让部分参观者觉得有些陌生和无所适从。用策展人的话来说,话题式的开篇正是为了打破"线性"的时间概念,让参观者带着"问题意识"进入展览。这条非线性的路线将围绕"时间""空间""工艺"和"交错"四个主题展开。四个独立单元的内部以独立的小概念形成模块化结构,为展览设计提供了必要的灵活性,能够在巡展时根据不同场馆空间进行调整和重新组装。

"时间"主题的第一个面向是探究服饰如何讲述生命起源、族群历史与集体记忆。该主题由一个名为"时间的颜色"的装置开启,在北京版本的展览中,三件形制宏大,其纹制与祖先记忆相关的服饰悬挂在蓝色染池上方。服饰四周环绕的透明纱布,下端浸入染池中,染料沿着纱布不断蔓延向上,极直观地传达一种立体的时间感[1]。单元的另一个面向,是服饰如何体现人们在仪式,生产,节庆等生活实践中所遵循的时间节律。除展示不同民族在出生、祭祀、婚丧等时刻所穿戴的服装之外,展览的设计团队 Atlas Studio 还设计了"缝制·时间"这一装置——24 条深浅不一的染布垂挂至地面,环绕着一件云南寻甸彝族女服。染布由贵州省榕江县大利侗寨女性工艺人手工制作,在二十四节气当天浸入染缸,由于染料着色与气温密切相关,随着天气由冷渐暖,布的颜色也由浅入深。中间悬挂的彝族女服,裙摆共 365

---

[1] 该装置通常因地制宜进行重新设计制作,如 2021 年南通版本的展览中,"时间的颜色"这一主题以灯光营造日出和日落来呈现时间感。

条,使用染蓝后的布料每天缝制一条,历时一年完工,展现了一种周期性的时间构想方式。

中国的博物馆实践向来强调展览的教育功用,因此往往采用线性参观路线和"教科书"式章回分明的展陈方式来确保最大数量的游客能够理解展览叙事。"传统@现代民族服饰之旧裳新尚"展则试图颠覆线性感。展览的第二单元,根据法国社会学家亨利·列斐伏尔(Henri Lefebvre)的"感知空间(通过日常生活再现的空间)"、"构想空间(科学家、城市规划者和建筑师思考的空间)"与"生活空间(社会关系和生活经历发生的地方)"三重概念,以"形式""地方""世界"三个角度组织了展览内容,再用由服饰和装置构成的场景一一诠释了这些空间概念。第一,服装本身具有空间性,因为手工制成的服装通常是二维的,这样不会因裁剪而浪费材料。而当穿在身上时,平面的服装随身形、光影、层次发生变化而构成立体空间,像一个柔软的雕塑一样。第二,服饰能反映制作者的生活环境,也承载了人们关于生活空间的记忆。第三,不同民族对"世界"的理解,被浓缩在服饰的符号、色彩、纹样等设计当中。身体通过穿用服饰,建立了个体和世界的关联,表达着对自然及宇宙万物的理解和敬意。服饰的制作者就如规划者与建筑师构思空间一般,用服饰表达自身所想象的"人"与世界的关系。

展览的第三单元关注民族服饰的制作工艺,对民族服饰中蕴含的物质文化(material culture)和物质性知识(material knowledge)的人类学研究是支撑这个单元的学术基础。这一单元主要分为"简器(工具)""素材(原料)""工艺(技术)""匠心(精神性)"四个部分。在这一部分主要回应将"手工与机械"视为传统与现代服饰分野的观念,并提出在任何时代,成就服饰精品,始终需要依赖对美的精神性追求。

第四单元"交错"正好呼应了标题中的@符号,探索传统与现代间"对话"的可能性。这个对话在创意经济语境中发生的,但并不涉及产业,而是通过设计、影像、当代艺术等领域的交流,搭建一个思考的空间,让参观者置身于"对话"当中。来自不同国家、不同行业的"素人模特"受邀录制视频,展示自己的衣服与民族服饰混搭出的造型,并讲述他们对传统与现代的认识。策展人将这个单元描述为"地方化的实验室",希望随着巡展根据每一个城市的情况进行调整。这种对地方性价值的关注和认同,也反映了民族博物馆的人类学视角。这个开放的实验单元保持了展览的灵活度与话题性,也使得展览内容具有不断丰富和更新的可能性。

四、深圳设计互联"造物新世代"展

同样是对传统工艺的探讨,2018年深圳"造物新世代"展由百件作品撑起,涵盖了国内外设计师、艺术家与手工匠人的器物、衣物、家具、建筑和社会项目等跨界多元的设计实践。"造物新世代"展呈现在设计互联1200余平方米、9.5米层高的双层主展馆的大体量空间中。展览分为四个版块,"手工复兴""方法与技艺""迭代与创新""理想世界"。不难看出,该展与"传统@现代——民族服饰之旧裳新尚"展有着共通的议题:手工艺在当代的现状,以及对原材料,制作技巧和制作者的探讨。

"造物新世代"展对工艺的探讨是在数字化和技术革新的语境下展开的。这个语境接续了设计互联2017年的开馆首展"数字之维"关于数字化设计手段和美学的讨论。正如"造物新世代"展的英文标题"**Craft: The Reset**"所提示的:当代如何对传统工艺进行"重启"或"再认识"。

展览中有两件以传统纸伞工艺为灵感来源的作品,设计师杨明洁的落地灯"竹之光"和杭州品物流形工作室的纸椅"飘"和"固"。杨明洁的落地灯的灵感来源于云南腾冲的纸伞。在了解了腾冲的传统工匠用竹棍和宣纸制伞的工艺之后,杨明洁曾试图对传统的纸伞进行改进。然而一番尝试之后,杨明洁发现纸伞与现代工业伞相比,并不存在功能优势。最终,杨明洁保留纸伞的工艺和材料,对纸伞的形态进行重构,改造成了一盏灯。

品物流形工作室的纸椅设计经历了类似的过程。创始人张雷和克里斯托夫·约翰(Christoph John)通过对余杭油纸伞的工艺进行解构,将制作传统纸伞的宣纸层层贴合制成椅子。"油纸伞"项目引发了他们对中国传统工艺的进一步研究,并且在杭州青山村建立了名为"融"的设计图书馆，作为搜集整理传统工艺、材料和技艺的实体数据库。图书馆里不断充实的材料又为品物流形的设计提供灵感，不断在现代生活中激发传统工艺的新特性。

"迭代与创新"和"理想社会"板块则呈现设计是如何进一步延展手工艺的边界，来探索环境、社区与可持续发展等社会议题。例如上海的 klee klee 设计团队展示了他们于 2015 年与北京当代艺术基金会以及云南青年创业就业基金会联合启动的"独龙族"项目。项目邀请云南山区的独龙族织布艺人一同进行创作，力图在保护民族手工艺的同时，为民族地区发展提供新路径。

整个展览突出了科技在完成传统工艺"转化"过程中的重要作用，并且在思考传统手工艺的未来的同时，也延续了"设计互联"一贯的风格，试图以设计的力量为人类的未来尽绵薄之力。弗洛里安与克里斯汀工作室（Studio Florian & Christine）的两位设计师分别来自工业设计和材料研究领域，他们发起"未来海洋工艺"项目，以香港海洋废弃物与污染物为原材料，联合香港传统的手艺人共同创作富有地方价值的作品。经过材料检验与实验，设计师们收集了大量海洋中的废弃塑料与玻璃，将这些废弃物改造成融合文化、工艺与设计的新产品。

展览中并置的艺术作品与背后的故事，使设计者们之间产生碰撞。几乎所有的参与者都采用各自不同的方式对传统手工艺进行着创造性转化，并通过扎实的研究和现代设计理性，挑战传统工艺与非物质文化遗产保护中长期流行的"坚守"与"怀旧"情怀。这些设计为传统工艺寻找到与当下的结合点，而展览本身则启发了观众与设计者共同思考：什么是让传统走进当下的合理方式？传统的创新当何以为之？

五、结语：创新的责任与价值

在世界范围的博物馆语境下，"创新"都或多或少与经济发展挂钩，因而成为了博物馆实践中愈发重要的议题。

欧洲与北美的博物馆开展"创新"，其背景与解决自身财政压力密切相关。对此，当下欧美学界关于博物馆向"社会企业（social enterprise）"模式转化做了诸多讨论（Eid 2019, Zvjezdana Antos, Annette B. Fromm, Viv Golding 2017）。如今置身文创产业的潮流之中的博物馆，无需也无法拒斥资本与商品化。但中国的情况则有所不同，在国家鼓励发展文化创意经济，并号召开展传统文化创造性转化与创新性发展的背景下，中国的博物馆创新实践，其社会责任的重要性实际上远远大于经济面向。

作为知识生产机构，展览是博物馆实践的核心。本文以展览为着眼点，通过两组案例，分析了两种在当前较为常见的展览创新路径，前者侧重于展陈方式试验，而后者则偏向对社会议题的关怀。随着欧美博物馆界"沉浸式转向"西风东渐，数字技术和人工智能几乎代表了中国时下最具"试验性"展览体验，并迅速席卷艺术策展与博物馆领域。但本文认为，展陈技术的革新若期待对博物馆知识生产方式带来有价值的改变，尚需引入对更广泛社会议题的关切和讨论。博物馆创新的核心仍然是"社会性"，博物馆创新更应致力于思考如何创造更具启发性的展览体验，并针对社会议题作出回应，提供独有的创见。

通过"传统@现代——民族服饰之旧裳新尚"与"造物新世代"这类展览的探索，本文重新思考博物馆知识生产的社会价值和伦理意义，也试图对创意经济语境中关于"何为创新？""创新力从何而来？"等问题作出回应。借鉴柯林·斯特林的观点，本文试图提出：如果创新的本意在于打破事物发展中的停滞困局，那么对于担负着社会责任的博物馆而言，运用创造和批判性之间的内在协同作用力为基础，创新性地重构展览和知识生产，运用批判性思维为博物馆创新实践赋予伦理立场，将使博物馆的创造力更富有成效和意义。换言之，直面社会话题的展览创新，或许更有助于博物馆实现其社会责任。

博物馆展示民族身份：从理论诉求到展览实践

王思渝[*]

  如果"博物馆学"能够被看作是一个现代的独立学科，那么有两方面的问题必然是需要回答的：其一，我们如何去理解博物馆世界当中出现的某些特定现象背后的思想，这些思想是否具备独立性？或者，当我们愈发承认了"博物馆学"自身的交杂特性之后，我们如何进一步解释这些思想？其二，我们该如何去看待博物馆世界在实践和研究层面之间的间隙？

  这两方面的问题在不同的情况下或许应有不同的解答。本文试图以博物馆展示民族身份为例来加以探讨。

  从博物馆实践的角度而言，我国已经建立起来了一大批以民族身份为主题的或身处民族地区的博物馆，并且仍在持续发展当中。此外，近年来，一大批在非专门的民族类博物馆当中涌现的民族相关话题的展览也展现了博物馆世界对民族问题的整体关注。以博物馆展览的形式来展示民族相关的话题，已然成为博物馆世界的重要课题和无法回避的使命。

  而从博物馆研究的角度而言，博物馆展示一种广义上的"他者（others）"身份

---

[*] 王思渝，北京大学考古文博学院助理教授。

的问题,早已成为推动博物馆研究朝向更具理论性和反思性方向发展的一股重要力量,同时也折射出20世纪后半叶以来博物馆世界从自身定位出发的整体转型等一系列重要话题。当然,"民族"问题并不等同于"他者"问题,但是它也是能将"他者"概念中所包含的种种矛盾、冲突和诉求所体现出来的诸多身份当中的一种。

此外,如果将上述两方面的"角度"在当下所呈现出来的现状相互比照来看,我们还能够看到一些更有趣的现象。一方面,实践层面的民族相关展览在如火如荼的发展;另一方面,它们对于研究层面的诉求却似乎只能做出有限的回应。这进一步加重了研究和实践层面的相互质疑,而过往的研究又很少去直接正视这种质疑。

因此,以博物馆展示民族身份为话题,在对学术界关于此话题的既往研究加以初步梳理的基础上,本文核心考量的问题在于两个方面:其一,博物馆展示民族身份的背后所包含的是怎样的思想,这样的思想能否放诸包括但不仅限于民族类展示的博物馆整体世界当中去考虑?其二,在博物馆展示民族身份的问题上,理论诉求与当下博物馆的现实实践之间所形成的到底是一种怎样的关系?

一、博物馆展示民族身份与博物馆世界整体转型

关于博物馆与民族身份的问题,部分学者首先将目光集中在了西方的一批专门的民族或人类学博物馆的产生之上。在安琪[①]、史蒂芬·康恩[②]等人关于西方民族或人类学博物馆的早期发展的回顾中能够体现出,人类学学科认识论和主流理论的变化与同期的博物馆展览是相互呼应的。类似的情况在国内也有所体现。温士贤等曾经总结过吴泽霖先生从20世纪中期以来的民族博物馆思想。在吴先生当时的论述中也能看到,民族类博物馆最主要的工作其实都围绕着借助物质证据建立起关于特定民族的全面认知之上[③]。而等到新中国成立初期,正如雷虹霁等[④]所回顾的,随

---

① 安琪:《表述异文化:人类学博物馆的民族志类型研究》,载《思想战线》,2011(2),21-26页。
② 〔美〕史蒂芬·康恩著,王宇田译:《博物馆与美国的智识生活》,上海,上海三联书店,2012。
③ 温士贤、彭文斌:《传译民族文化与平等——吴泽霖先生的民族博物馆思想》,载《民族学刊》,2011(3),25-31页。
④ 雷虹霁、潘守永:《民族地区博物馆发展的历史与现状评述》,载《东南文化》,2012(4),10-14页。

着民族工作的核心重点围绕在民族识别和民族调查之上,当时的民族学或人类学在很大程度上也是以此为目标的。相应的,在博物馆世界里主要的工作也是与之相配合,试图通过民族文物建立起对特定民族的全面性的认识。1988年,石建中在刚创刊不久的《中国博物馆》杂志上再次专文讨论民族博物馆的发展地位的问题[1]。他在这篇文章当中提出了七种民族相关的博物馆子类型的看法。其所遵照的逻辑依然是将民族地区或民族身份的某某符号性质的要素或表征来作为博物馆子类型之间的划分依据。

在此基础上,近年来国际国内学术界都对于博物馆如何展示民族身份发出了向更为整体性方向转变的声音。杜辉关于2013年英国的一次关于民族学博物馆的讨论的总结[2];王嵩山将博物馆视为"不但是自然、生物与文化的聚合场,亦是解释这三者之关系的特殊场所"以及"把握'整合''全貌''动态''不同的思考面向'的观点,以及将支离于功能与意义之网的器物、生活方式予以'再脉络化'"的思想[3];郑茜所表达的多元意义的"整体观"[4]均体现了这一点。值得注意的是,这种呼声所意味着的,不仅仅是人类学家、民族学家或者博物馆学家是否能够"透物见人"的问题,同时也涉及展示权力的共享和转移。连同着这种共享和转移一起,尹凯将其总结为一种更具"人文主义情怀"的民族志博物馆方法[5]。

综上所述,我们可以总结出一条博物馆在理论和实践层面切入民族身份问题时的思想路径,即:从抽离化的物质证据、"百科全书式"的民族轮廓,逐渐向一个重回社会生活整体、全面理解民族语境、释放解释和展示权力的方向发展的过程。这条路径的发展一再与作为一门学科的人类学、民族学的发展路径存在着共鸣。

那么,这样的一条路径在多大程度上具备独特性呢?我们能否将其简单理解为是特定类型下的博物馆与特定学科相互动的产物呢?

---

[1] 石建中:《浅谈民族博物馆的地位》,载《中国博物馆》,1988(4),54-56页。
[2] 杜辉:《民族学博物馆之未来:民族学博物馆发展的再思考》,载《东南文化》,2014(2),123-126页。
[3] 王嵩山:《文化传译:博物馆与人类学想象》,台北,稻乡出版社,1992。
[4] 郑茜:《意义还原与价值传播——博物馆藏品实现沟通的两个向度》,载《中国博物馆》,2014(3),24-28页。
[5] 尹凯:《重思民族志博物馆:历史、秩序与方法》,载《青海民族研究》,2018(1),83-87页。

如果将上述路径放诸一个更广阔的博物馆世界而言，我们将能够意识到，上述的路径发展也并不全然是民族类博物馆实践或理论层面当中才会出现的独特现象。

不同的博物馆学者都曾经注意到，自20世纪后半叶以来，博物馆世界实际上发生着一次重要的转型。这场转型涉及对更广范围的博物馆整体定位和机构性质的反思，尤其是对身份和权力问题的质疑。

关于这场转型，有趣的是，或由于所谓的"博物馆学"本身历来缺乏一个共有的智识基础或学院派传统，因此，不同的学者其实在切入此话题时所寻找的切入点是有所不同的。

有学者主要基于一种对博物馆实践的观察[1]，强调博物馆与馆舍以外的整体社会、市场语境的融合。例如，苏东海所使用的"外向化"这样的词汇[2]、王思渝对《国际博物馆》杂志所作的分析等[3]。

也有学者更惯于在"新博物馆学"的框架下去理解这种转型。关于"新博物馆学"，不同的学者在不同的语境下对其也作出过不同的诠释。甄朔南曾经有过一段整体性的描述，"它提供了一种新的人文主义观念，社区中大多数的人民群众需要什么，博物馆就奉献什么，也就是现代人常说的'以人为本'"[4]。他的这种提法大有中和在"新博物馆学"框架下初看有所"脱离"的两方面声音的意图。其一是以社区、生态博物馆为代表的新博物馆运动，其二是彼得·弗格（Peter Vergo）在1989年所编的《新博物馆学》一书。在通常的理解当中，前者更类似于一种新兴类型的博物馆的运动。对于后者，正如沙伦·麦克唐纳（Sharon Macdonald）的评述中所描述的那样，其所瞄准的还是更广义层面的博物馆对实物语境的反思、面向商业乃至娱乐化市场的回应以及观众的多元理解问题[5]。尹凯后来试图总结过这二者之间的

---

[1] 这并不意味着接下来所述的两个切入口便是不关注实践的。他们依然是在实践的基础之上，只是近年来在不断试图用"某某学"的语调加以概括。
[2] 苏东海：《博物馆演变史纲》，载《中国博物馆》，1988（1），10-23页。
[3] 王思渝：《从〈国际博物馆〉看世界博物馆发展》，载《东南文化》，2016（1），111-117页。
[4] 甄朔南：《什么是新博物馆学》，载《中国博物馆》，2001（1），25-28页。
[5] Sharon Macdonald. A Companion to Museum Studies. Hoboken: Wiley-Blackwell, 2011.

关系，他强调新博物馆学的精神在于对博物馆自我角色的重新认知，这与生态博物馆之间应当是相互影响、借鉴的共存关系①。实际上，可以借助尹凯的论述再去反向理解甄朔南所论述的"以人为本"②，它表达了在整个"新博物馆学"的框架或旗号之下，不同的声音所共享的一种思想脉络。

近年来还有学者开始不断倡导一种所谓的"批判博物馆研究（critical museum studies）"的方向。罗德尼·哈里森（Rodney Harrison）曾经试图将托尼·本内特（Tony Bennett）、表征政治乃至"新博物馆学"等相关讨论都纳入到一种批判性的话语转型当中③。实际上，如果仅是持"批判"论调便可以看作是批判博物馆研究的话，那么这个方向的边界确实显得过于宽泛，很难界定。王思渝曾经提出过这批研究是否能被视作是一个清晰的理论流派下的产物还值得进一步讨论④。在这里还可以作出的进一步补充在于，应看到他们与博物馆实践领域所发展出来的一系列更具文化政治身份人群的关注密切相关。可以说，社区/共同体（community）的概念在被引入到博物馆领域之时所扮演的专门性、文化政治性色彩愈发深重，这也直接引发了这类批判研究的进一步生根和发展。

如何去表述上述不同学者看法相互之间的联系、能否把其看作一个完整清晰的理论思潮，这不是本文的研究目的，不必在此作更多的论述。但是，我们在其背后似乎确实能看到诸多可以被看作是共性性质的转型。随着现实的政治和经济压力，博物馆在不断扩张自己的开放度的同时，也无可避免地受到诸如"文化战争""民权运动"等社会运动，以及人类学、史学等学科转型的影响。这些影响促使博物馆不仅仅是一种在参观数量、工作范围等层面的扩张，还伴随着博物馆对于自身定位更为彻底的反思。罗伯特·简斯（Robert R. Janes）曾使用过"社会机构""第三部门"的提法来概括博物馆在新时代的定位⑤。这样的提法曾经一度被视为"激

---

① 尹凯：《生态博物馆：思想、理论与实践》，北京，科学出版社，2019。
② 这个提法本身或许也参照了彼得·弗格（Peter Vergo）在 New Museology 一书前言当中的提法。
③ Rodney Harrison. Heritage: Critical Approaches. New York and London: Routledge, 2011.
④ 王思渝：《价值与权力：中国大遗址展示的反思》，北京大学博士学位论文，2018。
⑤ J Robert. Museums in a Troubled World. New York and London: Routledge, 2009.

进",但是它却很好地展示了上述不同切入口之下对博物馆整体转型的一种共同性的呼声。

以此来反观博物馆展示民族身份的思想路径,我们可以发现,这条路径不仅与同时代的民族学、人类学发展保持着共鸣,并且,它的路径方向也与博物馆世界的这种整体转型保持着某种程度上的默契。"民族"作为一种身份,一直长期包含在博物馆世界整体转型的呼声当中,与博物馆朝向整个社会化进程乃至背后的话语权力关系的探索是密切相关的。

二、理论与实践之间

那么,综上所述,上文的讨论似乎为我们展现出了一幅在理论层面相对统一的图景。无论是民族类展示也好,还是博物馆整体世界也罢,理论诉求(包括了一系列以实践为基础的理论诉求)都在朝向一个共同的方向指引着我们未来的发展。但是,如果我们将对现实实践更细致的观察纳入其中,我们似乎总能看到一幅过于分裂的图景。这种分裂曾经一度在关于生态博物馆的理想与现实差距所带来的争论当中有所显现。

那么,我们如何理解这种分裂呢?

我认为,对这个问题的回答需要分解为两个层面。其一,这种分裂是否是真实存在的?这也就意味着,需要质疑理论层面的概念是否真的已经如愿概括了整个现实实践。其二,这种分裂是缘何产生的?尤其是当我们意识到分裂的真实存在之时,实则有必要去考虑,分裂基于其现实层面的合理性。

(一)理论的诉求

对于这一系列问题的回答,我们还是要将视角先落到理论层面。

在推动博物馆整体转型的过程中,博物馆研究领域生成了一系列的理论性概念来试图批评和引导在当下所出现的种种博物馆现象。这些概念成为了推动博物馆研究进一步发展的基础,同时也成为了理解上述博物馆转型的重要窗口。我们无法在这里一一论述，只能从中列举一二。例如，"表征"和"文化拼图"是其中最常被提及的重要概念之一。

"表征"这一概念在整个人文社会科学领域的影响更为广泛。以斯图尔特·霍尔（Stuart Hall））等人为代表的文化研究学者在此问题上做出过重要的贡献。斯图尔特·霍尔的论述遵照着很强的从语言学到符号学的传统。他将表征定义为"某一文化的众成员间意义产生和交换过程中的一个必要组成部分。它的确包括语言的、各种记号的及代表和表述事物的诸形象的使用"。他想要强调表征在构成主义层面的意义，并进一步将这个概念与福柯知识/权力式的话语分析绑定在一起[①]。在这样的基础之上，他的后继者以及受他影响的学者便可以很快借助这个概念对更广阔的政治、社会语境加以质疑，毕竟，这构成了表征物生成其意义的基本环境，主体的话语和权力关系成为了引导表征意义的流向的主要动因。实际上，表征式的做法在包括博物馆在内的任何表意式的实践当中都是无可避免的，毕竟，它代表了一种意义交流的方式。因此，准确来说，表征式的理论诉求其实不应该被理解为在批评表征本身，而是在批评表征被生成的方式以及背后的权力关系。这在博物馆领域的20世纪90年代以来的一系列关于"表征的诗与政治"的讨论当中尤其能够得以体现[②]。

如果说，"表征"概念的发展可以被认为是见证了博物馆整体转型[③]和发展路径的主要脉络，是这一系列反思基础的重要基石之一，那么，"文化拼图"的概念就是上述博物馆整体转型和发展路径的一种反思基础上的再反思。"文化拼图"的概念在贝拉·迪克斯（Bella Dicks）那里曾经有过较为全面的论述。在贝拉·迪克斯看来，"文化拼图"不同于传统的忽视乃至排斥边缘文化或他者形象的做法，相反，它能够在一种"多元文化"或"后殖民"的语境下力图去重新纳入曾经被忽视的群

---

① 〔英〕斯图尔特·霍尔编，徐亮、陆兴华译：《表征——文化表象与意指实践》，北京，商务印书馆，2003。
② Steven D Lavine. Exhibiting Cultures: The Poetics and Politics of Museum Display. Washington: Smithsonian Books, 1991.
③ 这在上文所述的第三个切入口当中体现得尤为明显。

体。但是,"文化拼图"的问题恰在于,它没有全面地审视曾经的博物馆在排斥这些群体之时所隐含的政治权力关系,或者继续保持了一种"统一"或"主流"的历史观点,最后实现的效果"不过是增加了展示的文化数量,而继续掩盖了博物馆在调节展示和被展示双方之间的权力关系时所起到的作用"①。换言之,这个概念的重要性在于,它不仅回应了上述的博物馆整体转型以及博物馆展示民族身份时的发展路径,并且,它还不满足于一种表面上看似"多元"的图景,更追求于进一步质问图景背后所形成的权力话语和机制。

(二)理论对实践的批评

在理解了上述理论概念之后,我们再将视角转向更现实的展览实践。我们能否用这样的概念来批评我们的实践?

为了让我们的话题更为集中,本文将讨论的案例都控制在传统类型的博物馆身上。

上海博物馆在2019年重新改陈了它的少数民族工艺馆。该展览长期作为其常设展览之一面向公众开放,2019年改陈之后重新命名为"花满申城——上海博物馆少数民族工艺馆新陈列"(以下简称"花满申城")。改陈之后的展览相较于之前而言,在主旨定位和内容逻辑上并没有太大的改变,仍然是以"工艺"作为落脚点,展览单元按照服饰、染织绣、金属、雕刻、漆器与藤竹编以及面具艺术六大板块来展开。借助清晰的民族身份、民族特色的划分,展览从各个民族当中提取符号式的元素,利用物的并置来呈现在观众面前。新改陈之后,博物馆还特意在展厅入口核心处添加了一处圆台装置,将各民族的代表性乐器其中展示于此,再配合一幅完整版的少数民族分布地图,展览呈现出一幅很明显的全景主义式的气息。

在这样的展示当中,确实可以套用表征和文化拼图式的质疑来重新审视。这种全景主义带有强烈的文化拼图式的痕迹。在其官方的宣传文章当中提及,其最主

---

① 〔英〕贝拉·迪克斯著,冯悦译:《被展示的文化:当代"可参观性"的生产》,北京,北京大学出版社,2012。

的改陈方向在于新增了14个民族的文物。这更类似于一种拼图式的数量叠加。展示的重点集中在了表征物本身。这尤其体现在每一件展品的文字说明上，均遵照了上海博物馆一贯的风格，仅提供极简的民族身份和名称信息，主要的内容都集中在物件本身的工艺属性之上，并且对这些表征物进行分类的逻辑，即展览当中对于所谓"工艺"的划分，所遵照的也是一种科学主义的类型学传统。

在此基础上，我们还可以将目光转移到民族地区自身的博物馆。以四川省阿坝羌族藏族自治州博物馆（以下简称阿坝州博物馆）的常设展览体系为例。

阿坝州博物馆的展览体系主要分为两个常设展览，其一是"远古文明源远流长"，其二是"美丽家园民族走廊"。首先，这两个展览的主要内容边界都严格控制在现代阿坝州行政辖区的空间范围内，看似是以这一个"地方"为视角中心。其次，两个展览当中的前者指向的是在一种通史时间线的脉络，以狭义上的"文物"为主要展示对象；后者采取的则是辖区内较为常提的、在官方话语体系里面有所界定的民族类型之间并置的方式来展示。

对于前者而言，在时间线的选择上直接嫁接了国内常见的时代和王朝划分的框架，从旧石器时代、新石器时代一直延伸到唐宋元明清，以其作为展览单元划分的标准。这实际上展现了一种不足够"地方"的地方性。对于如何在一个通史时间线的框架下使用表征，王思渝也有文章讨论过①。这是一种展览的线与点之间相互映衬的策略，在阿坝州的"远古文明源远流长"展览中也与之类似。

而对于"美丽家园民族走廊"展览而言，这实际上与上文所述的"花满申城"所遵循的是同一逻辑，同样可以被视为是一种文化拼图式的做法，只不过拼图的范围内缩了而已。这提醒着我们，一方面，似乎越是强调"地方"，也便意味着博物馆视角的内缩，文化拼图的问题似乎势必会有所消解。但是另一方面，内缩之后的视角也还是遵照的是一种文化拼图式的逻辑，只不过将其边界从"全球""全国"回到了一个"全地方以内"而已。对于"地方"内的各个文化的表征也同样采取的

---

① 王思渝：《时间与表征：通史展览中的线与点》，载《博物院》，2017（1），131-136页。

是一种数量增加、机械并置的模式。

综上，讨论至此，我们似乎可以看到，这样的两场展览不足以完全实现我们的理论诉求，饱含着理论诉求当中所想要用一系列概念去批评的问题。

（三）实践的突破与自我合理性

那么，是否这便意味着，当下实践均全然如此呢？我们还是能看到诸多突破的可能性的。

以首都博物馆的"天路文华——西藏历史文化展"为例。展览本身在表征策略上其实同样并没有背弃时间线，只不过，它对于各个时间节点的安排作为了一条隐藏的叙事逻辑，隐藏在了"高原天路""雪域佛韵""和同一家"这样的主题式篇章之下。再加上以"文明溯源"作为第一单元，在展览的轻重关系上有效地突破了传统以吐蕃为起点的西藏史框架，并且将王朝的观点淡化，从视角到脉络都有效地回到了一种更为"地方"的地方性之上。当然，这种叙事并不是在忽略内地对于"边地"的影响。展览当中多次强调交流、融通的理念，也是为了在这二者之间建立起平衡与联系。而对于表征物的展示，策展人本身有意识地想要突破传统西藏文化展览当中对于宗教艺术的强调，再加上历史纵向的叙事脉络，也使得各个物的意义有了更为深层的背景，也有效地突破了拼图式的并置性逻辑[①]。

而首都博物馆之所以能够做到这种突破，除策展团队在理念上有意识地"推陈出新"之外，这与首都博物馆作为一家外在于民族地区的博物馆，该展览作为爆炸型临展的身份，且能够合理地调动本地区以外的相关展品等现实因素均密切相关。

实际上，如果继续将现实层面的因素纳入考虑，我们其实还能为上海博物馆和阿坝州博物馆的做法找到其内在的合理性。

继续以"花满申城"为例，在新改陈之后，新展览较之于旧作尤其是在"高山族彩绘木雕渔船"的单独展示部分，将传统静态的背景版替换为了 LED 式的动态投

---

① 首都博物馆、西藏博物馆编：《天路文华：西藏历史文化展》，北京，科学出版社，2018。

影。其意义也在于更全面地展示展品所处的原生环境。这样的做法并不一定是以一种博物馆人类学式的动机为导向，它背后可能隐喻着高山族特殊的当代文化政治意义，可能是为了服务于观众，令其得到更好的沉浸式体验，但是它确实已经表达出了展览从单一的物到理解更具整体性的环境的意识。

  如此一来，这留给我们的问题在于，既然已经有了这样的意识，那么展览为何不将这种意识一以贯之而彻底打破表征或文化拼图式的批评呢？回答这样的问题便需要将实践层面策展人需要面临的综合性因素同时考虑进去。

  对于"花满申城"这样的展览，以符号式的表征物来组织展览与其说是对物背后的整体社会的不管不顾，不如理解为这种做法是符合展览对于"工艺"这个基本主题的定义的，而"工艺"这样的核心又是契合于上海博物馆在自身定位当中所带有的艺术倾向，以及博物馆现有的其他常设展览所整体形成的展陈体系的。现有的展览空间也并没有为其做整体性环境的展示留出太多的富余。同时，上海博物馆作为一家民族地区以外、艺术性收藏更重的博物馆，它从建立起自身的民族收藏之时便具有其独特性。

  而对于阿坝州博物馆而言，它一直没有背离现代博物馆体系之下对于一家地方综合类博物馆的基本定位逻辑。在这种定位当中，一方面需要博物馆对"地方"保持着严格的空间视角，并在这个范围内实现横向的文化要素和纵向的历史脉络两个层面上的"一网打尽"；另一方面则需要博物馆坚守以"物"为核心的特质，将其包含的知识信息层面的意义放大到最大。从而，博物馆展览采取现有的表征和文化拼图式做法也都具备了其自身逻辑上的合理性。

  综上所述，我们能够逐渐意识到，一方面，理论诉求似乎确实没能在所有的博物馆展览实践当中得以实现，表征或文化拼图式的批评还可以继续下去。另一方面，也并不意味着这样的理论诉求没有在现实中实现的可能性，我们还是可以看到部分更具突破性的案例。此外，我们去反思为什么可以突破但却不是总有突破时，我们能够意识到博物馆对自身馆舍或展览定位的理解、对于物的态度和调动能力、策展人身份等一系列的现实因素并没有松动，这构成了这一系列展览"为什么不这样做"

的理据。而这一系列的理据在既有认识、现实可行性、更广泛的政治文化环境之下，是具备其自洽的合理性的。如果批评和质疑式的理论诉求无法将这一层面的因素更多地考虑进去，其将自然会出现相互分离的现象。

三、结　语

通过上述一系列的讨论，我们看到了博物馆展示民族身份时，从物走向整体社会、释放权力的诉求。并且，在看到其与人类学、民族学自身发展路径的一致性的基础上，再试图将其与20世纪后半叶以来的博物馆整体转型结合起来考虑，避免将其理解为一种单一思潮的产物。在这个过程中，表征、文化拼图等概念被大加应用，构成了萦绕在包括但不仅限于民族类博物馆展览身边的主要批评性理论诉求之一。以此为基础，我们引入了更具体的展览案例。我们发现，这样的批评性概念能够揭示出诸多现实实践所存在的问题，它对于现实实践的指引性意义应当是被继续承认的。但同时，它所面临的挑战也是多元的，博物馆是一个交融着多重思想和现实力量的场地，现有的概念也不足以囊括一切的现实，并且需要将更多现实层面自洽的合理性纳入到自身的考虑范围之内。

博物馆作为接触区：异文化与跨领域的展示叙事

江桂珍*

一、引 言

经由美国博物馆联盟（American Alliance of Museums，以下简称 AAM）① 媒合的"原织原 weave 特展"（以下简称"原织展"）②，连结了相距 8000 多英里，跨越洲际国界，不同属性定位的两座博物馆，创造了令人惊艳的奇迹。从台湾辗转抵达美国得克萨斯州（以下简称得州）麦卡伦，首度展出台北 历史博物馆（以下简称史博馆）典藏台湾少数民族织物，使入藏博物馆多年的"博物馆化"民族学（人类学）藏品，得以"再脉络化"，呈现台湾少数民族文化的主体性与多元性。此外，透过展示手法的巧思设计，也显露了民族学（人类学）对象的美感表现与科学理性。

本文将叙述史博馆藏台湾少数民族文物，进入美国得州麦卡伦国际艺术与科学博物馆（International Museum of Art & Science，以下简称 IMAS）的展示情境中，形塑出"异文化与跨领域"的展示叙事，成为交会不同时空，对话文化差异的"接触区（contact zone）"。

---

* 江桂珍，台北 历史博物馆副研究员兼展览组组长。
① 美国博物馆联盟（American Alliance of Museums）前身为成立于 1906 年的美国博物馆协会（American Association of Museums），2012 年更名为美国博物馆联盟。
② 台北 历史博物馆于 2014 年 3 月至 5 月举办了"原织原 weave 特展"，首度展出 40 件馆藏台湾少数民族的代表性织物。这次展览的文宣品于 2015 年在 AAM 博览会展出。

二、博物馆作为接触区

玛丽·刘易斯·普拉特（Mary Louise Pratt）在所著《帝国之眼：旅行书写与文化互化》（Imperial Eyes: Travel Writing and Transculturation）一书中，探讨自18世纪中期以来，旅行书写对于欧洲扩张主义（expansionism）所造成的影响，该书运用大量非洲及南美洲的旅行文本，来阐析这些以殖民宗主国视角所书写的文本，如何为欧洲读者建构出欧洲以外的"他者世界"。她提出"接触区"的概念："接触区是殖民遭遇的场域，原本由于地理与历史因素造成区隔的人群，因相互接触而建立持续的关系，这种关系通常涉及压迫、极不平等与棘手难解的冲突。……接触区是指不同文化相遇、冲突与格斗的社会空间，通常发生在高度不对等权力关系的情境中，往往体现为非对等的支配与从属关系。例如：殖民主义、奴隶制度，或其存在于当今社会的余绪。"[①]"接触区"试图唤起主体（subjects）的时空共存性，旨在强调在殖民情境中常因扩张主义者基于征服与统治之考虑所忽略或压制的互动性与即兴式发展面向。"接触（contact）"一词侧重各主体如何透过彼此的关系而形成，它强调不对等权力关系中，主体间的共存、互动，及其交错理解与实践[②]。

1997年，詹姆斯·克利福德（James Clifford）在著作《路径：20世纪晚期的旅行和翻译》（Routes: Travel and Translation in the Late Twentieth Century）中援引玛丽·刘易斯·普拉特的"接触区"一词，进而提出"博物馆作为接触区（Museum as Contact Zones）"的概念，反思博物馆与殖民主义的关系。他表示博物馆不仅扮演文物保护与展示场域的角色、重现对象的完整性与正确性，更是社群发声，体现差异及权力不对等之互动关系的场域。

书中还描述了1989年年初，詹姆斯·克利福德应邀以"顾问"身份，出席美国奥勒冈州波特兰艺术博物馆（the Portland Museum of Art, Oregan，以下简称波馆）

---

① 玛丽·刘易斯·普拉特的"接触区"一词不同于"边境（frontier）"概念，后者为欧洲扩张主义者的观点。
② Mary Louise Pratt. Imperial Eyes: Travel Writing and Transculturation. London and New York: Routledge, 2008, pp. 7-8；〔美〕玛丽·刘易斯·普拉特著，方杰、方宸译：《帝国之眼：旅行书写与文化互化》，9-11页，南京，译林出版社，2017。

所召开的拉木森藏品（Rasmussen Collection）[①]讨论会议，波馆除邀集精通美洲西北岸原住民工艺的人类学者及专家之外，也邀请了特领吉族（Tlingit）重要氏族耆老与会。原本馆方讨论会聚焦于藏品本身，然而族群代表关注的并非这些对象的制作、用途与权力象征等面向，而是将其视为"备忘录（aides-memories）"，透过它们唤起记忆，述说族群故事，演示族群歌曲，传达对象与族群的联结。此时，波馆地下室不仅是咨询与协商的地点，它俨然成为"接触区"。当博物馆被视为接触区时，博物馆作为典藏的组织结构，成为一种持续进行的历史、政治与道德关系——一连串充斥权力的交换关系（a power-charged set of exchanges, of push and pull）[②]。博物馆作为一个"机构（institution）"，其收藏与策展从来不是中立的，而是处处充斥着政治与权力的张力与运作[③]。

詹姆斯·克利福德认为在不对等权力关系中"互惠（reciprocity）"是重要的一环。省思博物馆的展示策略如何可以既展示对象，又能呈现它作为另一种形式的表征：物件在族群脉络中的特定意涵？或对象作为族群表达或抗争要求的载体？博物馆应该凸显哪一种意义？哪个群体可以决定博物馆应该强调何种观点？博物馆与利益关系人（steakholder）的接触、依赖程度为何？这种接触关系要如何面对当代族群内部冲突？博物馆与利益关系人需要多少讨论与协商才足够？双方各自不同的目的要如何在相同的计划中并存？因此，展览本身就是处理对话、差异与不对等关系，同时也是创造连结之始的"接触区"[④]。

下文将以"原织展"为例，阐述它经由AAM博览会的媒合，历经史博馆与IMAS双方策展观点由歧异、协商，终而获致共识的过程，成为交会历史时空、对话文化差异的"接触区"。

[①] 波特兰艺术博物馆于1948年收购了800余件Axel Rasmussen（1886—1945）收藏的美国西北印第安人物件。这批藏品大多被认定为19世纪末所制作，其中不乏美国西北印第安人的精致作品。
[②] James Clifford. Museums as Contact Zones, in James Clifford(ed): Routes: Travel and Translation in the Late Twentieth Century. Cambridge: Harvard University Press, 1997, pp. 188-219.
[③] 郑邦彦：《实践取向博物馆研究：理论刍议》，载《博物馆与文化》，2014（8），39-67页。
[④] 詹姆斯·克里弗德著，Kolas Yotaka译：《博物馆作为接触带》，载《路径：20世纪晚期的旅行与翻译》，188-268页，苗栗，桂冠图书，2019。

三、"原织展"与 IMAS 的邂逅

成立于 1906 年的 AAM，是连结美国博物馆界与博物馆从业人员的非营利组织，致力于提升博物馆界水平，并为美国博物馆从业人员提供广泛服务。目前成员逾 35000 个，包括美国及其他国家的博物馆馆长、研究人员、策展人、登录员、教育推广人员、公关人员、展场设计者、研发人员、安全人员及志工等，每年在美国不同城市召开年会，是国际性博物馆专业组织。2015 年 4 月 27 日至 29 日，AAM 在亚特兰大市佐治亚世界会议中心举办"2015 年博物馆年会暨产业博览会（Annual Meeting and Museum Expo 2015）"，台湾受邀参加并设置"台湾馆（Taiwan Pavilion）"，以"让世界认识台湾的博物馆"为主题，汇集史博馆等 6 个博物馆所策划之"台湾博物馆国际交流展览"，展现台湾博物馆的多样性及文化地景，行销台湾博物馆的整体形象。

2015 年美国博物馆产业博览会期间，台湾馆接待了各国博物馆馆长、策展人、专业人员、代表等多达 200 余人，参观者对台湾馆所展示的各项主题展、展览文宣与文创产品，都留下了深刻印象。其中，史博馆策划的"原织展"，受到了 IMAS 馆长茱丽·琼森（Julie Johnson）的青睐，更邀请"原织展"来年赴该馆展出，揭启"原织展"走向国际的序幕。经由 AAM 2015 博物馆产业博览会平台的媒合，让台北史博馆与麦卡伦 IMAS 两个相距 8000 多英里的博物馆不期而遇、擦出火花，进而携手合作。

四、"原织展"@ IMAS

（一）关于 IMAS

坐落于美国得州南部麦卡伦的 IMAS，是当地重要的艺术与科学博物馆。该馆由麦卡伦妇女会（McAllen Junior League）倡议创立，旨于增进得州里奥格兰德河

谷（Rio Grande Valley）①地区民众的生活质量，永续扩充并展示其艺术类与科学类藏品，以及透过各项展览、文化性活动与教育性方案，促进民众对于艺术与科学的认识及了解。IMAS 是美国史密森学会（Smithsonian Institution）联盟成员，也是 AAM 的团体会员。每年举办许多艺术类与科学类巡回展，为游客提供可以亲手操作的科学展品，以及从艺术作品中启发创意的独特经验。该馆创馆典藏来自地方人士的捐赠，至今仍然通过购藏、征集与捐赠，持续扩增中。目前藏品包括 2000 多件的自然史与地质学标本，4500 余件的民俗艺术品与编织品及 1500 多件横跨 16 世纪至今的国际美术作品②。

IMAS 于 1969 年 10 月 26 日创立，1976 年搬迁到诺拉纳（Nolana）馆舍现址。2001 年，该馆筹募经费扩充了教室、艺术工作室、餐厅、博物馆商店、儿童探险厅等馆舍硬件，并完成"小区大建筑计划"，即"Rio 地景（RioScape）"的儿童探险园区，是一处结合游戏与体现里奥格兰德河科学及环境概念的户外学习环境。IMAS 是一座拥有 5 万多平方英尺的展览空间及公众使用区，兼具艺术与科学特质的博物馆（图 1）。

该馆策办的展览丰富多元且颇具创意，馆藏常设展示有：球体科学展示系统（小球大世界，Science On a Sphere）为显示大气、海洋和陆地的动态图像的球体；"Rio 地景"是里奥格兰德河谷区域内唯一的科学游乐园，民众可以从中学习水、能源与声波等相关知识；雕塑公园（Sculpture Garden）的园区展示了包括取材自史前翼龙形状的鲜红色 Logo、象征奥美文明（Olmec Civilization）③的复制巨大奥美头像（Olmec Head），以及分别名为"母与子（Mother with Child）""力（La Fuerza）""得州石碑残迹（Texas Stele Ruin）"等大型艺术雕塑作品。此外，该馆也设置了主展厅

---

① 里奥格兰德河谷（Rio Grande Valley）是美国南得克萨斯州最南端的区域，位于里奥格兰德河的北部沿岸，为美国、墨西哥国界的分水岭，是美国人口成长最迅速的区域之一。
② International Museum of Art and Science（IMAS）（2020）. https://theimasonline.org/welcome/imas-50th-anniversary/. 2021-1-12.
③ 奥美文明（Olmec Civilization）是公元前 1200 至前 400 年的古中美洲的文明，也是墨西哥境内最早的重要文明，奥美头像为此文明的代表性特征。

图1　IMAS馆景

(Main Gallery)、中央展厅(Central Gallery)、卡德纳斯展厅(Cardenas Gallery)、克拉克展厅(Clark Gallery)、探索馆(Discovery Pavilion)、迎宾馆(Welcome Pavilion)等展示空间，作为艺术类与科学类展览的特展厅。

(二)"原织展"@ IMAS

IMAS茱丽·琼森馆长参加2015年AAM全球博物馆年会暨产业博览会期间，对台湾馆所展陈之史博馆"原织展"印象深刻，通过该展文宣海报与折页等资料的介绍说明，她认为这是一项兼具艺术美感与科学趣味的展览，便向史博馆表达欲于2016年5月间引进这项展览的想法，期望让得州民众有机会观赏台湾少数民族编织艺术。

为促成两馆首次合作的国际交流案，史博馆与IMAS积极进行展前沟通协调，IMAS馆方希望这项展览以"台湾少数民族编织艺术"为主题，以符合该馆"艺术"（甚或科学）的属性。然而笔者作为"原织展"的策展人，对于这次交流展的思考是："原织展"@ IMAS究竟要以什么样貌展现？是西方视野的他者奇观式艺术展示？抑或台湾少数民族视角的民族学（人类学）展示？展览主题的拟定是否隐含双方不对等权力关系（出资邀展方与被邀借展方）的角力？双方不同的观点要如何在

"原织展"中互惠并存?"原织展"如何在不同文化（对象）相遇的情境中，成为体现差异、交织对话的"接触区"。

1. 人类学展示? 艺术性展示?

"原织展"展出了史博馆馆藏的台湾泰雅、太鲁阁、阿美、卑南、排湾、鲁凯、达悟等族群代表性织物 40 件，包括头巾、披巾、衣服、裙子、腰带、丁字带、护腿布、携物袋、佩刀、佩刀饰带、水平背带织布机等[①]。这批织物是台湾少数民族传统衣着饰物，是他们日常生活的功能性用品，也是族群衣饰文化的体现，属于民族学（人类学）物件。因此，它们是为特定目的而制作的工艺品，并非纯为创作的艺术品。由于这些织物并非艺术创作品，"原织展"以"编织艺术"为展示主题，并不切合对象的原生文化思维。

2. 主位的诠释? 客位的解读?

传统台湾少数民族几无纯艺术的作品，绝大部分作品都是具有实用目的与功能考虑的工艺品。"原织展"展出的对象是台湾少数民族衣饰文化的产物，必须以主体文化的立场，将对象置于原生文化脉络中，从"主位（emic）"观点来诠释织物为族群文化的工艺表现，不仅是物质技术的实践，也反映族群的集体意识，甚至隐含生产制作的人际网络，以及互惠交换的伦理关系。而 IMAS 提出以艺术性取向的展示呈现，则是西方视野对台湾少数民族创作表现的客位（etic）解读。以"艺术创作"诠释台湾少数民族的"工艺实践"，恐导致将物件抽离原生文化，去脉络化（decontextualized）的误解。

3. 跳脱西方视野之"异文化情调""他者奇观"的艺术展示

从 IMAS 的观看视角而言，"原织展"它是一项来自东方少数民族的创作，有别于西方艺术表现的"异文化情调（cultural exoticism）"艺术展览，甚或是西方种族主义视野中的"他者奇观"艺术展。为消除文化差异所造成的误解，促进不同文

---

① 这批史博馆典藏的台湾少数民族织物约于 1910 年代至 1970 年代间制作。

化的了解与尊重，体现琳内·蒂彻（Lynne Teather）所主张"所有文化均为平等"。笔者希望透过"原织展"，呈现台湾少数民族主体观点，诠释"族群工艺"异于"艺术创作"的文化观，跳脱西方世界"异文化情调""他者奇观"的刻板印象，从而成为异文化理解、对话及互动的"接触区"。

4. 重现对象的文化脉络，传达对象与族群的连结性

"原织展"展出史博馆藏台湾少数民族织物，这批民族学（人类学）对象进入史博馆典藏脉络后，成为"去脉络化"且"博物馆化"的"标本"。笔者希望通过这项展览，藉由展示情境的铺陈与演绎，得以"再脉络化"，在族群图像中呈现它们自成一格的文化表征，传达它们与母文化互相依存的连结，让得州观众在台湾少数民族丰富的工艺实践中观看其多元的文化样貌。

（三）异文化与跨领域的展示叙事

笔者就前述的策展思考与 IMAS 馆方进行讨论，历经 IMAS（出资邀展方）与史博馆（被邀借展方）不对等权力关系的协商结果，双方希望寻求一种既可凸显台湾少数民族主体性，又具有美感表现或科学趣味的展示方式。亦即"原织展"如何并存史博馆与 IMAS 各自不同的观点与要求？笔者几经思索，将"原织展"定调为"异文化与跨领域的展示叙事"，"异文化展示叙事"意谓观照文化主体性，促进异文化的了解与对话；而"跨领域展示叙事"则透过展示铺陈，展现民族学（人类学）对象的工艺美感与科学面向。

1. 异文化展示叙事

"原织展"展品包括头巾、披巾、衣服、裙子、腰带、丁字带、护腿布、携物袋、佩刀、佩刀饰带、水平背带织布机等代表性织物 40 件。为融合文物源出脉络的意涵，体现台湾少数民族的文化表征，不仅使用台湾少数民族分布图、各族群简介说明与日据时期老照片等辅助对照（图 2、图 3），重现织者使用水平背带织布机织布的景象，以及泰雅人的披肩、长裙，太鲁阁人的护脚布，排湾人的女子长衣、

丧巾及丧帽，卑南人的女裙等服饰的穿戴和使用方式，让观众对对象原初的使用方法与目的一目了然（图4、图5）。通过凸显台湾少数民族文化主体性，促进台湾与得州两地不同文化间的理解、对话，消除文化差异的误解。

图2　达悟人衣饰搭配及日据时期老照片

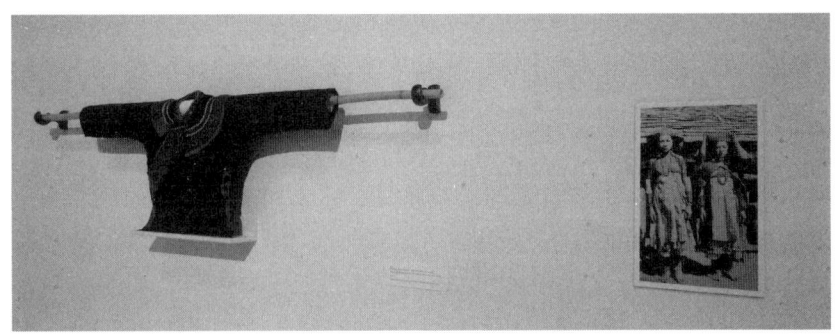

图3　排湾人衣饰搭配及日据时期老照片

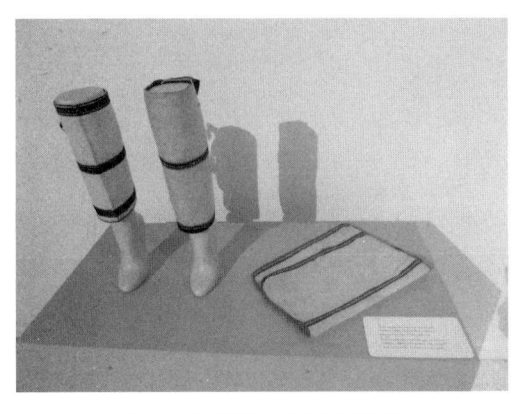　　　　

图4　太鲁阁人女子护脚布　　　　图5　排湾人女子丧帽

2.跨领域展示叙事

"原织展"除了强调台湾少数民族文化主体性叙事外,也希望透过展示策略,表露民族学(人类学)对象的美感表现与科学理性。我们考虑展出对象是台湾少数民族日常生活的衣着饰物,也是族群外显的物质文化,具有普及性与视觉感。本展采取多元开放的展陈手法,既能使观者易于亲近对象,近距离观看织物丰富样貌,又可营造氛围,达到画龙点睛之效(图6)。

在开放展示空间中,运用活泼多样的展示辅具陈设展品。诸如:运用各式人体模型、竹制横杆立体呈现台湾少数民族的长衣、披肩、裙子、护脚布、丧帽、丧服等衣饰的形制与纹样(图7、图8)。此外,贴饰绣片、缀珠与金属片的衣饰,顾及立体展示,重量恐拉扯损害布料纤维,则以平柜加透明罩陈列。藉由前述多元展陈方式,让对象通过不同姿态与向度展现多彩纹样与巧妙技法,使这些织物的美感尽现无遗。

此外,策展团队特别巧思设计以人体模型搭配展出对象,还原台湾少数民族织者使用水平背带织布机的情境(图9),有助观者了解台湾少数民族的衣饰风华,就由这形制简单利落,却蕴含科学原理的织机,在经纬穿梭之间造就而成。

图6　原织展多元开放陈列方式

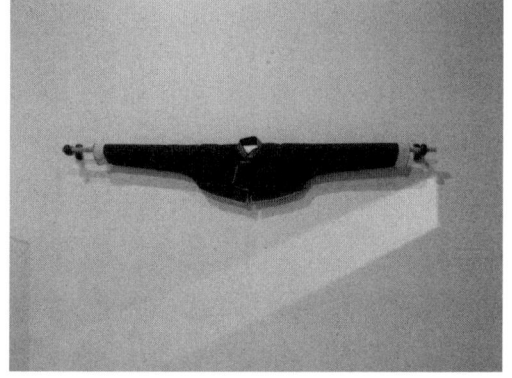

图7　以竹制横杆立体展陈阿美人男子长袖短衣

图8 以平柜加透明罩展陈贴饰缀珠的鲁凯人男子长袖短衣

图9 阿美人水平背带织布机

五、"原织展"与 IMAS 公众的对话与连结

（一）通过展览文宣行销与公众对话

IMAS 对于这项开创性的文化交流展极为重视，希望藉由"原织展"促进民众的对话与连结。是以，该馆不但在展示规划与执行上费尽心思，对于展讯文宣行销的推展也不遗余力。除了因应当地多元语言背景民众的需求，制作中文、英文、西班牙文三语对照的展示说明文本，印制展览文宣折页供观众参阅，并于官网以及社群网站传布展讯之外，IMAS 也透过当地电视台、报纸杂志等媒体的报道，以及麦卡伦机场等公共空间广告灯箱广告牌的宣传，强化展览营销。而本展促成者 AAM 所出版的 2016 年 7-8 月号期刊也登载展览讯息，透过 AAM 全球性网络的文宣营销，拓展了"原织展"与公众对话的向度。

（二）"原织展"串连得州观众的历史记忆与生命经验

"原织展"于 2016 年 5 月 19 日在 IMAS 主展厅（Main Gallery）隆重登场，出席当日开幕式的贵宾，有南得州历史博物馆（Museum of South Texas History）馆长尚·兰金（Shan Rankin）、布朗斯维尔美术馆（Brownsville Museum of Fine Art）馆长雷内·梵·哈夫滕（Rene van Haaften）等。许多民众为一睹展览文物的风采，不远千里从得州各地而来。在众多观者中，有一对得州夫妇头戴台湾少数民族帽饰工艺品，聚精会神地阅览展示文本，观看展出文物。经笔者询问，他们告知多年前曾游览台湾少数民族部落，非常喜爱他们的文化与工艺作品，头上所戴帽饰即那次旅行的纪念品。获悉"原织展"将远渡重洋到IMAS展出，期待已久。参观这项展览，犹如置身于台湾少数民族织艺文化情境中，唤起他们的历史记忆，串连了他们对台湾少数民族文化感知的生命经验。

另外两位得州女性长者，在参观"原织展"后，致送织布作品向史博馆表达谢意（图10），并感性地表示她们专程自远地来观展，一者因为台湾少数民族文物展在得州难得一见，再者该展聚焦于织艺文化，格外有吸引力。她们年轻时经历编织岁月，所以参观"原织展"对她二人而言，是独特的巡礼。展厅的织品对象，唤引她们编织时光的历史记忆，也连结她们生命中的编织经验。通过"原织展"，将相距8000余英里分隔两地的异文化人们的感情、记忆与经验紧密串结。

图10 得州民众赠送史博馆的织布作品

六、结　语

詹姆斯·克利福德引用玛丽·刘易斯·普拉特论述殖民情境"接触区"的概念，进而提出"博物馆作为接触区"一词，指称博物馆是不同时空或非对等关系之主体间接触、共存、互动，及其交错理解与实践的空间。博物馆典藏政策往往涉及历史、政治与道德等权力关系的交换与拉锯。而博物馆策展则是处理不同社群的对话、差异与不对等的互动关系。

通过2015年AAM博览会的巧妙牵引，以台湾少数民族织艺文化为主题的"原织展"邂逅IMAS，台湾的史博馆与美国得州IMAS两座跨越洲际的博物馆因而结缘，为合作"原织展"携手同行。这项合作案出资邀展方IMAS，基于该馆定位"艺术与科学"的属性，希望"原织展"以艺术性或科学性为策展取向。而被邀借展方的史博馆，基于原策展理念则倾向呈现民族学（人类学）的展示主题。IMAS作为展览经费负担方，相较于被邀方史博馆而言，具有较优势的谈判筹码，或说是资本主义式强势姿态，因此（能否）配合IMAS主场博物馆的属性，是这项合作案先决条件，也牵动两馆非对等关系的角力。然而为促成这项具开创性指标的文化交流展，双方对"原织展"的展示叙事历经了冲突、协商而互惠磨合的过程，构思出以民族学（人类学）为基调，又不失美感与科学余音之多重发声的"异文化与跨领域"的展示旋律。

从台北到得州麦卡伦遥距8000余英里，经换乘3次班机，飞行20多小时才能抵达，因此"原织展"远渡重洋展现在得州民众面前，可说是令人惊艳的奇迹。这项展览不但深受得州公众肯定，也为IMAS发展了一批关注台湾少数民族文化与族群工艺的新观众群，并引发情感共鸣。"原织展"既是民族学（人类学）对象在艺术科学属性的博物馆，演绎异文化与跨领域展示叙事的场域，也是串连观者历史记忆与生命经验的对话空间，为"博物馆作为接触区"作了精辟的批注。

宗教艺术题材展览的叙事策略与价值诠释
——以"天梯山石窟专题展"为例

周墨兰[*]

宗教艺术遗产融合建筑、雕塑、绘画、书法、工艺、音乐、舞蹈、戏剧、服饰等多元层面,涵盖物质和非物质文化遗产范畴,具有教育、审美、研究等多重功能。博物馆基于宗教艺术遗产进行知识生产和价值诠释,是一项跨学科的文化表征活动,涉及人类学、民俗学田野调查和宗教学、历史学文献研究,同时需要艺术学、传播学以及多媒体手段的介入。由于宗教艺术题材展览涉及宗教、民族和文物等多元地带,此类展览的设计重点在于因应宗教文物由信仰空间转移到博物馆展示空间后发生的变化,即博物馆如何在展览语境中藉由叙事策略和话语分析,形成"知识-文化"结构性关系,诠释宗教艺术在精神信仰之外的社会价值。

一、宗教艺术题材展览回顾

宗教艺术折射某一时期、地区族群的社会生活和集体意识,是兼具时间性、空间性和社会性的文化表征。政治、经济、环境生态与族群文化的交织作用,深刻影

---

[*] 周墨兰,太原市博物馆馆员。

响了宗教艺术的发展轨迹以及不同文化背景的社群对待宗教艺术的态度。博物馆对宗教艺术的诠释大致经历了两个阶段的演进：由对他者文化的"猎奇心态"到倡导多元、包容和普世价值的"齐量等观"。15—19世纪，随着西方国家的殖民扩张和文化掠夺，欧美博物馆收藏其他地区的宗教文物时，以"奇特"或"异端"的角度视之[①]，漠视甚至歧视文物原属族群的信仰，缺乏文化尊重。

20世纪文化人类学的发展和人本主义观念影响了博物馆收藏和展示模式，改变了博物馆对文物及其历史背景的叙述方法，尊重文化在地保护，强调多元文化价值。21世纪的博物馆经过历史变迁和观念重塑，在推动社会和谐进步、形成普世价值共识等方面获得更多空间。与此相适应，博物馆对宗教艺术的收藏、研究、展示正在打破"展示之物"与"观看之人"的隔阂，历史性、现代性、神圣性、世俗性、文化性、艺术性的边缘日益模糊，知识、故事、话语、价值等在展览中"汇流"。当前，宗教艺术题材展览在中国博物馆的实践案例颇为丰富。基于藏品特征，此类展览呈现出不同的叙事结构及文化表征。

综合展示世界宗教艺术的展览以"台北世界宗教博物馆宗教艺术文化展"[②]和"美美与共——广东宗教文物展"[③]为代表。前者以艺术文化为视角揭示宗教对人类社会的影响，在为公众普及知识、开拓视野的过程中，增进不同宗教与文化之间的理解和尊重，促进和谐与和平。后者从广东多元宗教和而不同、和谐共存的发展历程以及宗教信仰的深厚内涵中汲取文化力量，助力"一带一路"国家战略。两个展览基本依据佛教、道教、伊斯兰教、基督教等宗教种类设计叙事结构，文物作为对应宗

---

① 陈国宁：《由传统到当代：博物馆对宗教文化遗产的展示与诠释》，载《博物院》，2020（1），24-27页。
② 台北世界宗教博物馆致力于推动宗教对话与世界和平，2001年由佛教团体筹建而成。该馆主要收藏世界历史宗教文物，功能定位由文物展示扩及生命教育和社会教育。2012年12月29日，台北世界宗教博物馆在首都博物馆推出宗教艺术文化展，该展览由"世界宗教概览"和"世界主要宗教的文化艺术"两个部分构成，展期至2013年3月10日。
③ 广东地处南海之滨，历史上各类宗教荟萃于此，形成了丰富的宗教文化。广东宗教具有门类齐全、历史悠久、对外交往密切、宗教遗产丰富、地域特色显著等特点，在全国宗教的历史发展中产生了重要影响。"美美与共——广东宗教文物展"是国内首次以地区宗教文物为主题的展览，展出文物主要包括广东本土的宗教文物、外地制作但在广东宗教场所长期使用的宗教文物以及广东收藏的外地宗教文物。展览旨在通过造像、绘画、陶瓷等丰富多彩的宗教文物，展示广东宗教与信仰文化的深厚内涵。2016年4月29日至8月21日，展览在广东省博物馆展出。

教的印证之物，展示其文化特征和核心价值，"宗教－物－知识"的序列构成了对社会集体意识的诠释。

基于特定宗教类别形成的展览主要涉及佛教、道教题材。20世纪以来，国内外博物馆举办的道教题材展览屈指可数。1988年，在美国克利夫兰博物馆举办了海外最早的一次大规模道教艺术展览[①]；2010年，欧洲第一次举办介绍道教的展览"'道'之道——生活的另一种方式"[②]；目前国内最具影响力的是"楚地道教文物特展"[③]，2012年开展以来已在多家博物馆巡回展出。佛教题材展览在国内博物馆尤为常见，通常以专题展览形式出现。在佛教寺院、名胜、遗址等地亦有专题展馆。这些展览内容涵盖造像、壁画、绘画、文书等物质层面，以及人物、事件、地域、历史等信息层面。根据展览主题与叙事结构的区别指向，此类展览可以归纳为艺术赏析、历史叙事、教义内涵、佛教文化四种导向[④]。

艺术审美型展览如"佛像的故乡——犍陀罗佛教艺术展"，通过不同形式和题材的实物展示，呈现出犍陀罗艺术的魅力和价值[⑤]；历史叙事型展览如"深河远流——南传佛教展"，打破国界的地域限制，以河流传布宗教的崭新视野展示南传佛教的历史背景与融合过程[⑥]；精神化育型展览如"信仰所成——藏传佛教唐卡工艺展"，从物品、工艺层面指向精神维度"虔诚信仰的力量"：利众的慈悲，精湛的技

---

① 吴思佳：《当代海外的道教艺术展览》，载《艺苑》，2019（6），51-53页。
② 展览分为宇宙起源、老子、西王母、众神、追求长寿、礼拜仪式等六个部分，共展出绘画、文献、织品和器物类等文物250余件（幅），全面阐释了道教思想的基本内涵、发展历程以及道教思想对中国人生活的影响。展览于2010年3月31日至7月5日在巴黎大宫殿展览馆展出。
③ "道生万物——楚地道教文物特展"以湖北省出土以及武当山传世道教文物为主，从道教起源、老子与道教、神仙信仰、道教众神等方面，重点展示楚地原始道教的发展以及道教文化的影响。2012年4月至2017年6月，展览先后在湖北省博物馆、安徽博物院、浙江省博物馆、深圳博物馆等机构展出。
④ 古骐瑛：《佛教题材展览规划与效能探析》，复旦大学博士学位论文，2011。
⑤ 展览精选了南京大报恩寺遗址博物馆等机构珍藏的60余件艺术珍品，分为"本生、因缘与佛传的故事""佛陀与菩萨像""其他诸神与众生像""舍利容器与佛塔""贵霜帝国钱币"五个部分。2017年10月至2018年4月，展览先后在湖北省博物馆、河南博物院等机构展出。
⑥ 2018年11月9日至2019年4月21日，台北世界宗教博物馆举办"深河远流——南传佛教文化特展"。展区分为河流交织而成的南传佛教文化地图、风格与造像、禅修与信仰生活、传统节庆等。藉由60余件佛像、民间神灵雕像、器物、经书，搭配动态宗教传播地图、影片及情境装置，详细介绍南传佛教历史背景、改变与融合过程，也呈现当地宗教艺术、禅修文化的内涵，使观众深刻感受佛教信仰传递的深邃悠远。

艺,工巧的智慧,祥和的内心,历代的传承①;文化传播型展览如"供养艺术——心、器、法的对话",将宗教神坛供奉法器与文人案头清供并置陈列,在空间对话中传递文化观念②。不同的主题导向影响了展览叙事的逻辑发展,实物和信息的组合由此扩展出多种路径。

回顾以往的展览实践,历史的、文化的、艺术的、教化的等各种边界是可以相互移动和彼此渗透的,其实质是"物和信息"关系的调试和重组。"庄严妙相——甘肃佛教艺术展"③以"物"为设计原点,历史的、文化的信息依托于此叠加变换,信息成为物的解释和延伸。艺术指向的主题在历史时序的串联下,由物之本体及衍生意义得以诠释。"佛陀·中国——甘肃省博物馆藏早期佛教文物展"④聚焦中国早期佛教发展的源流与历程,以问题为导向,在主题引导、信息铺陈、文物实证的逻辑之下,突破了线性叙事的常规,通过逻辑并置,关照佛教艺术文化和当代社会生活的相关性。展览选取台湾艺术家李真的现代佛像作品,富有创意地尝试古今并陈,既是交锋,也是映照,"相隔已是千年,法相无非庄严"。

综上所述,宗教艺术题材展览在不同的主题导向之下,主要采用"线性时序"和"多维并置"的叙事结构。线性叙事侧重于在时间的逻辑中体察宗教的起源发展、文化内涵、艺术特征,时间之物和历史信息紧密相连,共同推动一种文化形态、精神价值的呈现。并置叙事在多元维度中进行切换,意在通过不同的切面,呼应展览主题。"物的意义"从时间范畴向外扩展,通过与多元信息重组,形成了对展览核心思想不同侧面的诠释。博物馆在策划宗教艺术题材展览时应明确展览主线,对历

---

① 展览侧重于对唐卡工艺的展现,一百余件来源于雪域高原精美的现当代艺术品,分别就唐卡、堆绣、铜像三种佛教物品的制作工艺进行展陈,传达出工艺中蕴含的人文精神。
② 陈国宁:《由传统到当代:博物馆对宗教文化遗产的展示与诠释》,载《博物院》,2020(1),24-27页。
③ 展览精选147件文物珍品,分为"佛风东渐""胡风汉韵""盛世梵音""花落人间""花萼同辉""敦煌藏经洞遗珍"六个部分,以历史沿革为主线,从石刻造像、金铜造像、其他佛教文物三个方面,展现了十六国至明清时期佛教在陇原大地传播、发展的历史轨迹,呈现出甘肃佛教艺术全貌。
④ 展览精选35件早期佛教文物,以及艺术家李真创作的7件作品,分为"佛的形象""佛的铭记""佛的言教""佛陀·中国"四个部分,展现中国早期佛教发展的源流与历程。展览于2019年3月29日至5月26日在苏州博物馆展出。

史的、艺术的、文化的、精神的等不同面向进行主次划分;同时对馆藏文物进行物质层面和信息层面的研究、分类。根据展览主题和藏品实际,选择适宜的叙事模式,或者有意识地将"线性"和"并置"重混,创新知识、故事、文本、话语等叙事形态,重置传统性与现代性、艺术性与思想性的关系,使观众更好地在博物馆语境中认识和理解宗教艺术的多重价值。

二、"天梯山石窟专题展"设计实践

天梯山石窟,也称凉州石窟,位于甘肃省武威市城南60公里处的黄羊河畔,其山势陡峭、形若悬梯,故名天梯山。天梯山石窟始建于十六国时期的北凉,距今约有1600年历史,历经北魏、北周、隋、唐、西夏、元、明、清的开窟或重修,在各历史时期都留下了诸多艺术珍品。"天梯山石窟专题展"是武威市博物馆新馆专题展览之一,也是国内佛教石窟壁画题材展览的一次有益实践。展览聚焦佛教艺术史上的"凉州模式",依托壁画等文物资源,通过信息关联与重组、知识体系的建构,从地理、历史、艺术、文化、遗产等方面多角度、聚合型展示天梯山石窟的艺术特色和历史价值,解读文物背后的历史信息和文化密码。

(一)特色之道:展览选题立意

武威,古称凉州,是丝绸之路的重要都会和佛教东渐的重要地区,形成了独具特色的佛教文化。武威市博物馆收藏有数量众多、质量上乘的历代佛教文物,其中以天梯山石窟壁画最具特色。作为我国早期石窟的代表,天梯山石窟形成了佛教艺术史上著名的"凉州模式"[1]。尤其是北凉洞窟内带有浓郁的古印度艺术风格的壁画,类型珍稀独特,极具艺术特色,反映了佛教传入我国初期的历史状况,对研究我国石窟寺建筑和石窟艺术的渊源具有重要意义。基于珍稀的文物资源和独特的艺术价值,武威市博物馆以天梯山石窟作为展览选题,依托壁画文物资源进行设计构思,

---

[1] 宿白:《凉州石窟遗迹和"凉州模式"》,载《考古学报》,1986(4),435-446页。

有利于深化和拓展早期佛教艺术研究，打造特色展览、弘扬丝路文化。

近年来，石窟艺术类展览在国内外博物馆屡见不鲜，如久负盛名的"敦煌石窟艺术展"①、"丝路遗韵·五彩龟兹——龟兹石窟壁画艺术展"②、"海外克孜尔石窟壁画及洞窟复原影像展"③、"魏唐佛光——龙门石窟精品文物展"④、"云冈石窟艺术展"⑤以及"艺术涅槃——大足石刻艺术展"⑥等，这些展览在各地博物馆、美术馆、高校、文化机构巡回展出，引发媒体关注和观众热议，取得了良好的社会反响。与同类型展览相比，天梯山石窟虽然为学界所熟知，但是在公众视域内知名度、传播力有限。究其原因，一是缺乏学术研究成果向知识生产、文化展示的转化；二是宣传推广能力不足，尚未有效激活文化消费潜能。因此，"天梯山石窟专题展"如何面向社会、回应当下，做出特色和新意，提升吸引力和影响力，是设计全程持续思考并着力解决的问题。

（二）陈规再造：展览叙事分析

位于天梯山石窟景区的陈列馆距离武威市中心约60公里，受交通区位及保存环境影响，这里主要以图文展板为游客概括介绍天梯山石窟文物及相关信息。展览设计主线按照文物年代，分为北凉、北魏、唐、西夏、元、明、清几个历史时期，顺序排布内容。与天梯山石窟陈列馆相比，武威市博物馆新馆具有明显的区位优势和现代化的展示条件，但是也在一定程度上脱离了文物的原生环境。天梯山石窟文物在经历1959年抢救性搬迁⑦之后，除个别留藏在甘肃省博物馆，其余已由武威市

---

① 例如"丝路之魂·敦煌艺术大展暨天府之国与丝绸之路文物特展""大盛敦煌艺术大展""敦煌：生灵的歌""觉色敦煌/1650敦煌大展"等展览。
② 展览由新疆龟兹研究院、青浦区博物馆、上海中华印刷博物馆联合举办，2019年12月18日展览在青浦区博物馆开幕。
③ 展览由国家艺术基金支持，新疆龟兹研究院与木木美术馆联合举办，2018年7月18日展览在木木美术馆开幕，这是全球首次最全面流失海外克孜尔壁画的展示。
④ 展览于2020年4月28日至8月30日在广东省博物馆展出，这是龙门石窟86件精品文物的首次荟聚，其中包含8件海外回流的国宝级文物。
⑤ 展览由云冈石窟研究院和浙江图书馆联合举办，2014年7月5日展览在浙江图书馆开幕。
⑥ 大足石刻博物馆主题艺术展览，分为魅力、传承、圆融、流响、保护、重生、宝藏七个单元。
⑦ 张立胜：《武威天梯山石窟文物的搬迁》，载《敦煌研究》，2009（1），33-37页。

博物馆收藏。在文物与原生环境脱离、博物馆与陈列馆围绕同一母题进行展示的情况下，"天梯山石窟专题展"必须另辟蹊径、创新展览叙事，充分利用博物馆地标性平台优势，在广域环境下讲述天梯山石窟，拓宽其文化传播范围。同时以此为契机，激励观众从博物馆展厅走向文物原生环境，实地感受天梯山石窟的文化氛围。

根据上述理念，展览紧密围绕天梯山石窟展开叙述，文物鉴选和信息挖掘全部服务于主题叙事。展出文物以天梯山石窟壁画和彩塑为主，辅以内容相关的佛教文物。文物展品总计132件套，其中天梯山石窟壁画和彩塑等文物遗存126件。天梯山石窟文物的选择标准是尽量选取已经修复完成的壁画和彩塑，画面较为清晰、完整，时代和洞窟信息相对明确，能够反映出时代特征和纹饰特点，以达到良好的展示效果。此外，展览并不局限于阐释天梯山石窟文物的本体信息，叙事结构有意识地将"线性时序"和"多维并置"进行重混。通过信息关联与重组、知识体系的建构，从地理、历史、艺术、文化、遗产等多方面表现天梯山石窟的过去、现在与未来，深入挖掘和生动诠释天梯山石窟的艺术特色和历史价值，解读文物背后的历史信息和文化密码，呈现凉州千年佛教艺术的积累沉淀。

"天梯山石窟专题展"划分为"佛国·凉州盛况""源流·凉州石窟""瑰宝·耀世千年""守护·焕然新生"四个单元，连同序厅，形成五个展示区域（表1）。序厅"千年·山水盛境"以人文地理的视角展示天梯山石窟风貌，四个单元分别围绕天梯山石窟的营建历史背景、艺术特色与影响、壁画展示与解读、文物保护与修复等方面展开演绎，多角度、聚合型展示天梯山石窟的文化内涵。不同于天梯山石窟陈列馆，展览以"中心发散"思维构建叙事体系，将天梯山石窟置于更为广阔的多元化背景中进行展示，不断挖掘其内涵和外延。展览运用问题导入、悬念设置、倒叙、插叙、对比等多线叙事手法，在不同的历史时段和文化面向之间进行切换，纵向呈现天梯山石窟作为文化遗产守望千年，横向关照其艺术层面的源流意义。

展览开篇"千年·山水盛境"的设置，意在回到原点，邀请观众移步天梯山石窟的原生环境，感受山、水、佛、人的生态文化景观。序厅的铺垫和带入，首先解决了"天梯山石窟在哪里？"的问题。接着展览采用倒叙的手法，带领观众穿越时空重回 1600 年前的历史现场，开始第一单元"佛国·凉州盛况"的讲述，探寻"为什么修建天梯山石窟？"的问题。在理清石窟开凿背景之后，展览进入重点叙事部分，即天梯山石窟的艺术特色是什么？何为"凉州模式"？第二单元"源流·凉州石窟"聚焦早期佛教造像模式，对比阐释天梯山北凉洞窟的艺术特色和源流意义。除了具有典型意义的北凉洞窟和珍贵的北凉壁画外，天梯山石窟的价值还在于保存有各历史时期的文物珍品，它们将在第三单元"瑰宝·耀世千年"集中展示。历经千年沧桑的珍贵文物是如何保存下来的？其中又有怎样的故事？第四单元"守护·焕然新生"将解开悬念，故事化地讲述天梯山石窟文物的搬迁、修复、保护，致敬文化遗产守护者。

表1 "天梯山石窟专题展"叙事结构

一级标题	二级标题	重点内容
千年·山水盛境		序厅围绕"千年·山水盛境"主题意向，以人文地理的视角表现天梯山景色的晨昏交替、四季变换和文物的历史沧桑，营造出时空的穿越感和历史的带入感，引领观众走进天梯山石窟，由此开启展览的探索之旅
佛国·凉州盛况	1. 佛教东传 2. 凉土译经 3. 开窟建寺	叙述凉州是十六国时期中国北方佛教文化发展中心：开坛讲经、翻译著述，开窟造像、兴建寺塔，影响波及中原。重点表现北凉沮渠蒙逊在姑臧南山大规模凿窟造像，天梯山石窟成为河西地区开凿最早的石窟寺之一
源流·凉州石窟	1. 天梯神韵 2. 凉州模式	进一步展示天梯山石窟的窟形、造像、北凉壁画等艺术渊源和特色，以及"凉州模式"概念的提出和天梯山石窟在时空范围内承前启后的重要影响，延伸表现丝绸之路上的石窟艺术，如云冈石窟、龙门石窟等精彩篇章
瑰宝·耀世千年	1. 石窟风貌 2. 耀世珍藏	聚焦文物本体，展示石窟风貌与文物遗存。利用数字化成果复原北凉、唐代洞窟。按时代顺序展示天梯山石窟保留的壁画和彩塑精品，重点解读壁画反映的文化内涵，尤其是北凉壁画带有浓郁的古印度艺术风格，反映了佛教传入我国初期的历史状况
守护·焕然新生	1. 国宝历程 2. 巧手良医	主要展示天梯山石窟文物的搬迁保护、原址回归和修复技术，表现文物工作的艰辛历程，普及文物保护科学知识，致敬平凡又伟大的文物工作者，传递正能量，以此作为展览的结束和升华

（三）得失之间：展览效能反思

"天梯山石窟专题展"的设计初衷是展示馆藏文物资源，重新发现其价值。为了让文物承载的信息及其多元化内涵能够为观众所理解，展览进行了创新性叙事设计。首先，通过多线叙事和多维并置，将地理的、历史的、宗教的、艺术的、文化的、遗产的各种面向加以整合，强化了故事性和带入感，使展览的逻辑发展与观众的知识体系、认知结构相适应。展览文本描述、话语表达也力求深入浅出，贴近当代社会心理，使原本专业性较强的题材变得通俗易懂。其次，展览的落脚点体现了从"物"到"人"的关怀，通过档案记载、亲历者回忆、口述史访谈等，为观众真实呈现不同年代的文物工作者为保护文化遗产而献身的伟大精神[1]。这种结尾设计进一步丰富了展览的教育意义，由"遗产"向"人心"回归，使宗教艺术题材展览具备了意在当下和回应现实的效能。

此外，展览设计考虑到现代化空间对于扩展观众体验的功效，在叙事中融入多感官互动，倡导空间、信息、物、人之间的交流对话。根据叙事文本，选择性地设计了千年回望、凿石造像、丝路佛光、天梯神韵、巧手良医等几项互动项目，增强展览的吸引力。利用天梯山石窟数字化成果，重点设计了北凉中心塔柱窟的场景复原。对于展厅现场无法以实体形式展示的文物，如收藏在甘肃省博的几座造像，采用数字手段进行扫描复原，通过虚拟场景和全息投影，观众可以全方位、近距离欣赏。针对北凉壁画，设计互动投影，通过数字扫描制作高清数码动态影像，生动展现壁画细节，观众可以全方位浏览壁画内容。利用VR动捕技术，使观众与数字影像进行互动。这些展教结合的互动项目使观众能够在生动形象且易于感知的空间中更好地理解文物、理解展览。

"天梯山石窟专题展"是国内佛教石窟壁画题材类展览的一次探索，展览的叙事设计和空间体验能否实现预期目标、得到观众认可，展览对于宗教艺术形和义的文化表征是否到位，展览是否诠释出文物的社会价值和时代意义，这些都有待实践

---

[1] 敦煌研究院、甘肃省博物馆：《武威天梯山石窟》，33页，北京，文物出版社，2000。

检验。当然展览也不可避免地存在遗憾，例如为了持续激发观众对文物保护工作的关注，展览原计划留出一定区域，一半展示待修复的文物，一半留作这些文物修复后的展示空间。长此以往，待修复的文物会逐步减少，而修复后的文物日渐增多，这在视觉上和数量上将呈现明显变化，而观察并等待这种变化或许可以成为吸引本地社区观众反复参观展览的动因。遗憾的是这一设想终究未能实现。"天梯山石窟专题展"仍然存在较多的提升空间，需要博物馆立足时代、面向社会，在与社区观众的包容理解、多元互动中去发现、去实践、去检验。

三、从知识生产到价值诠释

博物馆是触发知识生产、重构遗产价值的重要场域。近代以来博物馆从专业性转向社会性的实践表明：展示当下、回应现实，实现社群参与和公众教育成为当代博物馆的共识性目标。因此，博物馆展览的知识生产不能止于对文化基因载体的物进行信息释读，而要将文化阐释的主体性与文化本身脱离不开的社会性进行有效衔接，建立传统与当下的联系，回应现实诉求，助力社会发展。更重要的是，博物馆应通过创新性展览叙事，吸引不同文化背景的社区观众参与其中。在提倡多元、包容的展览语境中，将知识生产进一步引向价值教育层面，使观众从被动的知识接受者转变为共同的情感体验者、积极的价值创造者。

（一）在空间中理解时间

博物馆展览是时间讲述者，亦是空间营造者。时间性和空间性作用于展览的内部结构，形塑着展览的外部形态。时间、空间的存在和重混，一方面加剧了观念表达的复杂化，物的意义在显与隐之间消长，人的认知于进退之间徘徊。另一方面，展览建构的空间为时间的流淌提供了内在逻辑和外在关系的支撑，使得物、人、信息等要素，以动态组合方式完成对于特定意指的文化表征。对于宗教艺术题材展览而言，在空间场域中表现关于物和人、过去和未来等时间概念，需要借助创意化的叙事手法和媒介化的视觉艺术，将远去的、模糊的片段镜像化，将抽象的概念具象化，使观众在知识、文本、图像、符号交汇的系统中，透物见人、见事、见精神，在空间中理解时间的含义。

"觉色敦煌/1650敦煌大展"即在空间中讲述时间的展览，从叙事结构到视觉形态，时间、人物、情绪、心态等镜像富有创意地在空间中予以呈现。展览叙事以"镜头式"推进，"时光""如是""世相""人心"四个展区翻开敦煌生命画卷：走入"时光"，与供养人对话洞窟建造史；感悟"如是"，在壁画彩塑中领悟佛学智慧；品味"世相"，触摸敦煌建筑、服饰、妆容、歌舞；解读"人心"，从敦煌遗书中还原古人的世俗生活①。展览的空间营造同样充满视觉想象：3000平方米黄沙构建实景，万株沙地植物点缀其间。观众徜徉于高精度复制洞窟，近距离欣赏精美壁画。巨幅画卷《五台山图》因动态多媒体技术而"鲜活"。在光影交织、动静结合、虚实相间的空间中，敦煌长达1650多年的生命历程生动再现，观众或由此而生发思过去、看现在、观未来的理解。

（二）包容与选择：全球化背景下的展览话语

全球化发展趋势是推动博物馆变革的重要力量，促使博物馆从物品主导的认识论迈向人文化育的价值观。在多元、开放的背景下，博物馆展览对社区和公众的影响日益表现为价值教育——观众在收获知识的同时，获得精神满足和人生启迪，形成价值认知的新起点。宗教艺术题材展览触及宗教历史、信仰、伦理、礼仪等多种现象，具有特殊性、复杂性和敏感性等特征，需要博物馆以理性的思维、包容的态度和选择的视角对内容素材加以诠释，注意展览叙事的"文化间性"②。此外，宗教艺术题材展览同时面对宗教人士和非信仰者两个群体，因此寻求叙事话语的同理心和平衡点至关重要。对于文化现象的相关社群，展览叙事应予以理解和尊重，警惕一些话语表述的"负面作用"。

---

① 敦煌研究院：《"觉色敦煌——1650敦煌大展"在沪揭幕》，http://public.dha.ac.cn/content.aspx?id=062399061537，撷取时间2021-9-15。
② 阚侃：《文化间性的理论根源：从主体间性到文化间性》，载《中国社会科学报》，2016（6）。

作为文化多样性的"接触地带",宗教艺术题材展览对于公众的教育意义更多地在于引导和激励方面。国内一些博物馆的展览实践已经做出了良好的示范,这些展览以"凝心启智"和"人心向善"为价值导向,通过巧妙的设计对宗教本身进行注解、诠释,并揭示出宗教性之外的多重价值。例如南京大报恩寺遗址博物馆的体验区以"四恩"为主题,通过数字技术和震撼心灵的场景再造,发散出众多报恩故事。"人生轨迹"演绎父母的养育之恩,另有表现动物界母子情深的动画短片穿插其间,触发"物犹如此""人当感恩"的感喟;"报恩林"以佛教"五树六花"为主题,体现"一花一世界,一树一菩提"的生命哲理,感知自然施与草木之"恩"[①]。虚幻时空的真实模拟,带给观众特殊的感官体验,让报恩不再是抽象的精神意识,而是触手可及的具身体验。

四、总　结

当代博物馆正处于多元、开放、变革的环境中,面对全球化社区观众,博物馆展览应在激发不同文化背景的群体共同的关心和参与等方面积极作为。对于多元文化的理解和包容,对于文化多样性的关照和阐释,让展览变得具有现实意义,也让博物馆得以构造起多面向的受众群体,加深和稳固它与社区/社群的联系。展览理论和实践的并行,最终带来的是不同社群之间,以及社群与博物馆之间的融合、对话,这也是我们寻求博物馆作为一种公共空间的可能性的积极实践。

---

① 弘博网:《不夸张!在这个博物馆里能感受心灵震撼和灵魂洗礼》,http://hongbowang.net/e/wap/show.php?bclassid=0&cid=146&classid=146&cpage=12&id=6257&style=0,撷取时间 2021-9-15。

展览的释展系统构建
——以馆藏"洋人远航大碗"为例

骆文静*

广州十三行博物馆是以收藏、研究、展示广州古代海上丝绸之路史为主的专题博物馆。这段历史远可溯至先秦时南越先民的海上活动，近可追及欧洲的大航海时代，其盛在清，特别是乾隆二十二年（1757年）到道光二十二年（1842年）85年间的"一口通商"[①]时期。第二次鸦片战争（1856年）时，十三行商馆区毁于战火，广州古典式海贸活动退出历史舞台，因其所在地名，俗称"十三行"海贸活动。

十三行海贸活动与欧美各主要资本主义国家均发生了频繁的贸易往来（表1），对中西方社会的近代化均产生了深刻影响。

表1 明清来华贸易主要国家列表

时间	国家	备注
1518年（正德十三年）	葡萄牙	（正德）十三年遣使臣加必丹末等贡方物，请封，始知其名[②]

---

* 骆文静，广州十三行博物馆副研究馆员。
① "一口通商"是约定俗成的说法，实际上彼时在恰克图等地仍有边贸活动，一口通商是指对西洋商人仅限广州一口通商。
② （清）张廷玉撰：《明史·佛郎机传》，北京，中华书局，1974。

续表

时间	国家	备注
1601年（万历二十九年）	荷兰	荷兰又名红毛番……万历中……廿九年……则转薄香山澳……言欲通贡市①
1621年（天启元年）	意大利	万历廿九年……中官马堂以其方物进献……又寄居二十年，方行进贡②
1635年（崇祯八年）	英国	英公司非常渴望在中国得到一个立足点……第一次到达中国口岸从事投机的英国船是失败的。注释：苏拉特咨文，1635年3月28日③
1655年（顺治十二年）	俄罗斯	顺治……十二年及十七年，俄察罕汗两附贸易人至京奏书④
1698年（康熙三十七年）	法国	在霍克（Roque）船长的率领之下，安菲特伊特（I'Amphitrite）号于1698年10月31日抵达广州⑤
1730年（雍正八年）	丹麦	连国……王所居土名颠地墨……自雍正间，有夷商来广通市，后岁以为常，附注39称，连国即丹麦⑥。从丹麦到中国的定期贸易和航运始于1730年的"克朗普林斯基督徒号"⑦
1732年（雍正十年）	瑞典	通市始于雍正十年（1732），后岁岁不绝⑧
1752年（乾隆十七年）	普鲁士	1752年2月15日，亚洲公司的第一艘贸易船——普鲁士国王号从埃姆登出发驶往中国⑨
1752年（乾隆十七年）	比利时	比利时，红毛种，乾隆十七年进口⑩
1780年（乾隆四十五年）	奥匈帝国	双鹰又名打连……乾隆四十五年进口⑪
1784年（乾隆四十九年）	美国	中国皇后号于1784年8月28日早晨到达这里，行程188天，距离纽约1.8万英里⑫

① 梁廷枏撰，袁钟仁点校：《粤海关志·贡舶二》，443页，广州，广州人民出版社，2014。
② 梁廷枏撰，袁钟仁点校：《粤海关志·贡舶二》，452页，广州，广州人民出版社，2014。
③ 马士著，欧宗华译，林树惠校，章文钦点校：《东印度公司对华贸易编年史（1635—1834）》卷一，15页，广州，中山大学出版社，1991。
④ 赵尔巽等撰：《清史稿·俄罗斯传》，北京，中华书局，1978。
⑤ 吴岱良等：《澳门编年史》，17-18页，广州，广东人民出版社，2009。
⑥ 梁廷枏撰，袁钟仁点校：《粤海关志·贡舶二》，480页，广州，广州人民出版社，2014。
⑦ 范岱克：《丹麦亚洲公司与中国贸易（1732—1838）》，载《国家航海》，2017（1）。
⑧ 梁廷枏撰，袁钟仁点校：《粤海关志·贡舶二》，443页，广州，广州人民出版社，2014。
⑨ 杨崇哲：《普鲁士18世纪对华贸易银币初探》，载《钱币》，2017（6）。
⑩ 梁廷枏撰，袁钟仁点校：《粤海关志·贡舶二》，483页，广州，广州人民出版社，2014。
⑪ 梁廷枏撰，袁钟仁点校：《粤海关志·贡舶二》，482页，广州，广州人民出版社，2014。
⑫ 菲利普·查德威克·福斯特·史密斯（Philip Chadwick Foster Smith）著，《广州日报》国际新闻部、法律室译：《中国皇后号》，149页，广州，广州出版社，2014。

一、以代表性文物刺激观展兴趣

对馆方而言,要展示好这段历史,首要解决如何让观众短时间内了解什么是"十三行"的问题,这需要结合展览环境构建有针对性的释展系统。

为此,馆方组织了多次专家论证,决定选取一件代表文物,解决"让观众快速记住什么是十三行"的问题。几经讨论,选出了"1757广彩洋人远航大碗"(以下简称大碗)作为代表(图1)。

该大碗高12厘米,口径29厘米,底径13厘米,碗内绘"DARING ELIZABETH(亲爱的伊丽莎白)"及"1757"金字(图2);碗身正面绘一对年轻恋人依依惜别的场景(图3),两人身后是一艘准备扬帆远航的海船;背面绘两人重逢场景,女士提起裙摆,男士往裙摆上放金币(图4)。该大碗通体素雅,有广彩瓷明显的描金,碗口沿及碗身饰花卉图案,人物面貌及服饰有明显西方特点,花卉及装饰则有传统

图1 1757广彩洋人远航大碗

图2 1757款及"DARING ELIZABETH"

图3 大碗正面:送君惜别图

图4 大碗背面:久别重逢图

瓷器特点。大碗上的图案表明这是一个定制瓷,讲述的是西人来华贸易,获利后衣锦还乡的"大团圆"爱情故事,见证了清代广州十三行繁盛的对外贸易。

关于大碗的介绍到此为止似已足够,甚至说明牌上(详见后文)容纳不了这么多内容。但仅此介绍,不足以说明大碗的全部意义。譬如1757为何如此重要?这艘船是什么船型?与当时国内的船有什么异同?旗帜是哪个国家旗帜?人物服装是哪个国家什么时代的服装?画中的青年男女是恋人吗?为什么要给金币?做这个碗的目的是什么?这就是存储环境变化后,藏品原生意义的丢失——"藏品在由田野向博物馆的转移过程中,在信息链层面发生了断裂,信息量减损明显"[1]。为了凸显大碗的文化内涵和价值,我们需要构建大碗的释展系统。

二、大碗的知识系统构建

在构建释展系统前,馆方首先要构建大碗的知识系统。关于大碗的知识系统,有三组图案:一是大碗内部的"1757"款,二是正面的"送君惜别图",三是背面的"久别重逢图"。只有读懂这三个画面及广彩瓷的背景知识,观众才能更好地把握展览的核心。

(一)关于广彩瓷

明朝及清中期前的欧洲(约1500-1800年),各国战乱频仍,而当时的中国却是欧洲人心中"国土广阔、城市繁荣、物产丰富,盛产大量的丝绸,使用神奇的纸币,到处都是堕落又善良的偶像教徒"[2]的伟大国度,西人对中国充满了美好的想象,对运至欧洲的各式瓷器视若珍宝,并开始根据自身的需求订制更具自身特色的瓷器。为便海贸,瓷商把景德镇瓷胎运至广州,按西人要求加彩烧制,遂产生了以外销为

---

[1] 曹岳森:《从田野到博物馆——博物馆藏品信息链概念的提出与初步探讨》,《博物院》,2018(11),99页。
[2] 周宁:《天朝遥远:西方的中国形象研究》,13页,北京,北京大学出版社,2006。

主的"广彩瓷"①。一般认为,广彩瓷出现于康熙末年,成熟于乾隆后期及嘉道时期,咸同后国力日衰,社会动荡,加上欧瓷兴起②,广彩瓷逐渐没落。

(二)关于"1757"年款

广彩瓷以来样加工为始,又以外销为主,没有官窑烧制品,因此一般没有如官窑某某年制之类底款,带有年份的广彩瓷非常少见。广彩瓷断代除依靠对器型、胎、釉、画工风格进行判断外,只能结合西人有相对清晰记录的"纹章瓷"进行判断。因此,明确的"1757"年款,是大碗入选为展览第一件文物的根本原因。另外,1757年是乾隆二十二年,即清政府确定对西人"一口通商"的年份③,对中西贸易往来产生了深远影响。

(三)关于"送君惜别图"

学界认为:"在近代摄影术发明以前,绘画可形象传留历史的过迹,非任何文字史乘所能替代。"④可见,对图案纹饰的分析,对证史有一定帮助。但在严禁华洋接触,尚未"开眼看世界"的清代,早期中国画工对西洋人物、景象的了解多出自西式图画或定制商的简单转述,因而不够精确。亦因此,在重构1757广彩大碗图案知识点时,困难重重。广彩瓷虽属"来样订制",其中图案的特征有迹可循,但由于画工水平参差有别,对解读图案造成了不少困难。

大碗正面的"送君惜别图",主要的知识点有三,一是船,二是旗帜,三是人物服饰。

---

① 刘子芬:《竹园陶说·广密附广彩》,《生活与博物丛书》,103页,上海,上海古籍出版社,1993。
② 简·迪维斯著,熊寥译:《欧洲瓷器史》,38页,杭州,浙江美术学院出版社,1991。"意大利美第奇家族在16世纪中后期起即开始仿制中国瓷器,但直到一百多年后的1708年,德国人伯特格尔才烧制出欧洲第一批真正的硬质瓷。"
③ 《清实录》卷五五〇,北京,中华书局,2012。乾隆二十二年十一月戊戌条:"将来只许在广东收泊交易,不得再赴宁波。如或再来,必令原船返棹至广,不准入浙江海口,预令粤关传谕该商等知悉。"
④ 戴逸:《大英图书馆藏 中国外销画精华·序》,载王次澄等编著《大英图书馆特藏·中国清代外销画精华》,1页,广州,广东人民出版社,2011。

1. 船

从图5看,这艘船画得实在不像船,倒像一条圆木,但船上的桅杆和帆却很清晰。这跟当时油画中的洋船相似(图6、图7)。船上有四桅,分别是主桅、前桅和后桅,在船头还有一道斜桅,船头和船尾挂红旗,船舷有两层炮眼。船头略呈尖形,船艉是明显的圆形。这个特征与欧洲15世纪出现的克拉克帆船的船艉较接近。但从该碗的定制时间1757年看,其时的主流船型是方艉的盖伦船。这是绘画的问题还是船型的问题,有待进一步分析。

图5 远航大船

图6 瑞典商船"尤妮卡·奥利奥诺拉王后号"
1748年12月,瑞典商船"尤妮卡·奥利奥诺拉王后号"在前往中国的途中,经过哥德堡市郊的维加岛。其船艉近似圆形。莫伦船长画于《1748—1750年的航海日志》中。原图藏于瑞典斯德哥尔摩市伯纳多德图书馆

图7 瑞典东印度公司商船返航图
一艘满载货物的瑞典东印度公司商船正在珠江上驶向虎门和南海,漫漫归途才刚刚开始。中国油画,1780年

2. 旗帜

与大碗上蓝底红十字红旗最接近的是英国红船旗（图8）。英国红船旗是17世纪英国皇家海军的船旗，1674年查理二世确定红船旗为英国商船旗。1864年前，英国海军也把红船旗用作未编入舰队的军舰船旗。英国的红船旗是红底，左上角上绘英国国旗。

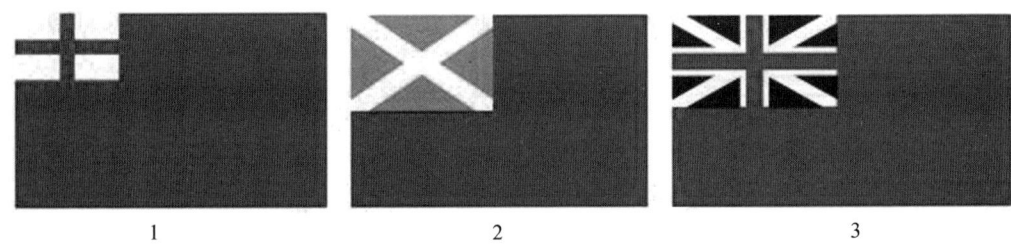

图8　英国红船旗

1. 17世纪初使用；2. 苏格兰皇家海军在1707年合并前使用；3. 1707-1801年使用

此外，英国东印度公司的旗帜与之也较接近①。受英国国旗演变的影响，英国东印度公司旗帜演变如图9所示。

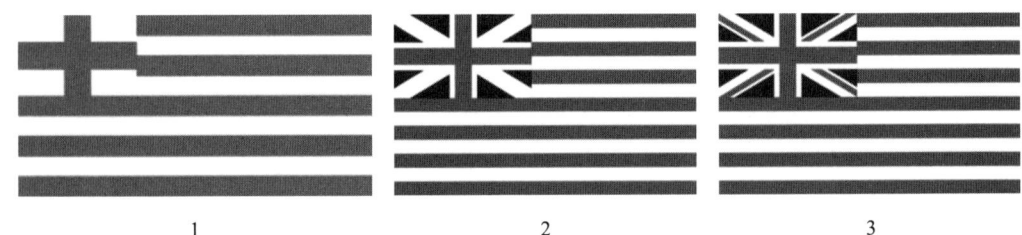

图9　英国东印度公司旗帜

1. 1600-1707年使用；2. 1707-1808年使用；3. 1801-1874年使用

但以上旗帜原与大碗船旗均不一致，是画师画错了吗？照理说，作为标志的旗帜是不应该出错的，历史上是否确有这样的旗帜？还待进一步研究。

---

① 〔英〕A.兹纳梅沃斯基著；俞蘅译：《旗帜插图百科》，107页，汕头，汕头大学出版社，2009。英国国旗的变化与英国的国土扩张有密切关系。英国国旗最早是米字旗，1606年英格兰和苏格兰统一后，使用红十字（圣乔治十字）与白"X"形十字（圣安德鲁十字）相结合的旗帜。

此外，船旗的挂法也有一套复杂安排，一般国旗挂在船头二桅，进不同港口时，船尾挂相应的港口旗，由此形成了一套旗帜系统。船头和船尾都挂同一面旗子的情况，应该是不可能出现的。但关于旗帜的通行挂法及其含义，一般认为在18世纪末才逐步开始统一。是不是可以认为1757年前没有通行的旗帜挂法？船头尾均挂同一旗帜的做法也是现实存在的呢？这有待进一步研究。

3. 人物服饰

从大碗的图案看，这二人穿的都不是贵族服饰。男子的服饰更接近当时商人的服饰，女子的服饰则最接近女式日常服饰（图10）。

18世纪英国的男装以新三件套即背心、半截裤和外套为主（图11），不仅注重大衣领口的舒适感，而且开始注意半截裤的尺寸大小和合身程度。在裤子靠近膝盖处，用一排纽扣将缝孔扣紧，上衣的袖口变窄，两侧头发梳到脑后，用黑色发带或螺旋形缎带套固定。这种发型比起披肩长发来，让人更显干练。男鞋则采用织锦缎面料，用小金属片装饰，刺绣、方头，奢华而时髦。

图10　人物服饰

图11　史贝霖绘《广州的欧洲商人肖像》
（18世纪晚期）

图12 让·艾狄安娜·利奥塔尔绘
《端巧克力的女孩》（1744-1745年）

18世纪初的英国贵族女装依然奢华，内有裙撑的连身裙有宽大的皱褶、纤细的腰身和肥硕的裙裾，袖口制作得精致而复杂，并有饰边。而劳动阶层的女性服饰较为简单（图12）。有研究认为，劳动阶层的女性会将平时劳动穿的服饰和在节日或特殊场合穿戴的时尚服饰区分开来，购买一些"奢侈的时尚服饰"[①]。

比较图10、图11、图12，我们会发现另一个比较有趣的现象：中国画工绘画的西人形象多没有西人"方脸钩鼻"的特征，反而中国北人的"马脸圆鼻"特征更明显。由此可见乾隆早期囿于"华夷之限"，广彩画工对西人确实了解有限。

4. 大碗背面的"金币"

图13描绘的是商人返航后，给"爱人"的收获——"金币"。为什么是金币？除了金币比银币价值更高，更彰显贸易的利润外，也不排除与当时的汇率、提炼技术等因素有关的可能。

美洲白银的大量输入，使欧洲银价相对较低[②]，即相同的白银在欧洲可换到的黄金较少。

图13 大碗背面的金币图

[①] 王洪斌：《18世纪英国服饰消费与社会变迁》，载《世界历史》，2016（6）。
[②] 郑如霖：《浅析欧洲价格革命产生的原因》，载《海朝大学学报》(社会科学版），1987（2），71页。

不同国家之间情况各有不同，英国的金价又比欧洲大陆更高一点①。因此，大量黄金直接或间接被运往英国。中国由于缺少银矿，且自张居正改一条鞭法后，以银为国家税收法定货币②，银价一直较高，即用相同的白银，在中国可以换到更多黄金。从钱江整理的1534—1800年的金银比价表（表2）③可以略窥一二。

表2　1534—1800年金银比价表

年代	中国	日本	印度	英国	西班牙
1534	1∶6.363	—	—	1∶11.50	1∶12
1568	1∶6.00	—	—	1∶11.50	1∶12.12
1571	—	1∶7.37	—	1∶11.50	1∶12.12
1572	1∶8.00	—	—	1∶11.50	1∶12.12
1575	—	1∶10.34	—	1∶11.50	1∶12.12
1580	1∶5.50	—	—	1∶11.70	1∶12.12
1588	—	1∶9.15	—	1∶11.70	1∶12.12
1589	—	1∶11.06	—	1∶11.70	1∶12.12
1592	1∶5.50—7.00	1∶10.00	1∶9.00	1∶11.80	1∶12.12
1596	1∶7.50	—	—	1∶11.90	1∶12.12
1604	1∶6.60—7.00	1∶10.99	—	1∶11.90	1∶12.12
1609	—	1∶12.19	—	1∶12.00	1∶13.13
1615	—	1∶11.38	—	1∶12.00	1∶13.13
1620	1∶8.00	1∶13.05	—	1∶12.50	1∶13.13
1622	1∶8.00	1∶14.00	—	1∶12.50	1∶13.13
1635	1∶10.00	—	—	1∶13.00	1∶13.13
1637—1640	1∶13.00	—	—	1∶13.50	1∶13.13—15.45
1660—1669	1∶10.00以上	—	1∶16.16	1∶14.50	—

---

① 陈梁：《论近代英国金本位制度的形成》，35页，山东大学硕士学位论文，2014。"1717年——在西班牙和葡萄牙一个几尼定价为20先令9便士，法国为20先令8.5便士。英格兰21先令6便士的价格至少高出了10便士或12便士。"
② 陈昆：《明朝中后期世界白银为何大量流入中国》，http://economy.guoxue.com/?p=7414，撷取时间2021-1-12。
③ 钱江：《十六—十八世纪国际间白银流动及其输入中国之考察》，载《南洋问题研究》，1988（2），81-91页。

续表

年代	中国	日本	印度	英国	西班牙
1671	1∶10.00以上	—	1∶16.025	1∶15.19	—
1675	1∶10.00以上	—	1∶17.224	1∶15.557	—
1677	1∶9.00	—	1∶14.131	1∶15.36	—
1700	1∶10.00以上	—	1∶14.46	1∶14.674	—
1709	1∶10.00以上	—	1∶15.157	1∶14.617	—
1714	1∶10.00以上	—	1∶13.184	1∶15.15	—
1719	1∶10.00以上	—	1∶12.759	1∶15.40	—
1721—1730	1∶10.50	—	—	1∶15.50	—
1731—1740	1∶10.90	—	—	1∶15.10	—
1741—1750	1∶10.77—12.5	—	—	1∶14.93	—

了解到中国对白银的需求，西人向中国源源输入大量白银[1]，并从中国兑换黄金返欧获利[2]。因此，图案上显示为金币，是符合时代特征的。

三、有针对性的释展系统构建

以上是关于大碗的部分史料信息，显然，非专业观众不可能通过在展柜边上观看大碗的短短几分钟，就能够吸收上述相关图文信息，这需要构建有针对性的释展系统。为此，馆方从展览环境组合、展览辅助系统、讲解员的介绍等方面进行了大碗的释展系统构建。

（一）展览环境组合

如前文，为解决"让观众短时间内记住什么是十三行"的问题，馆方选了1757大碗作为第一件展示的文物。大碗处于展厅中心（图14），其展览空间是半开放的（图15），

---

[1] 韩琦：《美洲白银与早期中国经济的发展》，载《历史教学问题》，2005（2），20页。"在1500-1800年期间……中国（收到）……总计5.1万至7.7万吨白银。"
[2] 马士著，区宗华译，章文钦校注：《东印度公司对华贸易编年史》卷一，118-119页，广州，广东人民出版社，2016。"所有东方人按金银的比率依次减少……金的成色愈低愈有利……"

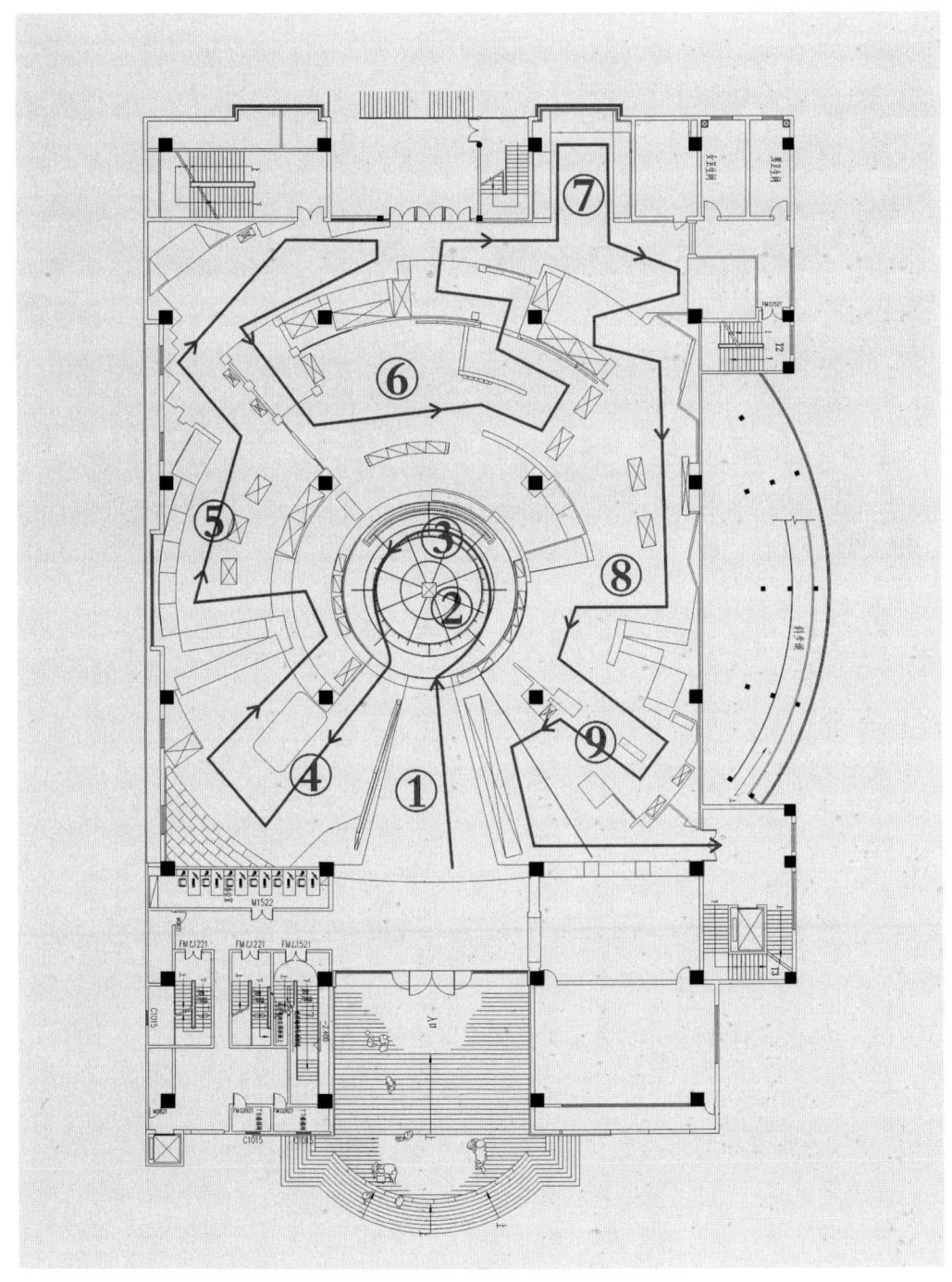

图14 展线图

展厅面积约1600平方米,展线长约300米

图15 大碗所在展示空间

通过栏杆与周边区域稍加划分,以便把大碗的相关知识点与展览中的具体展品呼应起来。

如图14所示,①号位置,展示展览序言、航线图及船模;②号位置是大碗所在的空间,其上空是一幅环形壁画;③号位置是一堵透明的玻璃背景墙,墙上展示着乾隆"一口通商"的上谕复制件;④号位置介绍的是十三行的历史来由,即唐、宋、明的海贸情况以及康熙开海的决策过程;⑤号位置用LED屏介绍乾隆时商馆区的布局;⑥号位置介绍站在甲板,看到商馆区的情况;⑦号位置是瓷器店场景;⑧号位置是洋船货仓内部场景;⑨号位置是商馆区遗址现今的情况。

以大碗为中心,"以点带面"及相对开放的空间布局,让观众对展览有一个初步的认识,引起参观兴趣。

在展示氛围烘托上,馆方利用展厅原有的圆形穹顶,以三幅乾隆时期外销画为基础,创作了"十三行商馆图",再现当年西人来穗,沿江所见的商馆区盛况。通过这个壁画,观众能够对十三行商馆区有一个直观的认识,并为后续④、⑤号位置展示的商馆区沙盘及1760年十三行商馆区长卷埋下伏笔，同时烘托出大碗的贸易背景。

同时，馆方把乾隆廿二年"一口通商"的上谕刻印在玻璃背景墙上，以便有兴趣的观众可以了解全文及实施"一口通商"的背景。

（二）展览辅助系统

当代展览以突出展品为主，因此说明牌都做得比较纤小。1757大碗的说明内容："广彩洋人远航图大碗，清·乾隆（1736-1795），该碗是外国商船抵达广州专门订制的纪念品，大碗中心有'亲爱的伊丽莎白'和'1757'航海年号标识。叶国富先生捐赠（附英文翻译）。"此说明仅把大碗关键的文物信息表述了出来，绝大部分相关信息则流失于字外。为弥补信息缺失，馆方构建了大碗的知识系统，并借助辅助展览系统加以再现，这套系统包括智能语音导览系统、增强现实（AR）系统、无线网络（Wi-Fi）支持系统、小型阅览室等。

智能语音导览系统提供了中英粤三种语言及不同风格的语音，观众可通过微信扫码收听、收看展品的讲解内容。针对不同年龄段观众的差异化需求，系统还配套了机械式讲解机、机器人导览等方式供观众选择。参考约230字/分钟的普通交谈语速，及我们测量普通游客在感兴趣文物前一分钟左右的平均停留时间，馆方拟制的语音文本每段长200字左右，英文翻译也控制在相近字数范围内。

大碗的展示是静态的，碗足及底部不易观察，为此，馆方制作了AR展示系统，以现实增强手段呈现大碗的高清扫描图，方便观众360度全方位观赏文物。

这些展览手段都需要使用互联网，馆方为此建设了馆内无线网络支持系统。现场测定，博物馆外墙无线信号衰减为10-20个DBI，电梯井的衰减为20-30DBI，玻璃门窗为3-5个DBI。据此结果，我们在一楼布设了10个无线接入点，二楼布设了8个无线接入点。按每个无线接入点最多可同时在线容纳60个终端，根据

170—680人的瞬时峰值测算①，结合实际约1500人的日接待峰值，以上布置可以满足使用需求（实际操作中，目前没有达到瞬时峰值的情况）。

考虑到博物馆位于市区中心公园，为避免长时间蹭网行为，馆方在测量信号衰减的基础上，靠近地面的二楼展厅采用了螺旋向心形AP线路布局（图16），使无线网络信号尽可能集中在展厅区域。三楼展厅则考虑到展厅内空旷及天花吊顶布局的实际，沿天花内侧进行了回字形布局（图17）。由于三楼展厅远离地面，加上外墙对无线网络信号的衰减作用，这个布局是在实际场地情况下的较优方案。

为更好满足游客的网络体验感，并尽可能抑制无效上网需求，馆方制定了相关细则：（1）实行实名制上网，后台记录登录者的身份信息；（2）针对一般游客、工

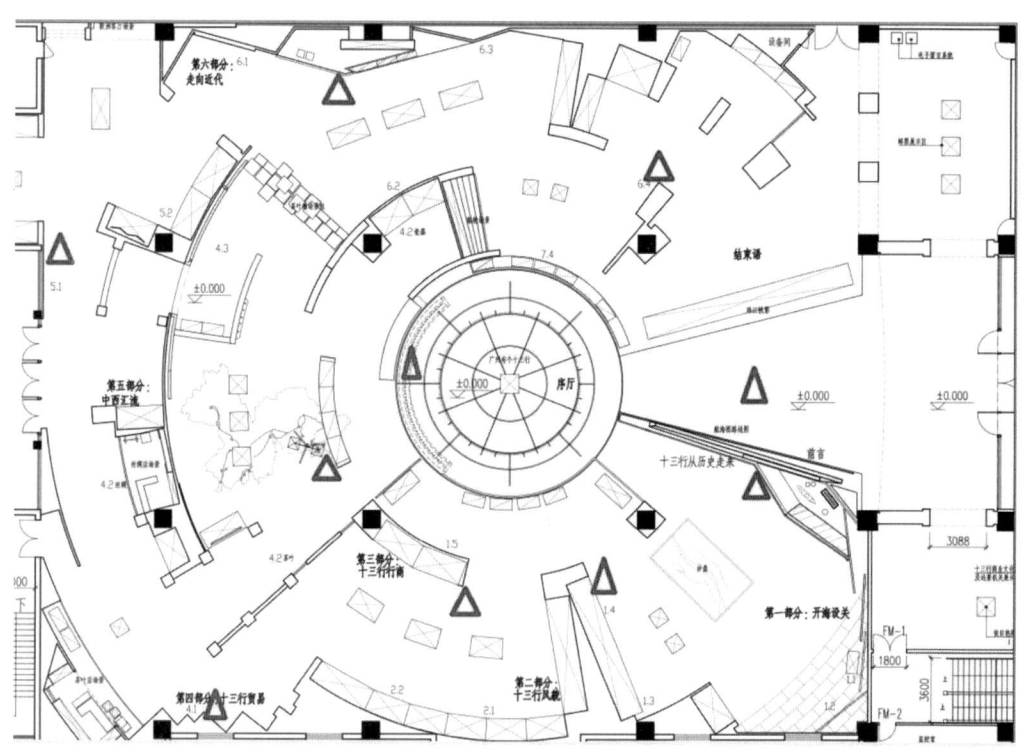

图16　二楼展厅无线网络布线图

---

① 据国家旅游局颁布的《景区最大承载量核定导则》（LB/T 034-2014），参考秦始皇帝陵博物院2.5-10平方米/人的标准。

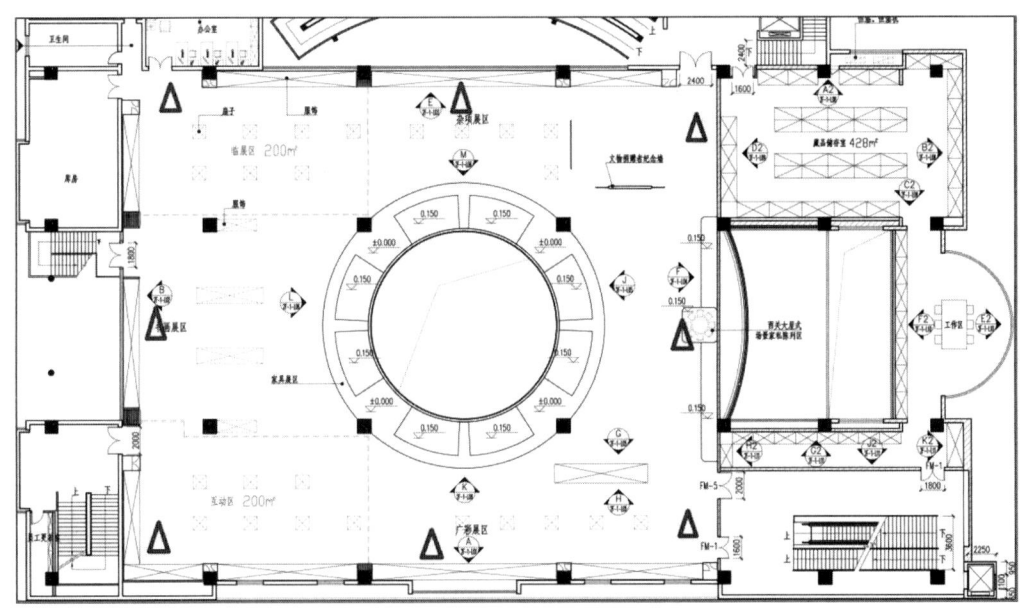

图17 三楼展厅无线网络布局图

作人员、网络管理人员等设置了不同的权限；(3)结合馆内最佳游览时间约2小时的实际，对游客上网的登录时间进行限制，连续上网超过2小时的，终端会自动断开连接，30分钟后才能重新连接；(4)如有特殊需求的游客，可以向服务台提出申请，经网管批准后可以恢复在线；(5)针对外网制定了禁止访问名单（如购物网站、小说浏览网站、影视网站等），并限制大流量下载行为，力图在现有技术及网速条件下，满足游客的访问需求。

此外，针对要了解更多背景资料的专业观众需求，馆方还设置了小型资料室，以便他们进一步查阅相关信息。

（三）发挥讲解员的能动性

参观博物馆，表面上是观众来看文物，是人与物的交流，其本质却依然是"人与人"的交流，是观众与策展人、与文物制作者、保存者的交流，要全面系统了解文物信息，离不开讲解员的释展作用。

如前文所述，与大碗相关的知识点很多，但并不是每个观众都有兴趣、有耐性去了解所有的内容。既然不可能把知识全部输出，就需要讲解员发挥主观能动性，"因人施讲"，选取合适的角度进行介绍。本文认为，讲解员是重要的"释展人"。

四、关于"知识再构建"的思考

在即将成文时，笔者忽然发现，其实要构建的展示内容还可以有很多，如关于广彩的颜料、釉料、形制、画工风格、断代特征等；关于中国古代造船及与之相关的船政，关于西方船舶的史料与论述；关于明清时期外国货币的流入流出，关于白银在世界范围内的货币化及退出货币流通的影响等。笔者所列，实不及九牛一毛。在有限的策展布展时间内，在纷繁复杂的史料里构建出完整、全景的藏品资料库，几乎是不可能的任务。因此，对展览而言，其阐释系统的开放性，同样重要，这更有助于新知识的产生与累积。或许，这才是展览知识系统构建的根本目的所在。

此外，不论是展览手法，还是展品本身，都需服从策展目的和展览定位，当然也无可避免地受到策展作为一项"工程"所受的场地、工期、技术、预算等的限制。因此在展品释展系统构建时，还要针对上述相关因素进行取舍，这样构建出来的系统可能才更有操作性和实现性。

历史、认同与博物馆

移民、族群与国家：新加坡华人主题博物馆的建构与想象*

关昕**

在新兴国家中，艺术、博物馆、文化遗产常常成为表述与建构民族文化、凝聚与塑造国家认同的渠道。本尼迪克特·安德森指出，在殖民语境下的人口调查、地图和博物馆一起深刻地形塑了殖民地政府想象其领地的方式并为后殖民国家所继承①。在东南亚民族国家语境下，这些想象共同体的方式被不同程度地继承与改造。新加坡独立以来，承袭了英殖民时期的民族结构，将各民族划分为华族、马来族、印度族、其他族四大类，透过文化政策和制度设计来塑造新加坡的国族意象，建立基于多元文化主义上新加坡人的国族认同。在新加坡民族国家建构的过程中，博物馆作为一种重要的阐释与沟通媒介，通过收藏与展示连结过去与现在，形塑各族群的自我想象，呼应了国家政治以至文化的认同议题。在相关研究方面，朱纪蓉论述了新加坡博物馆开埠至今在强化国家意识、建构族群认同、促进经济发展等方面的

---

* 本文原刊于《民族艺术》2019年第2期。
** 关昕，中国社会科学院中国历史研究院副研究馆员。
① 〔美〕本尼迪克特·安德森著，吴叡人译：《想象的共同体：民族主义的起源与散布》，187-215页，上海，上海人民出版社，2003。

角色、地位与发展历程①。郑智殷则通过格尔茨的剧场国家理论，分析了新加坡政府建构出"全面防卫"概念的宇宙观，并且透过缜密的文化政策的制定、博物馆与庆典的文化技术的操作与展演，使人民在宇宙观的反复内卷中接受、复制，进而达到国家治理的目的②。个案研究方面，也有一些学者分别针对新加坡国家博物馆、牛车水原貌馆、土生文化馆、莱佛士酒店博物馆、茶阳（大埔）会馆文物馆等案例，展现了博物馆与国家文化政策、族群观点之间的相互调适与互动③。

本文拟在上述研究的基础上，将视角聚焦于新加坡博物馆对华人族群意识的阐释方式上。作为占新加坡总人口 70% 以上的族群，华人在新加坡从殖民地时代到独立建国以来的社会发展变迁中扮演着举足轻重的角色。既往关于新加坡华人族群的研究通过对新加坡华人社会政治、经济、文化、社会组织等层面的分析，既展现出华人原有文化传统所蕴含的动力，也阐释了新加坡华人主体性在当地社会特殊的多元种族文化及政治环境的变迁下所发生的嬗变与转型过程，凸显了族群与国民认同之间的巨大张力④。博物馆作为一个意义生产的空间，其搜藏、展示与诠释的过程，也涉及文化价值与社会关系的再创造。从博物馆展示的视野而论，族群意识不仅是根本赋予的（primordial），也具有工具建构（instrumental）的本质⑤。亨里埃塔·利

---

① 朱纪蓉：《新加坡博物馆发展研究》，载《中国博物馆》，2016（1）。
② 郑智殷：《完美演出！？——从剧场国家理论探讨"全面防卫"概念下的新加坡文化政策》，台湾清华大学硕士学位论文，2010。
③ 陈丽郁：《博物馆展示的历史观——以新加坡国家博物馆历史展厅为例》，台北艺术大学博物馆研究所硕士学位论文，2012；张释：《地方博物馆对国家认同的形塑——以新加坡牛车水华人原貌馆为例》，载《博物馆学季刊》，2017，31（4）；陈威廷：《博物馆展示中的族群意识观——以新加坡土生文化馆为例》，台北艺术大学硕士学位论文，2014；阿噶佐诗：《从地方到民族国家——以新加坡为个案》，中央民族大学博士学位论文，2007；陈雪薇：《新加坡大埔客视觉化认同表述：一个比较分析的视野》，载《全球客家研究》，2016（7）。
④ 相关研究参见，汪鲸：《适彼乐土：历史人类学视野下的新加坡华人族群》，广州，广东人民出版社，2013；曾少聪：《漂泊与根植：当代东南亚华人族群关系研究》，北京，中国社会科学出版社，2004；刘宏：《战后新加坡华人社会的嬗变：本土情怀·区域网络·全球视野》，厦门，厦门大学出版社，2003；曾玲：《越洋再建家园：新加坡华人社会》，南昌，江西高校出版社，2003；李威宜：《新加坡华人游移变异的我群观》，台北，唐山出版社，1999；崔贵强：《新马华人国家认同的转向：1945-1959》，厦门，厦门大学出版社，1989。
⑤ 王嵩山：《博物馆与文化》，23页，台北，远流出版公司，2012。

奇将博物馆的研究分为关于博物馆展览内在意义表达与生产实践的"诗学"和关注博物馆在社会知识与权力生产中地位与作用的"政治学"两个维度①。笔者于2018年6月对新加坡的华人主题博物馆进行了考察，本文拟结合现场考察、历史文献和展览文本，以新加坡牛车水原貌馆、土生文化馆、华裔馆三座具有不同的历史发展背景和主题内容的展馆为例，从展览的诗学与政治学的视角，分析展览意义的生产和作为机构的权力知识关系，讨论三座博物馆"再现"华人社群社会文化的策略，以及在凸显族群意识观、形塑国家边界、展现族群与国家互动等方面的不同视角及多元表征。

一、移民与劳工——牛车水原貌馆

作为一座华人移民史博物馆，牛车水原貌馆主要展示牛车水这座街区华人移民的历史与文化。馆舍所在地牛车水（Chinatown）原是新加坡殖民政府规划的早期华人社群聚居之地。此地的中国移民主要是来自闽南、广府、潮州、海南等地区的劳工群体。牛车水曾因拥挤脏乱、犯罪盛行，背上了新加坡"黑洞"和"东方芝加哥"的不雅称号。20世纪末新加坡政府将族群文化与遗产视为能推动文化旅游的重要资源，市区重建局（Urban Redevelopment Authority）对牛车水、甘榜格南（Kampong Glam）、小印度（Little India）等具有东方意象的前殖民建筑遗址进行文化保存和观光设计，1998年开始以宝塔街46至50号3栋店屋为基址建立展馆，并在2016年经全面翻修和改陈后重新向公众开放。

改陈后的原貌馆共分情景复原和展厅两大类展示空间。通过店屋"剧场式"的场景，"重现"个体移民者的具象经验，再借由秩序性的展厅空间形态，引领观众进入更具群体表征的移民史和习俗呈现。场景复原部分保留了店屋原本的隔间与使用模式，并选取了20世纪50年代具有代表性的街区移民职业群体如人力车夫、红

---

① 〔英〕亨里埃塔·利奇：《他种文化展览中的诗学与政治学》，载〔英〕斯图尔特·霍尔编，徐亮等译《表征：文化表征与意指实践》，219-330页，北京，商务印书馆，2003。

头巾、妈姐等①，在每一个隔间内重建其个人或家庭的生活场景（图1）。游客观览中必备的道具是影音导览器，脚本内容以"第二人称"称呼观众，仿佛"广播剧"讲故事，以场景内具体物件的解读为媒介，串联起隔房的生活百态，使观众身临其境地感受到窘迫的生活空间内这些底层小人物的生命脉动，在拥挤、嘈杂与脏乱中亦可体会其时生活艰辛之上的温情与拼搏精神，通过体验的共感形成包容性的理解。

展厅部分则将观众从细碎的个体经验拉入相对宏大的历史叙事（图2）。按照历时性的线索，先从中国移民背井离乡来到新加坡的历程讲起，叙述牛车水形成之脉络，而后展览转入了对昔日牛车水诸种生活面貌的横向铺陈，但并不回避这个移民社会存在的种种负面问题，介绍了"猪仔"、鸦片、私会党、赌博、娼妓等社会恶习，同时也呈现了牛车水华人在会馆、教育等乡党社群建设的努力以及通过辛勤劳动所换来的牛车水的商业繁荣和娱乐生活的多彩，展示中也不乏对移民贫困交加命运之悲情陈述（图3）。展陈内容最终以当代为落脚点，通过"变迁中的牛车水"体现社区风貌之进步以及牛车水移民后代的奋发努力，颂扬了牛车水精神的薪火相传（图4）。

在文化旅游视域下的牛车水保存计划，令这个曾是都市计划教科书中典型的都

图1　原貌馆里复原的人力车夫生活隔间　　　图2　原貌馆展厅内陈设的华人下南洋时带的豆腐乳等用品模型

---

① 红头巾是新加坡对从事建筑粗工来自广东三水的妇女特有的称谓。妈姐，源于广东顺德的家乡话，指的是梳起头终身不嫁当家庭帮佣的"自梳女"。

图3　原貌馆对华人劳工历史的图文场景展示　　图4　原貌馆对当代牛车水年轻人传承社区精神的介绍

市之瘤的案例，一跃成为"充满着早期移民新加坡的先民与先贤的精神，并且得以展示新加坡传统文化的场域"，而拥挤、脏乱的街屋则成为"合于人的尺度、节奏，拥有现代建筑所没有的迷人特色"的建筑，可以提供在地人与游客不同的文化体验，并且缅怀消失的过去①。在观光化社区发展脉络下，博物馆的塑造亦纳入文化地景的再造环节，原貌馆的展览叙事在展现牛车水蜕变历程的同时，将关注重心转向移民群体的生命史，落脚于热情执着、坚韧不拔等社区精神的承续与弘扬，从而建构了正向积极的牛车水"文化基因"。

二、"Peranakans"的概念与精神——土生文化馆

2008年，新加坡政府整修位于亚美尼亚街的亚洲文明博物馆原馆址成立土生文化馆（Peranakan Museum）。"Peranakans"源自马来语，用来形容外来移民与当地女子所生的后代。土生文化作为东南亚地区混合文化（hybrid culture）的社群，又因父系族裔的不同，分成各自的社群，如峇峇与娘惹（土生华人）②、"Jawi Peranakans

---

① 郑智殷：《完美演出！？——从剧场国家理论探讨"全面防卫"概念下的新加坡文化政策》，95页，台湾清华大学硕士学位论文，2010。
② "土生华人"为早期东南亚华人移民与当地人通婚后所生的后代，与19世纪中叶以来中国的华人新移民相比，属于"旧客"。

(印度穆斯林后裔)"、"ChittyMelaka（兴都教商人后裔）"等。虽然土生文化馆的目标在于搜藏与保存、展示与推广整体东南亚"Peranakans"的文化遗产与传统生活，但由于目前馆藏是以原海峡殖民地区域①的土生华人物品为大宗，因此目前土生文化馆主要展示的也是该地区土生华人独特的社会文化。

土生文化馆共分为三层，十个展厅。一层为"源流"厅，二、三楼的展厅则是土生华人物质文化的分类展陈。"源流厅"虽空间不大，却有着整馆提纲挈领的"序厅"的意义，其主题在于界定"Peranakan"的概念，反映了当代土生文化被放置在什么样的文化脉络和认知维度中被理解。环绕展厅的众多"Peranakans"的一张张个人肖像归属于不同血统的祖先结合的族群，在新旧照片的拼接下映照出"Peranakans"的过去与现在（图5）。照片上标注了每个人对于其所属土生群体的认知，比如土生华人Pearlynchua说："作为一个peranakan，是我的世界——食物、kebayas（烤肉串）、语言和习惯——你不能真的将这些与我是谁分离开。"土生印度人后裔Tanya Nair说："当我去印度的时候，他们告诉我，你有一个印度名字，你是我们中的一员吗？你属于我们。这是一个多美妙的事情！"土生华人Edwin Cho则说："我们能够用某种方式认出彼此……因为我们说话的方式和我们的身体语言。"通过每一位照片人物看待自身多样化而又没有唯一答案的说法，展览并没有试图对"Peranakan"群体做具体而明确的文化特征的释读，而通过这种开放而又灵活的个体表达展现了"Peranakan"族群在主观认知上的相对性与多元性。

图5 土生文化馆源流厅"Peranakans"群像展示

---

① 海峡殖民地是英国在1826-1946年间对位于马来半岛的新加坡、槟城和马六甲三个英属港口和马来群岛各殖民地的管理建制。

二层至三层的专题展厅则从物质文化的视角分别由婚礼、娘惹生活与成长岁月、宗教、公共生活、饮食与盛宴等不同主题力图再现土生华人文化（图6）。展览形式主要以展柜文物加说明牌为主，或依传统家屋形式陈设祭祀台、客厅、厨房等环境陈设物品（图7）。苏珊·皮尔斯（Susan M. Pearce）把物品（objects）的诠释分为物质器物（material arti-facts）、符号和象征物（signs and symbols）、"意义（meaning）"三种分析维度[①]。展览不仅着重于器物本身的描述与功能解释，表现土生华人精致、美丽与特殊的物质技术工法，亦试图展现物质对象背后所隐含的知识象征体系及与社会文化生活的关系。展览文字阐释中常聚焦物质文化基于生活仪式的意义。比如在展览关于"婚礼"的五个展厅中，即按照传统土生华人婚礼的12天仪程依次展示，并提炼出梳头器具、槟榔盒等在仪式中具有象征意味的标志性物品进行详细解读。在一些展品说明文字中也叙述了多元文化交融的社会情境与土生华人物品特征的关联性，例如一些婚礼银器由远在中国的银匠制作，器型上却类似于印度伊斯兰教的器皿，外观纹饰采用马来文化的凸饰纹工法，内容则选择了华人文化中凤凰、麒麟、佛道教符号等代表吉祥的象征图案。一些婚庆家具和设计样式则受到欧洲文化影响。从众多展品所呈现的功能、象征与意义的表述中，观众可以探知土生华人

图6　土生文化馆绚丽的珠绣刺绣婚庆装饰品

图7　土生文化馆对土生华人长桌宴习俗的复原展示

---

① Susan M Pearce. On Collecting: An Investigation into Collecting in the Europe Tradition. London: Routledge, 1995.

在神灵信仰、祖先崇拜、生命礼俗等方面既与传统华人拥有共通的风俗习惯，同时在一些生活方式上受到东南亚文化及西方文化影响，从而具有文化混合性。

有研究者指出，第一展厅在讲"Peranakans"起源与历史时没有讲述其历史上的文化混合与转变的过程而直接跳入物质文化，会让人不太了解这个文化的真正意涵。据笔者现场考察，由于第一展厅的展示手法过于简略而族群概念释义又走入了主观化的相对维度，与二、三楼展厅庞大而细琐的物质习俗叙事在事实上产生了反差与隔阂。展览文字表述中虽然不厌其烦地描述物件与相关仪式的细节与意涵，但也恰恰由于在习俗形态上土生华人与中国文化主体的密切关联，观众在观展过程中难免会因局部物质形态的相似性而容易陷入"这不就是华人文化？"的误解中。土生华人物质文化在习俗维度的集中呈现，也使观众很容易将土生华人物质文化的华丽与讲究的原因导向为一种文化交流意义上的创造，从而对其族群的理解走入扁平化。

土生华人文化特点的形成与其深深嵌入新加坡社会历史发展历程息息相关。19世纪初，属于早期移民的土生华人因对当地社会文化的了解和贸易网络的先入优势，受英语教育与峇峇马来语的使用，与英国殖民政府建立了良好的关系，拥有较高的政治经济地位[1]。随着19世纪中叶以来更多中国移民的到来以及在经济上的崛起，为了维护自身的政治利益与商贸资源，"新""旧"华人移民之间进行了有意识的区隔和划分，逐渐形成了"土生华人社群"。这种族群的形成是由新加坡内部华人群体在政治经济领域上的竞争所带来的主观区辨。高价值、高工艺的技术与绚丽华贵的器物是土生华人群体凸显自身独特性及其社会影响力的一种方式。比如，在展览中占据重要内容的婚礼，金碧辉煌、琳琅满目的嫁妆礼品及烦琐的仪式礼节，充分展现了一个家族的财富与势力。也就是说，土生华人在公众场合经由展示自己的财力来获得其所欲得到的社经地位与权力[2]。此种透过炫富来响应中国新移民挑战的行

---

[1] Png Poh-seng. The Straits Chinese in Singapore: A Case of Local Identity and Socio-Cultural Accommodation. Journal of Southeast Asian History, 1969, 10 (1), pp. 95-114.

[2] Edmond Chin. Gilding the Phoenix: The Straits Chinese and their Jewellery. Singapore: The National Museum, 1991, p. 24.

为，也受到了东南亚通过物质彰显身份地位的文化特点的影响。

展览将视角局限在习俗的呈现，而并非从政治经济维度对这种习俗模式进行诠释。展厅中的"公共生活"单元是展馆中唯一的在习俗内容之外，对土生华人19世纪上半叶以来在慈善事业、社会改革、国家建设中的角色和作用的展示，亦不回避其族群在殖民时期与英国统治者的亲密关系（图8）。但展览文本的诠释并没有试图将庞大的物质文化展示体系与这种政治文化建构相关联，从而仅仅使"公共生活"单元的展示客观呈现为与其余展厅所体现的家庭生活相平行并置的主题，共同服从于一种风格

图8 土生文化馆"公共生活"单元展示土生华人与英国殖民者的关系

上的怀旧与精英主义的展示手法，打造了19世纪至20世纪初凝固而华丽的族群意象。在这种展示脉络下，宗教与风俗依然成为族群文化区分的主要标识，从而限制了观众对于土生华人文化的纵深理解。

三、何谓华人——南洋理工大学华裔馆

华裔馆成立于1995年5月，坐落于前南洋大学行政楼[①]，集研究中心、博物馆和图书馆于一体。华裔馆于2011年并入南洋理工大学，成为南大的一个自治及自给自立的机构，其运作基金主要依靠个人和社会团体的慷慨捐赠以及政府一对一的匹

---

① 新加坡南洋大学由东南亚华人于1955年集资建立，是历史上第一所海外华人大学，旨在推广海外华文教育，1980年与新加坡国立大学合并，原校址设理工学院（后改为南洋理工大学）。

配资助。其建馆目标在于通过展览、图书馆服务、文献搜集、讲座研讨、学术出版等活动,"增进对散居世界各地的海外华人和华族社群的认知和了解"[①],立志成为世界一流的海外华人研究机构和资源中心。

华裔馆内设有两个常设展厅"何谓华人图片展(Chinese More Or Less: An Exhibition on Overseas Chinese Identity)"和"南洋大学图片展"。"何谓华人图片展"以七个陈列室的图片与文物,从"自我""其他华人""跨越华人""世界公民"四个主题出发,对"华人"在不同时代的定义进行探索和比照,并借此说明华人的身份认同日趋复杂,已不能被纯粹分类。

第一部分"自我",重点展示早期华人在照相馆拍的照片,由姿势、服饰、道具、环境的分析,说明在海外华人将自己呈现为手持书卷的中国士人、时髦装扮的西化绅士等不同视觉形象的背后,折射的是华人对于"什么是自己良好形象"的主体认知。展览的另一个空间则运用镜子的反射作用,借喻在西方的漫画和电影剧照里,华人被扭曲丑化的刻板形象(图9)。正是在"我观"和"他观"的反差对比中,华人在海外的尴尬与身份认同的复杂性问题得以被提出。

图9 "何谓华人图片展"利用镜子的反射反映西方对于华人的扭曲与刻板印象

第二部分"其他华人",讨论的是海外华人的身份认同问题。分为三个展区。第一个展区的展板文字中,数排并列的语句极为醒目——"华人、来自中国南方的华人、来自中国南方广东省的华人、来自中国南方广东省说粤语方言地区的华人、来自中国广东省说四邑方言的粤方言地区的华人,从这样的顺序,我们看到一个人的原籍如何从概括性的区域,追溯到特定的地区"。由此指出华人认同的第一个

---

① 华裔馆官网:http://chc.ntu.edu.sg/aboutUs/Pages/default.aspx,撷取时间 2018-6-25。

轴心——"地方性"。与此相对应，通过大量图片展示了海外华人建设祠堂、学校、会馆、公会、坟墓等具有乡民社群意识的组织活动，并通过书信、侨批、族谱等实物展现了其对于家乡的认同和文化传承。第二个展区"世代（Generation）"中，展览析分出了两个独立的空间分别对"世代"的不同含义进行解读。"世代"的含义之一是指世袭家族繁衍形成的后代。某一个华人可以是移居海外的第一代华人或其子女后嗣。展览中列举了世界各地具有华人血统的人，并以两个海外华人家庭为例展示了他们的照片和谱系，指出每一代华人对祖籍地的距离感不同。第一代移民一般会被认为比后代更"华人"，而对后几代人来说，"华人"所蕴含的文化内容会越来越少。如果是和华族以外的族群通婚所生下的后代，其华人的血缘剩下一半或四分之一或八分之一，"华人"的意义可能完全消失。"世代"的第二个含义是指以时间先后为序的移民潮，属于哪一批的移民或是在哪一个阶段离开中国，都会影响一个人对其华人身份的定义。展厅内两侧照片展墙泾渭分明，一侧展示着苦力移民潮的黑白照片，展墙上大字书写着检疫、移民、妈姐、过番、矿场、金山梦等关键词；另一侧则展示了海外留学潮的时代剪影，里面可见美国、法国、日本等世界各地留学生的旧影，其中不乏蔡元培、鲁迅、周恩来等中华英杰。相关的展览说明指出，一个华人是在什么阶段、什么年代离开中国，不但说明中国当时在世界的地位，还可以说明他出国的内在推动力和他目的地的外在吸引力。比较一下19世纪的苦力移民潮和20世纪初留学后移居海外的留学生潮，两者对中国的情感和对华人的形象，都有非常不同的认知。而他们到达移民地后给予当地社群的感觉也自然不同。第三个展区，以"响应中国民族主义的号召"为题，展示了20世纪初海外华人跨越了地方认同的局限，逐渐从对家乡宗族的归属感上，转移到由现代国家主义建构的全新、统一的华人身份。展览内容和形式设计的架构清晰地搭建了海外华人与中国命运的血脉相连的关系。一侧展墙展示了中国所经历的辛亥革命、五四运动、北伐、抗战等重大事件，另一侧展墙则相对应地显示了海外华人对这些事件的反应和发挥的作用。展厅内还通过新加坡的陈嘉庚、越南的叶传华与叶传英、马来亚的何永道这些支持抗战的海外华人典范的实物图片介绍，进一步传递了浓厚的国家认同

图10 "何谓华人图片展"用大面积的红色布景体现华人的民族主义

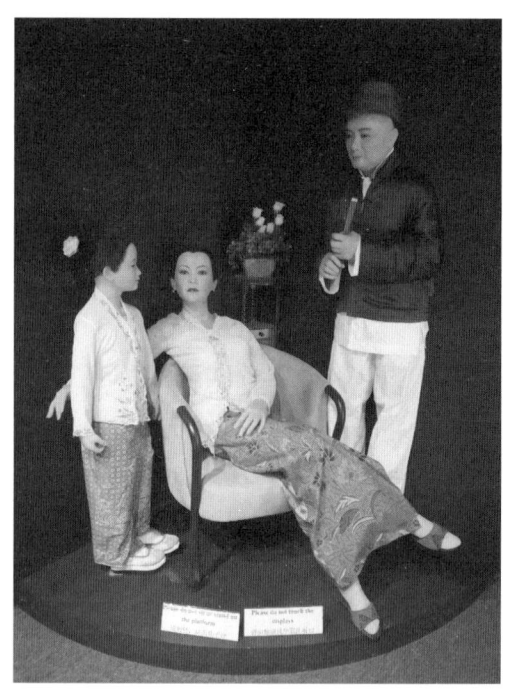

图11 "何谓华人图片展"第三部分用峇峇娘惹人物蜡像点题

意识（图10）。

第三部分"跨越华人"则将视角聚焦到华人与土著经历血缘和文化融合后形成的多元文化与身份的综合群体，如在新马的峇峇和娘惹，在荷属东印度（印尼）的土生华人，菲律宾的菲华混血儿。指出华人的身份认同多元化，已经无法被一个简单的"华人"概念所包含（图11）。

第四部分的"世界公民"揭示出，在如今由科技推动、充满流动边界的现代世界，身份认同日趋复杂，要衡量"我们是谁"确实是无比困难的。通过对导演李安、画家赵无极和常玉、建筑师贝聿铭及大提琴家马友友及其作品的介绍，检视其中的文化多样性，将对华人的认知视野推向了世界性的文化共享层面（图12）。

作为一个学术机构附属的博物馆，"何谓华人图片展"具有浓厚的思辨性，展览中也能让人清晰地感受到昔日老南洋大学遗留下的爱国传统烙印，展现了与中国政治文化的呼应。但它依然摆脱了以汉人社会为中心的模式，而试图在海外社会的历史文化语境中审视作为他者的华人。展览从早期华人在照相、漫画、电影中凝固住的刻板形象说开，进而通过地方性、国民性、族群跨越性、世界公民的层层递进，展现华人群体复杂多样的面貌。展名"Chinese More Or Less"，取自历史学家王赓武教授的专访，亦直接呼应展览的主旨，对华人的认知不能采用抽象单一的标准，而应体现为群体文化在社会发展过程中的更易、改造的特质。

四、博物馆展示下的族群意识

族群在博物馆的再现，是一种基于对象本身所进行"发明"的过程，透过对物质文化的搜藏与文化形式的表征，

图12 "何谓华人图片展"最后部分用视频展现出华人的"世界公民"身份和文化认知的共享性

形塑对被展示之族群的一种新的想象与理解模式。此种模式不仅需从文化内部的观点来理解，又受所处的社会与文化体系的影响而产生不同于原生脉络的意涵。从上述三馆的经验看，博物馆对不同华人群体的重新诠释与再脉络化，既体现着当下与未来导向的族群文化的延续与再创造，也体现了一种为族群纷杂、母国各异的新国民建立同为"新加坡人"共识的反馈与应对。

首先，牛车水原貌馆以地方性华人社群为主角，实际折射的是移民与国家的关系。新加坡作为一个历史上由移民聚合而成，至今仍高度接受移民的国家，其国家认同的建立仍需谨慎处理移民与母国的关系。张释认为，牛车水原貌馆展示借由早期移民劳工历史与形象的塑造，投射出当今新加坡的社会所重视的价值以及对其国民之要求与期许[1]。从第一代移民本体的视角来看，这种背井离乡的经历是痛苦的、不得已的、不被认同，也是人们不愿提起的经验。但展览由古到今的叙事线，对于当代牛车水后代精神传承的关注，将象征着移民华工血泪史的根源与符号在地化为社区精神。这种移民精神的转化与提炼又与新加坡移民国家的特质具有一定的同构性，从而贡献于新加坡国民形象的塑造。

---

[1] 张释：《地方博物馆对国家认同的形塑——以新加坡牛车水华人原貌馆为例》，载《博物馆学季刊》，2017，31（4），67-89页。

其次，土生文化馆表现出了明显的民族志意味。历史上的土生华人身份建构是在新加坡开埠后与其他华人新移民之间政治、经济的竞争中逐渐形成的，折射出主观意义上对于我群与他者的区分。随着新加坡走向独立建国之路，原本与英国殖民者、华人新移民形成的三角关系被打破，带有前殖民时期表征的土生华人群体失去了政治舞台。新加坡政府基于多元文化主义的权量将复杂的人口组成秩序化为四大类，即华族、马来族、印度族与其他类（包含欧洲人、欧亚混血等），以此作为国族建构的基础。土生华人作为华人内部的差异群体，已无法在政治上作为独立的族群而存在，转以文化社群的形式是其因应情势转变的必然结果。展览将族群展示的视角更多地放到了历史维度的习俗文化层面，这也体现了土生华人群体在新加坡的国家演进和社会发展中的身份调适过程，以及新加坡国家对于该社群的角色期待。土生华人实际上只有转换为文化的维度，才可以回避可能存在的族群超越主义。

自李光耀以来，推广"亚洲价值（Asian Values）"作为新的国家认同资源。当展览重心走入了遗产的视野和文化习俗横断面的剖析，并试图体现出马来亚与中国文化的混合样态时，就从文化本质的意味上去呼应了新加坡外来与本土文化多元交融的国家特征和民族建构。这种本质论也呈现为对超越族群的"亚洲价值"概念的微观映射。土生文化馆隶属于旨在探索亚洲艺术遗产和祖先文化的亚洲文明馆，从行政从属与主旨归附中也可以看出其借由在地化的形式去呈现亚洲价值的努力。在这种背景下，土生华人的展示服务于新加坡亚洲文明镜像的构建，成为一种独特的旅游资产供他者审视。

再次，华裔馆表现出更多对于华人祖源地中国的关注，将华人群体放到与中国本土政治、文化的关联中去阐释，也并不回避中国的政局变迁与海外华人的互动。华裔馆是老南洋大学华人教育的孑遗，这种历史表述方式体现了对南洋大学作为爱国华人的阵地的历史关切和精神传承。有学者曾讨论了老南洋大学的牌坊、行政楼（华裔馆）、裕廊校园等文化符号的嬗变历程，并指出在这样的空间里文化本质论难以获得立足之地。新加坡政府官员在参加华裔馆的活动当中反复强调的论点都是华人族群问题应当放到新加坡多元种族、多元文化的语境中看待，在国家建构中适当地修正、删改①。这种诠释观点在展览中也清晰地反映出来，华人并不是抽象的，其身上的华人性是有差异的，峇峇、菲华混血等族群融合、当代华人的世界性表现的案例，都说明华人的迁徙与华人文化的播布是一个积极建构的社会文化过程。这实际上也将对华人的认知从一种本质性视角抽离，转换为在多元种群语境中的建构论的视角。

五、结　语

从以上的分析中，我们看到特殊的、矛盾的与复杂的华人身份认同议题，经历了不同视角的转换，而族群文化也借由多重转换呼应了新加坡的国家精神与文化的不同侧面，并促使大众去思考族群文化于其中的角色和意义。牛车水原貌馆将移民的苦难历程在地化为国家推许的积极奋进的社区精神，折射出新加坡将移民经验内化于国家价值的导向；土生文化馆则隐含了从政治性认知到文化认知的转换，并通过土生华人物质文化的交流性呈现，与新加坡国家多元文化融合特性相呼应。南洋理工大学华裔馆的"何谓华人图片展"，则体现出从本质主义到建构主义的转换，契合新加坡国家想象共同体意象的建构特征。多元化的展示观念与手法，表现了华人族群意识与国家认同需求既各自独立又紧密结合的特征。博物馆作为一个族群再现的想象机构，制造了供他者凝视的独特镜像。同时，其展示的族群观被嵌入新加坡国族想象的不同位置，呈现出一种化差异为整体的内在包容性，从而隐含了一种将他者秩序化的过程，使博物馆成为新加坡现代国家建构的权力表征。

---

① 游俊豪：《向永恒拷问：南洋大学的文化符号》，载游俊豪《移民轨迹和离散论述：新马华人族群的重层脉络》，59页，上海，上海三联书店，2014。

基于在地社区的少数族裔博物馆建设及展览实践
——以三所华裔美国人博物馆为例

蓝蔚*

一、导　言

根据 2017 年美国人口普查局统计数据，华裔美国人现有约 522 万人，占美国亚裔人口的 23%，占全美国人口约 1.5%①。亚裔美国人研究兴起于 20 世纪 60 年代的第三世界解放浪潮中，并逐渐发展成为专业学科②。华裔美国人研究作为其重要组成部分，在这一时期也有赖于本族裔学者及社会运动人士的参与得以丰富并蓬勃发展，由此出现了大批华裔美国人历史研究组织及博物馆以推动华裔美国人历史的发现、记录及推广，本研究所涉及的三所华裔美国人博物馆是其中的贡献突出者。这三所博物馆均为基于社区自发建立并在全国甚至全球范围内具有相当影响力的博物馆，是能够代表华裔美国人博物馆运动特点的典型。这些博物馆具有许多共性，彼此之间也存在一定差异，接下来的篇章中将对其进行描述与比较研究，通过建馆、

---

* 蓝蔚，中国农业博物馆，人类学博士。
① 据美国人口普查局（United States Census Bureau）公布数据：https://factfinder.census.gov/rest/dnldController/deliver?_ts=596535177393，撷取时间 2020-1-8。
② Shirley Hune. Expanding the International Dimension of Asian American Studies. Amerasia Journal, 1989, 15 (2), pp. xix-xxiv.

收藏、展览、教育、社区参与等方面探析少数族裔如何基于社区，通过建设博物馆构建族群认同并与国家宏大历史叙事并流。

二、本研究所涉华裔美国人博物馆概述

（一）美国华人历史学会（CHSA）

加利福尼亚州旧金山市的美国华人历史学会（Chinese Historical Society of America，简称 CHSA）成立于 1963 年，位于旧金山华埠内，是美国历史最长、规模最大的以华裔美国人为主题的档案中心与博物馆，致力于阐释、推广、保存在美华人文化史、政治史及在美所作贡献。学会由五位在美华人陈参盛（Thomas W. Chinn）、郭长城（Chan Hoon Kwock）、李清华（Chingwah Lee）、黄定国（H. K. Wong）和伍文信（Thomas W. S. Wu）共同建立。学会承袭了美国基督教女青年会（Young Women's Christian Association，简称 YWCA）在旧金山华埠成立的分会所在旧址而建立博物馆。

YWCA 旧金山华埠分会成立于 1916 年，致力于为当地少数族裔社区提供法律与劳务援助、移民援助、职业培训、健康卫生项目等方面的双语服务，是参与社区事务运作的重要角色。在 1989 年的洛拿普列塔山（Lorna Prieta）地震后，YWCA 旧金山华埠分会面临严峻经济危机，以至于无法承担建筑物损坏后所需的修缮花费，便将建筑于 1996 年出售给美国华人历史学会。学会在修复建筑并设置陈列后于 2001 年对外开放，延续了 YWCA 的遗产：服务社区并宣传推广华裔美国人的历史贡献[①]。博物馆迁入大楼后尽量保持建筑原有风貌，并保留了 YWCA 的牌坊，以及反映早期华裔移民在此烹饪、车衣等生活的历史遗迹。

---

① Chinese Historical Society of America. Julia Morgan Legacy Project. https://chsa.org/exhibits/online-exhibits/julia-morgan-legacy-project/, 2019-11-21.

（二）美国华人博物馆（MOCA）

纽约州纽约市的美国华人博物馆（Museum of Chinese in America，简称 MOCA）由历史学者陈国维（John Kuo Wei Tchen）与在地社区居民兼活动家黎重旺（Charles Lai）于 1980 年开展的"纽约华埠历史项目（New York Chinatown History Project）"发展而来[①]。项目始于对纽约华埠居民的物件与口述史收集，后发展为拥有博物馆、档案馆、社区中心等多功能一体的机构。博物馆原本位于纽约华埠内一幢曾作为学校的历史建筑的二层，由四间教室改造而成，其中一间作为展厅，其他空间作临展及办公用。由于空间有限无法容纳所有藏品，博物馆另在他处租借了两处保管仓库。2009 年，博物馆搬迁至几个街区外的新址（图1），旧址作办公室、图书馆兼档案馆使用。该馆拥有比其他两馆更新的陈列展示及教育空间，设施及建筑外观更具现代气息。

图1　MOCA新馆外观

---

① J K W Tchen. New York Chinatown History Project. History Workshop, 1987 (24), pp. 158-161.

(三)华美博物馆(CAM)

加利福尼亚州洛杉矶市的华美博物馆(Chinese American Museum,简称 CAM)由南加州华人历史学会(the Chinese Historical Society of Southern California,简称 CHSSC)与洛杉矶埃尔·普韦布洛历史纪念地(El Pueblo de Los Angeles Historical Monument)共同创办,于 2003 年建成对外开放(图2)。华美博物馆跟另二者相比是开放时间最晚近的博物馆,其收藏活动肇始于 1975 年成立的南加州华人历史学会。博物馆位于现今的洛杉矶华埠附近的埃尔·普韦布洛历史纪念地的嘉尼尔大厦(Garnier Building)内。埃尔·普韦布洛历史纪念地位于洛杉矶市中心,为占地 9.5 英亩的广场及历史街区,曾是洛杉矶城市诞生地[①],各少数族裔最早在洛杉矶形成的聚居区也在此周围,这片区域于 1972 年被列为国家历史遗迹(the National Register of Historic Places),大厦也作为其重要部分也一起被列入,洛杉矶市政府为开发保护该街区成立了同名专门部门。大厦自 1890 年建成起一直被当地华人团体租借使用,被视为洛杉矶华人社区的非正式"市政厅",至今仍为许多华人商业团体及志愿者组织所使用[②]。

图2 CAM外观

[①] History of El Pueblo. https://elpueblo.lacity.org/history-el-pueblo, 2019-11-22.
[②] Jenny Cho and the Chinese Historical Society of Southern California. Chinatown in Los Angeles. Charleston SC, Chicago IL, Portsmouth NH, San Francisco CA: Arcadia Publishing, 2009.

三、革命缘起：少数族裔政治权利与公共话语权争取

美国邻里博物馆与社区博物馆的大量涌现与20世纪40年代至60年代的非裔美国人民权运动（Civil Rights Movement）紧密相关。引发黑人博物馆运动（Black Museum Movement）的直接原因是由民权运动催生的20世纪60年代至80年代的"黑人力量运动（Black Power Movement）"，运动领导者与活动分子相较于民权运动的改良主义者与和平主义者更为激进，主张种族自豪感、经济赋权及黑人相关的政治与文化机构的建立①。博物馆作为运动的重要前沿阵地也被卷入激进的权力、记忆与认同塑造的浪潮中。相较于长期忽视与扭曲展示非裔美国人历史与文化的"主流博物馆"，黑人博物馆主张强调黑人历史与文化的独特性及意义，以及非裔美国人在建设美国历史中的贡献。非裔美国人博物馆往往从位于被遗忘的城市边缘的黑人社区中生长，受黑人社区领袖和地方运动积极分子而非博物馆专业人员的领导及组织，最初多以"邻里博物馆（neighborhood museum）"的形式出现，具有浓厚的社区地方色彩与福祉服务性质。因缺少雄厚资金与资源，这些博物馆往往寓于商店旧址或公寓大楼中，其收藏也多有赖于社区居民的捐赠及其他文化机构的赠予。这类博物馆最显著的特点之一是其作为服务在地黑人社区需求的枢纽的功能，"与在地社区建立了亲密关系"②。

这一运动思潮对华裔美国人反思族群历史并建立博物馆影响深远。纽约美国华人博物馆"千里之行"展览中也肯定了孙中山与马丁·路德·金对华裔美国人族群意识觉醒的贡献："一位中国的总统，一位美国的金牧师，永远地改变了我们的世界。……他和他的族群民众并不是在孤军奋战。从唐人街到农田，从车衣工厂到高楼大厦，我们也在为反对种族歧视和种族隔离而奋斗。"③与非裔美国人书写族群历史的动机类似，这三所华裔美国人博物馆的建立契机都与拯救华人历史在美国主

---

① A A Burns. From Storefront to Monument: Tracing the Public History of the Black Museum Movement. Amherst and Boston: University of Massachusetts Press, 2013, p. 3.
② The African American Museums Association. Black Museum Profile, 1979, p. 4.
③ 美国华人博物馆展览"千里之行：历华人旅程，写美国历史（With a Single Step: Stories in the Making of America）"，第八部分导言。

流历史叙事中的被遗忘和被边缘化有关。对华人移民的排挤与歧视自加州淘金潮华人大规模进入美国境内后就一直存在，在 1882 年联邦政府颁布《排华法案》(the Chinese Exclusion Act) 时达到顶峰。该法案限制中国人入境美国，及在美国的中国人返乡后再入境美国。华人群体的长期被边缘化造成其在美国国家历史主流叙事中的缺位与失语，被忽视的不仅是包括华裔在内的亚裔群体，也有非裔、拉丁美洲裔等少数族裔。在白人精英主义至上的传统博物馆语境中，博物馆业务的首要对象是其保存物及资助者，观众被视为博物馆无穷珍宝与资源的"受益者"，而少数族裔和儿童这样的"非主流"观众更被视为干扰博物馆"真实"工作任务的"麻烦事"[①]。少数族裔母国文明的相关物往往被归类于人类学博物馆或艺术博物馆中讲述与美国国家历史无关的"前现代文明"叙事。这可以理解为是国家机器为了创造清晰简单的民族国家历史叙事以团结人民，从而选择对少数族裔族源及历史进行"一刀切"抹去的"结构性失忆"[②]处理。美国华人历史学会的建立契机正是五位创始人想要改变"新生一代接受的历史教育抹去了华人在建设美国西部中的角色"的现状，于是于 1962 年决定建立华人历史学会以宣传推广华裔美国人历史知识[③]，实现公共空间的话语权共享。这一趋势在接下来的半个世纪中持续影响、推进美国其他华人聚居区的华人历史学会与华人博物馆的建立。

积极推进洛杉矶华美博物馆成立的南加州华人历史学会将其机构使命定义为"搜集、收藏、保存并传播关于华裔美国人个体不为人知的故事及他们对美国发展历程的贡献。项目长期目标是扩大收藏及出版著作以覆盖更多的个人及地区。整理、保护、保存南加州华人历史学会的历史档案。"[④] 华美博物馆也将自身的使命定义为：

---

① D J Hodges. Museums, Anthropology, and Minorities: In Search of a New Relevance for Old Artifacts. Anthropology & Education Quarterly, 1978, 9 (2), pp. 148-157.
② "结构性失忆（structural amnesia）"一词由英国人类学家格列佛（P. H. Gulliver）提出，以描述族群通过遗忘或记得特定祖先以重构梳理家族谱系的行为，被台湾历史学家王明珂在《华夏边缘：历史记忆与族群认同》中引申以描述通过强调共同族源与特定族称以排除异己、确定并保持族群边界的族群认同构建策略，本文取后者之义。
③ P P Choy. Thomas Wu: Man With a Mission. Chinese Historical Society of American Bulletin, 2005, 4 (1), p. 2.
④ 据南加州华人历史学会 2016 年税务报表：https://pdf.guidestar.org/PDF_Images/2016/953/155/2016-953155357-0eaf1d24-9.pdf，撷取时间 2019-11-22。

让大家更能深入了解华裔美国人的深厚文化传承,以及对美国的持续贡献,并作出正确的评价。陈国维指出:纽约华埠历史项目是为了破解美国社会对华人群体刻板印象的迷思,从以洗衣工为代表的华人群体切入,通过长达五年对日常生活相关的物件与口述史的搜集,借助展览进一步丰富华人的群体表达及形象,并希望借此形成全国性的影响,推动对地方历史记录的重视[1]。

而在这一过程中,逐渐成熟并兴旺的公共史学也为本地社区历史书写与搜集提供了技术指导。与传统史学不同的是,公共史学指的是史学研究方法在学术界以外领域的普及并使得史学家能在这些领域就业,包括政府部门、私有企业、媒体、历史学会、博物馆甚至个人领域实践。公共史学家无时无刻不在工作,他们通过自己的专业能力成为公共进程(public process)的一部分,参与到问题解决、政策制定、资源利用、活动导向规划等事务中[2]。公共史学在美国史学界的兴起源于对20世纪70年代美国大学传统史学博士培养过多带来的就业危机的解决策略,加州大学圣塔芭芭拉分校(University of California at Santa Barbara)率先推出了公共史学专业训练课程,倡导加强史学训练的现实应用性[3]。公共史学的学科发展与20世纪以来公众对本地历史的浓厚兴趣交织在一起,在对地方历史记录及社区博物馆建设的意义上,一方面学院教育培养出更多重视公众参与并能够深入社区的史学家进入社区博物馆、当地历史学会等机构工作,或是推广了公共史学在该类机构工作中的应用,使得对特定社群的历史记录搜集得以专业化与"科学化",民权运动思潮后被"发现"的少数族裔等边缘群体的历史得以系统梳理;另一方面推动了关注本地历史、重视日常生活记录的社会氛围,越来越多的业余史学家出于兴趣爱好或族群意识参与其中,通过加强本地及边缘群体历史研究的公共参与建立了"人民史学(People's History)"的历史观,先前的弱势群体通过书写本社群历史建构身份认同,并参与

---

[1] J K W Tchen. New York Chinatown History Project. History Workshop, 1987 (24), pp. 158-161.
[2] R Kelley. Public History: Its Origins, Nature, and Prospects. The Public Historian, 1978, 1 (1), pp. 16-28.
[3] 王希:《谁拥有历史——美国公共史学的发展、起源及挑战》,载《历史研究》,2010(3),34-47页。

到公共空间中实现政治话语权争取及自我政治赋权（political empowerment）[①]。

　　本研究所涉各博物馆创始人丰富多样的身份与专业背景体现了这一波以建立华裔美国人博物馆为任务的社区博物馆运动影响的广泛性及对于族群身份建构的关键性，构成了不同层面、不同群体的话语交织在社区形成的权力图景。华人历史学会的五位创始人中，陈参盛大学时在加州大学旧金山分校攻读商业管理学和新闻学，后创办颇有影响力的英文周刊《中华文摘》（Chinese Digest），常年致力于美国华人历史研究，是知名的美国华人研究史学家[②]；郭长城是美国第一份服务华人群体的中英双语报刊《华人世界》（the Chinese World）的编辑兼公关代表，他积极为在美华人权益发声，甚至通过发表社论文章推动时任美国总统的约翰·肯尼迪（Johnny F. Kennedy）及其弟司法部长罗伯特·肯尼迪（Robert F. Kennedy）修改针对华人移民的配额限制[③]；李清华于加州大学伯克利分校人类学系毕业，是积极活跃于旧金山华埠的社区活动家及社会工作者，是旧金山华埠的"代言人"和"非官方大使"，他继承了父亲的中国艺术品收藏，因将其出借与好莱坞电影制作方而产生接触，并客串出演电影[④]；黄定国在美国华人史研究领域著作颇丰；伍文信在旧金山华埠内行医多年，期间在多个区域政治活动组织（如共和党加州中央委员会，California Republican State Central Committee）及行业组织（如旧金山艺术委员会，SF Arts Commission）担任主席、董事会成员等重要角色[⑤]。美国华人博物馆的创始人中，陈国维是典型的、具有专业化知识背景的公共史学学者，现为罗格斯大学（Rutgers University）公共史学与人文学科系主任，也是纽约大学亚洲/太平洋/美洲中心（Asian / Pacific / America Studies Program and Institute at New York University）的创

[①] R Rosenzwig, D Thelen. The Presence of the Past: Popular Uses of History in American Life. New York: Columbia University Press, 1998, p. 4.
[②] 海外华人研究：《陈参盛》，http://www.lib.nus.edu.sg/chz/chineseoverseas/oc_ccs.htm，撷取时间 2019-12-4。
[③] Chinese Historical Society of America. In Memory of Chan Hoon (C. H.) Kwock (1920-2019) - CHSA Founder. https://chsa.org/2019/07/in-memory-of-chan-hoon-c-h-kwock-1920-2019-chsa-founder/, 2019-12-4.
[④] Atha Fong. Chingwah Lee: San Francisco Chinatown's Renaissance Man. Chinese America: History & Perspectives, 2011, pp. 37-48.
[⑤] P P Choy. Thomas Wu: Man with a Mission. Chinese Historical Society of American Bulletin, 2005, 41 (1), p. 2.

始人①；黎重旺是活跃的社区活动家，彼时是纽约华埠的社会工作组织"地下室工作坊"（Basement Workshop）的领导之一②。二人因为纽约城市大学亚裔美国人研究所（the Asian American Research Institute, the City University of New York）在纽约华埠推进的"纽约华埠历史项目"而结缘，该项目很大程度上也是基于"地下室工作坊"的先期资源而推进的③。推动华美博物馆建立的两个主要组织，一是具有明显的少数族裔历史与文化记录任务的南加州华人历史学会，二是作为洛杉矶市政府部门的埃尔·普韦布洛历史纪念地，二者在1984年共同成立委员会就嘉尼尔大厦的遗产保护相关议题展开讨论。华人社区领袖通过资金筹措、社区动员等举措令政府部门看到了洛杉矶华人社群的力量，通过了利用大厦空间共同建设博物馆的计划，并通过谈判获得更多空间用地。接下来的近20年间，当地历史学家、教育工作者、社区志愿者与政府部门合作筹措资金、搜集藏品，终于在2003年建成开放④。从地方政府的角度看来，博物馆的建立与经营无疑成功实现了对遗产的活化保护利用，同时华人的文化身份表达也与历史街区里的其他族群特色文化游览活动（如墨西哥裔移民举办的嘉年华等）共同构成了多族裔组成的移民国家团结多元的和谐图景。

四、搜集与展示：常民文化的脉络化

一个以时间序列梳理美国华人移民史的基本陈列是几乎每个华裔美国人博物馆的首选展示策略，此类陈列也为博物馆多年搜集的华裔美国人社会生活史相关物件的再脉络化提供了放置情境。以黑人博物馆运动为先锋的美国社区博物馆运动的收藏活动经历了将"常民文化（folk culture）"博物馆化⑤的过程。传统博物馆学知识

---

① Rutgers, The State University of New Jersey. John Kuo Wei Tchen. https://sasn.rutgers.edu/about-us/faculty-staff/john-kuo-wei-tchen, 2019-12-4.
② https://www.facebook.com/mocanyc/posts/10156551777900432, 2019-12-4.
③ Ryan Wong. Oral History - Charles Lai. Waves of Identity: 35 Years of Archiving. Museum of Chinese in America, 2015, pp. 101-111.
④ Chinese American Museum. Mission and History. http://camla.org/mission-and-history/, 2019-12-4.
⑤ 王嵩山：《文化传译：博物馆与常民文化》，载王嵩山《文化传译：博物馆与人类学想象》，15-36页，台北，稻乡出版社，1992。

论中将博物馆中的物分为"人工物（artifact）"与自然物（natural object）两类，与此同时伴随着将博物馆分类为自然科学类博物馆与人文类博物馆的知识结构秩序整理。相比于将物从原有情境中摘取分类的搜集展示方法，社区博物馆在搜集中即将其搜集及研究对象看作是一个整合性（integrated）的社会实体，其所搜集的器具、日用品、口述史、礼俗相关物等均是反映这一实体的各个展示切面，目的是共同呈现一个类似滕尼斯笔下以血缘、地缘与精神思想为基本纽带的"共同体"的景象。

这几所博物馆最初的研究者与创建者都是华裔美国人，均从"文化持有者的内部眼界（the native's point of view）"对本族群文化进行脉络化梳理，在他们的研究与展示中有将本族群文化嵌入西方博物馆学知识话语体系的方法论尝试，也有对常民文化整体性与渗透性的体察。纽约美国华人博物馆的前身——纽约华埠历史项目发轫于对纽约华埠洗衣店从业者的考察。作为早期华裔移民的重要组成部分，洗衣店从业者就早期华人对美国的贡献及对自身工作行业的历史的"历史自觉（a sense of the history）"存在与否可以说是矛盾的：一方面，华裔美国人"常民历史（folk history）"的代际传承是通过他们以职业工作为核心展开的日常生活的各方面实践完成的，鬼神故事、传说轶事等看似虚无缥缈的文化事项，因为在华人洗衣工历史的情境中搜集展示，而得以彰显其丰富意义；另一方面，许多华人洗衣工并不将关于自身个体与家族的生活体验当作"历史"，也并不认为其有搜集与保存记录的价值。在初期田野工作中，研究者访谈在营洗衣店时被店主叫嚷道："洗衣店没有历史！"在许多华人洗衣工看来，他们的职业是低贱的，但为了维持海外务工的表象体面，他们向乡亲谎称自己是在美开"服装店"。这被陈国维理解为是华裔移民对这一段被排挤歧视的创伤历史的"吞咽"与强行忘却[1]。纽约华人博物馆对这类大时代里"小人物"的"小故事"的搜集，是为了记住这些最易被遗忘与忽视的过去，是对宏大的"纪念碑式（monumental）"记忆和代表了权威秩序并反映既定社会结构的"主导叙事（master narrative）"的补充与对抗。主张这些被边缘化的个体及人群也可以使自身的记忆得以被铭记。通过这些承载了家庭爱意与情感的物件和记忆

---

[1] J K W Tchen. New York Chinatown History Project. History Workshop, 1987 (24), p. 160.

疗愈人的创伤，甚至能使社会不公得以被正视和纠正。博物馆的收藏活动因此得以参与了对社会创伤与不公的修复过程[①]。

五、自我与他者：展览情境中的文本运作

如前文所述，纵观三所华裔美国人博物馆的使命表述，其都是以收藏保存并研究华裔美国人在美国历史中的贡献为核心使命，在美国"合众为一（E pluribus unum）"的国家话语背景下进行族裔社群身份的自我彰显与表达，博物馆业务的主要方面，如展览、教育等皆是以这一核心使命为中心进行的一系列对内认同强化、对外宣传推广的工作，如三所博物馆都每周定期提供当地华埠街区旅游导览的服务，以此来帮助国内外游客了解当地华埠历史与文化，从而进一步了解华裔美国人历史与文化。"内"与"外"的边界，无疑是该受众是否归属于华裔美国人这一群体，而这一边界并不是清晰固化的，而是开放可流动的，是因为这个社群并不完全是一个单纯以血缘关系为划分边界的族群单位，它还带有更浓重的以文化特征来确认群体归属的色彩。在挪威人类学家弗雷德里克·巴斯（Fredrik Barth）看来，族群单位延续的本质是边界的清晰性，而经常被看作边界的文化特征是流动、可变、不稳定的，因此族群区分与认同更依赖于"我者"与"他者"互动中生成的二元性来确认建立[②]。针对此，华裔美国人博物馆的展示策略是对华裔美国人的历史与文化进行描述性记录与展示，建构出一套博物馆表征系统。这一系统有两个层面，一是带有政治赋权目的的"人民历史"书写，讲述华人在美国排华时期所受不公待遇的"移民苦难史"及参与美国国家建设并最终实现"美国梦"的"光辉成就史"；二是循着常民文化脉络化的逻辑，通过语言、仪式等一般性生活方式的"显性符号与标志"[③]确立华人作为美国多元社

[①] J K W Tchen. An Experience-Disappeared: A Counter-Archive to the "Master Narrative". Waves of Identity: 35 Years of Archiving. Museum of Chinese in America, 2015, pp. 33-47.
[②] 〔挪威〕弗雷德里克·巴斯著，李丽琴译：《族群与边界：文化差异下的社会组织》，6页，北京，商务印书馆，2014。
[③] 〔挪威〕弗雷德里克·巴斯著，李丽琴译：《族群与边界：文化差异下的社会组织》，6页，北京，商务印书馆，2014。

群之一,与其他社群间的文化差异,从而塑造独有的文化认同。

旧金山美国华人历史学会的"美籍华人:排斥/包容"展(Chinese American: Exclusion/Inclusion)是目前美国以华裔美国人历史为主题的规模最大、内容最全面的博物馆展览。第一部分"美国与中国:1783–1905",将美国与中国有记载的首次贸易往来作为整个叙事的起点。1784年,美国派遣船只"中国皇后号(the Empress of China)"到中国广州港进行贸易,满载丝绸、瓷器、茶叶等货物而归,为这个年轻的国家缓解了独立战争后的债务危机并开启了中美的贸易往来。此后由于中国政治环境的不稳定及海外务工报酬的丰厚,越来越多的华人随着贸易船只来到美国,参与了美国西部的开拓及其他地区的建设。但是华人劳工的大规模涌入引发了白人劳工的就业危机,并引发了全美社会的排华氛围,最终导致1882年《排华法案》的出台,限制华人入境美国。在第二部分"排斥机制:1882–1943"中通过场景复原、多媒体等展示手段再现了这一时期华人进入美国的艰难历程。美国移民局曾于1910–1940年在位于旧金山湾的天使岛(Angel Island)上设置移民站,所有通过横跨太平洋来到美国的他国移民(尤其是来自中国、日本等地的移民)均需在此被问询、检疫、消毒,甚至面临不知时长几何的拘押。因为许多移民是通过成为"纸面儿子/女儿"进入美国的,他们必须将伪造的亲属关系资料反复背诵记忆以便通过入境考察。展厅顶部悬挂许多放大印刷的《排华法案》执行时期华人入境卡资料,以凸显当时华裔移民在这一空间中的鲜明在场感(图3)。展厅中的一角模拟了当时入境检察官的询问室(图4),狭窄的空间里放置了简陋的桌椅,观

图3 "美籍华人:排斥/包容"展厅上方悬挂的放大版入境卡

众可坐在被审查者的椅子上感受当时紧张逼仄的氛围,头顶上方的播放器中播放着模拟当时审查的录音,入境审查官以冷静的语调用英语问询,被审查的华人用粤语回答,回答中偶有因紧张而结巴的情形,每次回答后都有翻译人员将其回答译为英语。展厅内也根据天使岛上的拘押所进行了场景复原,窗外明媚的阳光下可以看到远处晴朗的天空、湛蓝的海水以及鲜红色的金门大桥跨海而过,而回望室内,阴暗的房间内密集放置了架式床铺,床上是杂乱的杂物和摊开的行李箱,床铺间的晾衣绳上挂满了晾晒的衣物,有的衣物上写有文字,展示被拘押者在漫长的在押岁月内因苦闷绝望在墙上写下的思念家乡亲人的诗句、拘押亲历者的口述记录片段,过去与现实两个时空的交织给观众以深刻的感官体验,实现历史情境在场感的传达。

图4 "美籍华人:排斥/包容"展入境询问室场景模拟

华美博物馆的常设展"旅程(Journeys)"以19世纪40年代鸦片战争爆发作为开端,讲述近代以来中国人因时局动荡或其他历史原因移民远赴美国的历程。展览开头以设问的形式引发观众的思考:"什么原因会促使你离开你的祖国?你会去哪?会跟谁一起?想象你即将去到这样一个地方——那里大多数人说着不一样的语言,有着不一样的习俗。如果你只能带一点东西,你会带什么?它们是会让你想起你的家人,帮助你适应新环境,还是保护你的安全?"展板左下角模拟出行李箱俯视视角的透明展柜里陈列了三组华裔移民的不同选择:来自台湾的刘冰(音)只简单带了一点行李,行李里包括了他父亲手书的卷轴"有容德乃大,无求品自高";程苏伦(音)带了姐姐为她准备的家庭医药箱;越南华裔杨家在越战期间乘坐一艘小船离开越南,他们在海上漂浮几天后被一艘美国轮船所营救,于是将印有轮船照片的明信片带在身边作为纪念。展板右下角的互动区域将这一问题抛给观众:"当你启程赴遥远的异乡定居时,你会带什么东西?选择你想放进行李箱的东西,说一说为什么你会选择它们。"(图5)观众可以将画有护照、衣物、书籍、相机等图像的卡片放进行李箱示意范围内,也可在空白卡片上写下自己想带的其他物品放置进去,让观众通过情境代入的方式尝试体会华裔移民离开故土的不舍之情和即将开始异乡生活的不安感。在这里,物件超越了其本身功能性质,而是被其原有情境赋予了承载中华民族精神气质以及直面挑战的奋斗精神的意味,华裔移民在新土地上延续对家庭、宗族的深厚情感,并持续以坚忍不拔、善于适应的性格展开新生活。

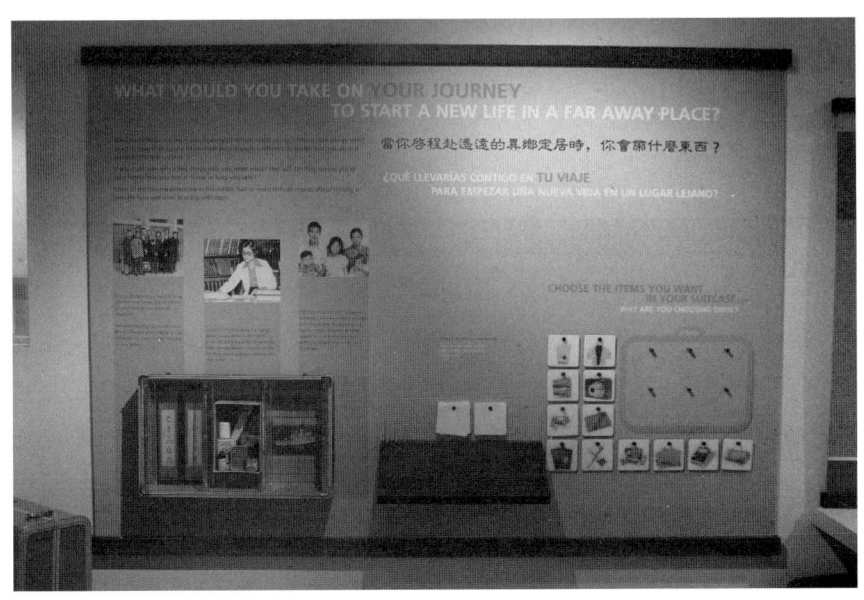

图5 CAM "旅程" 展

六、结　语

美国的新博物馆学研究常言及"非裔美国人博物馆运动"或"黑人博物馆运动",非裔美国人民权运动中蓬勃生长出的多个非裔社区博物馆共同构成了这一现象级的社会政治文化图景并发展至今。相较之下,亚裔美国人由于人数较少,其平权运动更显示出集中的地方性,与在地社区的联系更为紧密,其社区参与策略也显示出社会服务的功能性,在此基础上衍生出作为社区文化中心的少数族裔社区博物馆,如华人历史学会与华美博物馆的馆址都曾是或仍然是该社区的社会服务枢纽站,而三所博物馆都与在地社区服务团体及组织有紧密联系,共同推进亚裔美国人／华裔美国人为争取平等权利而进行的社会运动。与非裔美国人博物馆运动不同的另一特点是,非裔美国人博物馆中更多地展示移民到北美大陆后的族裔历史,而包括华裔美国人在内的亚裔美国人博物馆更注重通过描述其母国文明与美国盎格鲁－新教文明的交融与碰撞是如何形塑了其政治文化认同,在美国公民身份的基础上凸显母国身份认同(national origin identity),深度涉及两国关系对其族群历史与现状造成的影响。对于华裔美国人而言,这不仅是因为他们之中的大多数人是在近现代中国的民族国家观念在全社会范围内形成后才来到美国的,也因为他们与中国仍保持着紧密而深刻的联系。中国的政治影响体现在其自我表述中,作为华人的族群认同更是促使他们通过搜集、记录、展示族裔历史,将深厚的"中华文明之根"转化为致力于建设平等、多元、包容的美国社会环境的力量。

生态、社区、地方性知识

作为模糊地带的大鲍岛：一个历史街区的发展、规划与叙事[*]

德明礼[**]

一、引　言

青岛是一个快速发展的中国东北部港口城市，经历了多样杂糅的殖民史，并因而有着跌宕起伏的城市发展历程。大鲍岛是复杂殖民史的见证，这个殖民时期由德国主持参与规划、开发的中国街区，无疑具有典型性，又因其复杂历史而成为具有特殊性的模糊地带[①]。大鲍岛是一百多年前在德国殖民统治下为族群隔离而建立的"中国城"，经历了20世纪的各种社会政治运动后保留至今。长期以来，这个街区处于年久失修、人满为患、居住条件恶劣的状态，这也是当下中国许多旧中心城区的典型状况[②]。改革开放以来，地方政府多次尝试对大鲍岛进行保护性开发。然而，与许多成功改造并商品化的中国城市里的旧街区不同[③]，大鲍岛的改造尝试至今基本

---

[*] 本文由张力生校译。张力生，北京大学社会学系博士后。原英文版 "Dabaodao: the planning, development, and transformation of a Chinese (German) neighbourhood" 刊于 Planning Perspectives 2019 年第 34 卷第 2 期。

[**] 德明礼（Philipp Demgenski），德国人，浙江大学社会学系人类学研究所副研究员。

[①] 汉字"鲍"是指各种干腌鱼和海鲜，参见 Mootz, Die Namen der Orte.

[②] Philipp Demgenski. Seeking a Future for the Past: Negotiating Inner City Redevelopment and Heritage in Qingdao, China. PhD diss., The Chinese University of Hong Kong, 2015.

[③] Xuefei Ren. Forward to the Past: Historical Preservation in Globalizing Shanghai. City & Community 7, 2008 (1), pp. 23-43.

以失败告终。青岛以各种类型的欧式建筑而闻名，但大鲍岛及其庭院式住宅（即里院）的历史价值、当代意义和用途仍存在很大争议。目前的辩论核心包括两个方面，其一是关于"历史性"与"陈旧性"的区别问题，其二是当地的历史环境是否值得保护，又如何重新开发，才能使得居民能够在该城区继续生活下去。

绝大多数关于中国城市化的研究，都会以改革开放为背景，分析当代城市中心街区改造问题，显然，这些问题对于确定重新发展的模式和塑造中国城市都具有重要意义[1]。但在本文中，笔者试图说明如今与旧城区有关的争议或许能追溯到更早的时期，不仅涉及其物理结构，如大鲍岛现存的不同时期的建筑，还涉及大鲍岛在青岛发展的大背景下的社会空间功能和地位。本文旨在研究是何原因导致大鲍岛作为市中心街区至今未能成功转型，以历史规划轨迹出发，探讨城市建筑规划历史和当代保护与重建问题之间的关系。

城市学者王兵（Wang Bing）区分了近代中国的三个空间规划阶段[2]：第一阶段，随着第一次鸦片战争结束和《南京条约》（1842年）的签订，近代城市规划开始受到外国影响，其影响力在19世纪末至20世纪初显著加强[3]。第二阶段，在20世纪20年代至30年代，当地精英和许多在国外受教育的建筑师和规划师汲取了西方关于城市规划的科学思想，试图实现国家现代化。第三阶段是1949年后实行社会主义计划经济体制以后。改革开放时期则可视为第四个阶段，这一时期房地产行业开放和土地使用权下放，使得地方政府能够以政治和经济目的进行土地开发，从而带来了城市形态的大规模转变。本文将回顾历史，着重描述上述四个时期中大鲍岛和

---

[1] Meg. E Rithmire, 在《土地交易》中论述了哈尔滨、长春和大连这三个中国北方城市的不同经历。虽然这三个城市在新中国成立初期发展水平相近，但大连在改革开放时期的发展速度大大加快，因为其可以通过外商直接投资（FDI）获得资本。

[2] Wang Bing. Cities in Transition: Episodes of Spatial Planning in Modern China, in P Healey, R Upton: Crossing Borders: International Exchange and Planning Practices. London and New York: Routledge, 2010, p. 5, pp. 95-116.

[3] 以下文集很好地概述了外国在中国留下的各种社会空间影响和遗留问题：Esherick, Remaking the Chinese City; Goodman and Goodman, Twentieth-Century Colonialism; Zatsepine and Victoir, Harbin to Hanoi。英语著作中的青岛相关论述较为不足。较为突出的有：Steinmetz, The Devil's Handwriting; Schrecker, Imperialism and Chinese Nationalism, Mühlhahn, Negotiating the Nation。近来的著作有：Groeneveld, Far Away at Home in Qingdao。

里院住宅在不同城市治理下的转变和发展。

在另一层面，本文也提到了一个问题，关于什么是"历史性"——而非仅仅是"陈旧性"——如何成为城市遗产学者的关注所向。显然，"转化为遗产的历史，是一种无处不在的资源，具有许多当代文化、经济和政治作用。"① 遗产通常是指"当代对过去的利用"②，出于各种目的对其进行定义、选择和保护。因此，目前许多关于遗产问题的研究主要集中于某个地方的"此时"和"此地"，甚至认为所有遗产都是无形的，本质上都是创造出来的，其价值和意义都是当下赋予的③。笔者大致赞同这些说法④，但也认为，以过于建构主义的方法看待过去，可能无法真正理解过去对当代的影响。本文试图指出在定义、选择和保护遗产的过程中出现的问题，尽管这些问题可能会受到现今环境的影响，但也总是与各自的遗产或地区所代表的过去直接相关并受其制约。这一点在大鲍岛和里院的案例中尤为明显。本文所指的过去并不是指某一具体时期。相反，本文将举例说明青岛第一阶段的城市规划、法律条例以及一般城市发展理念对后来阶段的制约和塑造。本文在一开始就指出大鲍岛和里院处于一种模糊的社会空间地位，这种地位历经多个时期一直持续至今。笔者认为，这是导致目前重建或保护该地区及其建筑始终难以推进的一个重要因素。

二、青岛：德租时期的"模范殖民地"

19世纪末期，胶州湾（又称胶澳，今青岛）地区散布着275个贫困渔村，有大约8万到10万居民⑤，青岛（村）和大鲍岛都是其中之一。1891年，清政府在青岛建

---

① G J Ashworth, J E Tunbridge, B J Graham. Pluralising Pasts: Heritage, Identity and Place in Multicultural Societies. MI: Pluto Press, 2007.
② G J Ashworth. Preservation, Conservation and Heritage: Approaches to the Past in the Present Through the Built Environment. Asian Anthropology, 2011 (10).
③ Laurajane Smith. Uses of Heritage. New York: Routledge, 2006.
④ Philipp Demgenski. Living in the "Past": The Effects of a Growing Heritage Discourse in Contemporary Urban China, in Marinelli, Maurizio, Yannan Ding, Xiaohong Zhang: China: A Historical Geography of the Urban. Berlin: Springer International Publishing, 2018.
⑤ Wilhelm Matzat. Alltagsleben Im Schutzgebiet: Zivilisten und Militärs, Chinesen und Deutsche, in Hans-Martin Hinz and Christoph Lind: Tsingtau: Ein Kapitel Deutscher Kolonialgeschichte in China 1897–1914. Eurasburg: Deutsches Historisches Museum, 1998, pp. 106-120.

立了一个军事据点，以防外国侵略者入侵，但这没能阻止该地区在 7 年后被德国侵占。1897 年，据称两名德国传教士在鲁南被杀（即"巨野教案"），这件事成为了德国人要求获得一块中国土地作为补偿的借口。德国当时正与英国和其他欧洲国家争夺殖民地，曾有一段时间希望在"争夺中国"方面发挥作用。据地质学家李希霍芬（Ferdinand von Richthofen）调查，胶州湾具有优越的气候条件、丰富的腹地煤炭资源以及适宜建立港口的地理位置[①]，一直是建立东亚殖民地的理想之地。因此，"巨野教案"的发生正是德国所希望的。1897 年 11 月 7 日，威廉二世在给外交大臣伯纳德·冯·毕罗（Bernard von Bülow）的电报中写道，"最后，中国为我们提供了……这一期待已久的'事件'"[②]。1897 年 11 月 14 日，德国派军舰自青岛村登陆，占领胶州海岸，并逼迫清政府于 1898 年 3 月 6 日签订《胶澳租借条约》，将 551.7 平方千米的土地租借给德国使用 99 年，从而使其能够实现在远东建立"模范殖民地"的计划。当时的渔村很快被夷为平地，取而代之的是精心规划后的"殖民城市"。此后，青岛长期沦为殖民统治的租借地，如同香港和其他租界一般[③]，是最早由外国人在未城市化的地区中进行规划和建造的城市之一[④]。此外，德国对城市的精心设计和对社会-空间性（socio-spatial）的"模范殖民地"的追求，虽然没有改变青岛租借地的性质，但肯定使其有别于发生在中国的其他（半）殖民活动，后者主要是贸易方面的转变，而不是社会空间的发展[⑤]。

汉学家余凯思（Klaus Mühlhahn）写道，"'模范殖民地'应代表一种特殊的德国殖民主义，因为其科学规划、专业实施和国家监督是'现代''高效'的殖民政策的范例，这与英国在香港推行的主要以商业为动机的殖民主义方式形成鲜明对

---

① Ferdinand von Richthofen. Schantung und seine Eingangspforte Kiautschou (Schantung and its Entrance gate Kiautschou). Berlin: Ditrich Reimer, 1898.
② Johannes Lepsius. Die große Politik der Europäischen Kabinette 1871–1914. Berlin: Deutsche Verlagsgesellschaft für Politik und Geschichte M B H, 1927.
③ 其他租借地（而不是通商口岸）包括山东省威海市（英国）、辽宁省（沙俄和日本）、广东省湛江市（法国），最著名的是香港新界（英国）。
④ 自 16 世纪以来一直由葡萄牙侵占的澳门是最突出的例外情况。
⑤ Edward Denison, Yuren Guang. Building Shanghai: The Story of China's Gateway. Hoboken, N J: Wiley Academy, 2006, p. 34.

比"①。青岛由德国海军而非外交部直接管理,这在德意志帝国内部属于特例②,也不同于更加自治化和自由化的香港③。这一殖民活动背后的主要工程师——德国海军上将阿尔弗莱德·冯·蒂尔匹茨(Alfred von Tirpitz)牢牢控制着青岛内部的所有事态发展,监督德国胶澳督署在当地的活动,让他们定期向首都柏林汇报,并要求所有条例都由他本人会签④。德国在胶州湾的殖民统治具有经济性质,即创造条件和基础设施,对山东腹地进行商业开发。同时,还具有地缘政治性质,即在该地区建立强大的海军军事基地。此外,其另一个重要目的是建设社会空间性的"模范殖民地"。这是指试图在中国土地上建立一个于族群文化以及基础设施方面而言真正的德国殖民地,且德国对此势在必行⑤。为实现这一目标,德国设计了一个详尽的城市总体规划,其中包括德国和中国地区之间的明确隔离带。当地中国人(德国人的仆人除外)不允许住在"欧人区"。

三、从乡村到城区:大鲍岛"中国城"

这种规划隔离为当时称为中国城(Chinesenstadt)的大鲍岛的创建铺平了道路。该规划最初用作中国商人的"贸易区",位于欧人区中心的正北方,由一条"卫生隔离带"分开(图1)⑥。一片空地将青岛城区分成两个区域,空地上不允许建任何建筑,

---

① Klaus Mühlhahn. Herrschaft Und Widerstand in Der "Musterkolonie" Kiautschou: Interaktionen Zwischen China Und Deutschland, 1897–1914. Studien Zur Internationalen Geschichte (German Edition). München: De Gruyter Oldenbourg, 2000.
② 这里没有单一的德国殖民模式。德属萨摩亚的当地居民得到的对待较为温和,而西南非洲则是一个典型的驻领殖民地,其特点是土著居民受到暴力对待。George Steinmetz. The Devil's Handwriting: Precoloniality and the German Colonial State in Qingdao, Samoa, and Southwest Africa. Chicago IL: University of Chicago Press, 2007, p. 45.
③ George Steinmetz. The Devil's Handwriting: Precoloniality and the German Colonial State in Qingdao, Samoa, and Southwest Africa. Chicago IL: University of Chicago Press, 2007, p. 536.
④ Klaus Mühlhahn. Negotiating the Nation: German Colonialism and Chinese Nationalism in Qingdao, 1897–1914, in Bryna Goodman, David S G Goodman (eds): Twentieth Century Colonialism and China: Localities, the Everyday and the World. New York: Routledge, 2012, pp. 37-57.
⑤ Sabina Groeneveld. Far Away at Home in Qingdao (1897–1914). German Studies Review, 2016, 39 (1), pp. 65-79.
⑥ John E Schrecker. Imperialism and Chinese Nationalism: Germany in Shantung. Cambridge. MA: Harvard University Press, 1971, p. 70.

也不允许人们居住。大鲍岛被规划为较为富裕的中国商人的聚居地,而最初居住在周围村庄的苦力则移居在另外两个特建"劳工区"。第一个是台东镇,形成于1900年左右,位于青岛的东北方向,距"市中心"约3.5公里(直线距离)[①]。第二个是台西镇,建于1901年,距离"市中心"较近,位于火车站以西,距火车站仅约1公里(图2)。

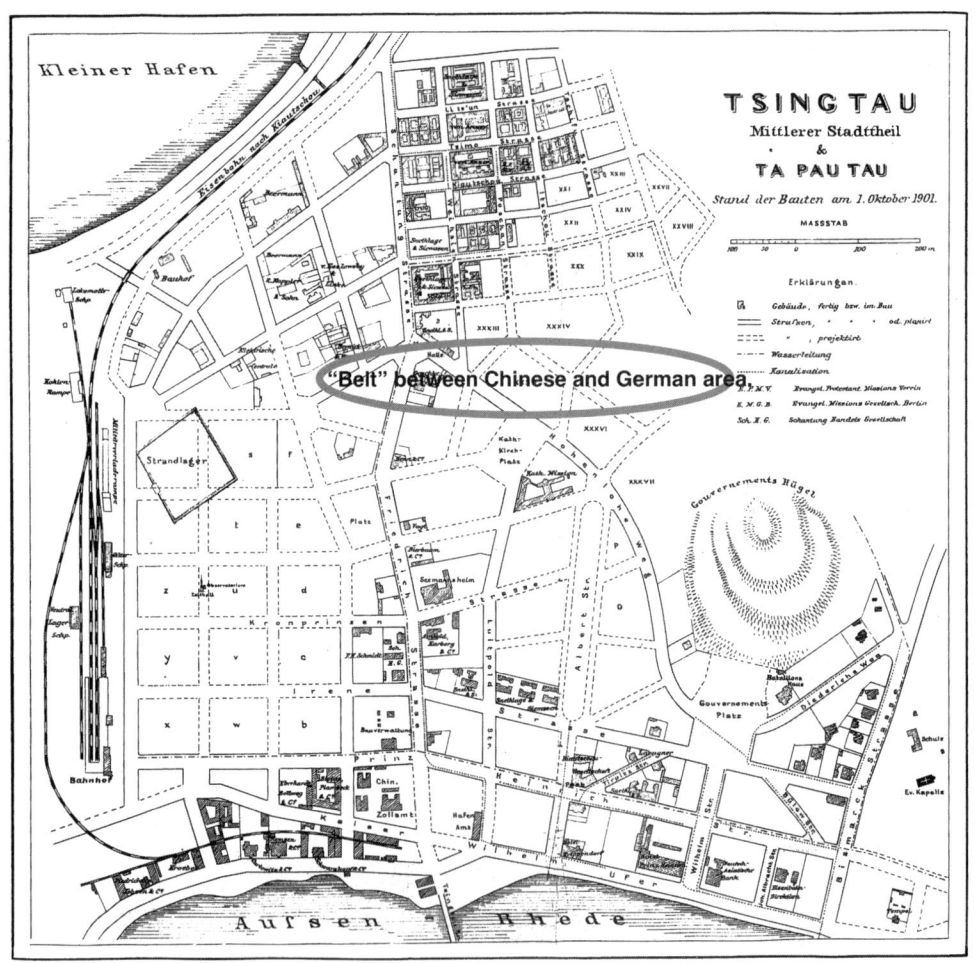

图1　1898年青岛地图

采自青岛市档案馆《青岛地图通鉴》52页,圆圈部分为笔者添加

---

① Thorsten Warner. Die Planung und Entwicklung der deutschen Stadtgründung Qingdao (Tsingtau) in China: Der Umgang mit dem Fremden. The Planning and Development of the German City-building in Qingdao, China: Dealing with the Foreign. PhD diss., Technische Universität Hamburg-Harburg, 1996, p. 125.

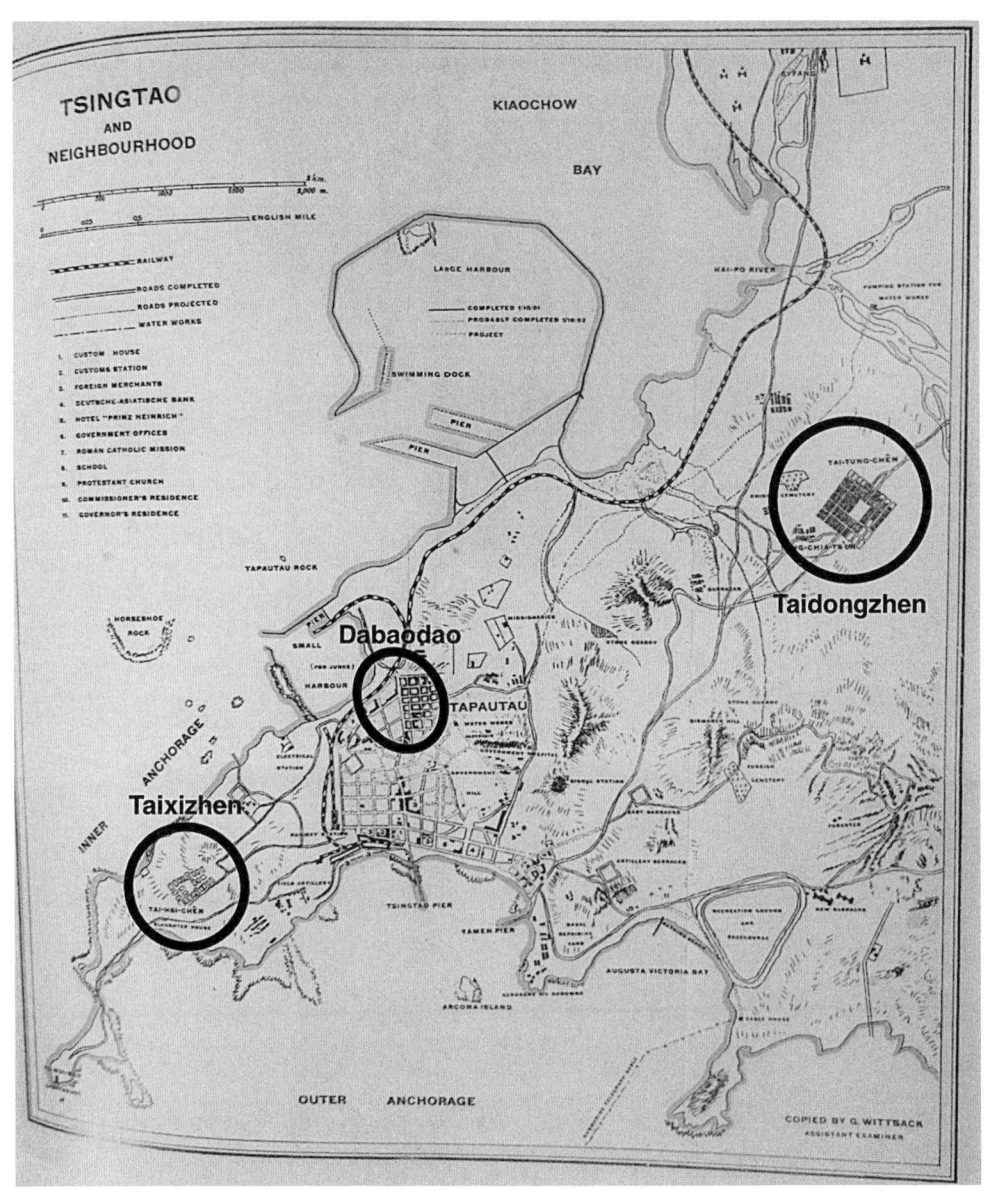

图2 青岛的中国人居住区

采自青岛市档案馆《青岛地图通鉴》55页,圆圈部分为笔者添加

尽管存在一些地方差异,但总体而言,殖民者和被殖民者居住区之间的此类空间隔离是19世纪被殖民统治的部分或全部其他中国沿海城市的典型模式,例如天津

的"老城里"①或哈尔滨的道外区②,而青岛与这些个案的区别在于其更严格的族群隔离。

例如,1905年出版的《青岛及其近郊导游手册》描述道:"青岛与其他中国沿海城市相比的一大优势在于,中国人的居住区与欧洲人的居住区完全分离。"③这个现象发生的其中一个原因可能是由于青岛的"中国城"并非产生于原本的居民区,而这些居民区后来又像如今这样重新融入城市中,例如像哈尔滨道外区那样④。原本名为大鲍岛的渔村被完全拆除,甚至连村庄地下的泥土也被清除⑤。道外区即使处于沙俄的统治下,但仍完全由中国治理,而当时的大鲍岛则不同,大鲍岛和其他"劳工区"是德国胶澳督署有目的地进行规划的地区,因此仍处于严密控制和监督之下。因此,这种隔离不仅是殖民化的副产品,也是在空间和族群方面的制度化。

"德国殖民主义的第一阶段"(1897–1904年)充满了基于偏见的恐华情绪。德国人非常轻视胶州湾华人,认为中国人不可靠、不讲卫生⑥。下面一段内容引自驻扎于青岛的一位德国医生,证明了殖民者认为实行隔离的必要性以及此种行为背后众所周知的理由:"人口稠密的生活区、泥土、害虫……使得将中国人居住的城区与欧洲人居住的城区分隔开来成为必然。"⑦一位牧师写道:"让中国人和欧洲人在不同的地区建造住宅是正确之举。中国人有自己的特殊习惯、奇怪的清洁和礼貌观念,他们在同族中会感到更加舒适——我们也一样。"⑧

从地理概况而言,这一"隔离带"位于一个平缓上升的山坡顶部,将城市的主

---

① Collby College. Tianjin's Western-Style Chinese Villa. China Heritage Quarterly. http://www.chinaheritagequarterly.org/features.php?searchterm=021_villa.inc&issue=021, 2015-3-21.
② Victor Zatsepine. Russia, Railways, and Urban Development, in James Hugh Carter(ed): Creating a Chinese Harbin: Nationalism in an International City, 1916–1932. Ithaca: Cornell University Press, 2002.
③ Friedrich Behmer, M Krieger. Führer durch Tsingtau und Umgebung. Wolfenbüttel: Heckners Verlag, 1905.
④ James H Carter. Creating a Chinese Harbin. New York: Cornell University Press, 2002.
⑤ George Steinmetz. The Devil's Handwriting. Chicago: University Of Chicago Press, 2007, p. 446.
⑥ George Steinmetz. The Devil's Handwriting. Chicago: University of Chicago Press, 2007, p. 464.
⑦ Kronecker quoted in Mühlhahn. Negotiating the Nation. p. 42.
⑧ Kronecker quoted in Mühlhahn. Negotiating the Nation. p. 42; Hans Weicker. Kiautschou: Deutsche Schutzgebiete in Ostasien. Berlin: Salzwasser-Verlag, 2010, p. 49.

街道（即如今的中山路）分成两部分①。通过这种方式，德国人认为中国人居住区的污水在暴雨期间顺着斜坡被冲至大鲍岛，但不会危及德国人的居住区以及他们的健康安全②。1900年颁布的所谓的"中国人章程（Chinesenordnung）"进一步规定，禁止在青岛区（即欧洲人居住区）内建造任何中国建筑③。值得注意的是，这项规定是根据"维护公共卫生的一般条例"所提出，而并非"建筑条例"④，这表明，由于族群和政治原因而引起的卫生问题均通过充满目的性的城市空间构建计划来解决。

但是物理环境的秩序也超出了简单隔离的控制范围，其直接延伸到了"中国城"本身。正如弗里德里希·威廉·谟乐（Friedrich Wilhelm Mohr）写道，建筑物各个房间的具体高度都有规定（同样是依据"维护公共卫生的一般条例"）："所有劳工区……房子布置必须保证每个10岁或以上年龄的中国人在2.5平方米的建筑面积上拥有8立方米的空间"⑤。正如"中国人章程"所提出的要求，"每位房东都有责任在房间安装便桶（closet），保证其清洁并每天清除垃圾"⑥。这些便桶可以密封。由于对地下水污染和疾病的担忧，殖民政府严格禁止使用中国其他许多城市用作厕所的所谓"垃圾沟"。大鲍岛的建筑需要建立一个单独的棚子或房间，通常位于底层，用于存放和使用这类便桶。

四、大鲍岛的建设与里院的出现

最初，大鲍岛的街道被设计成网格状，道路将地块分割成或大或小的矩形。私人和公司都可以购买由此形成的地块，但土地交易受到"管理中华事宜辅政司"单维廉（Wilhelm Schrameier）制定的"青岛土地法规（Qingdaoer Landordnung）"

---

① 李明：《中山路一条街道和一座城市的历史：青岛早期城市风景的非典型叙述》，青岛，海洋大学出版社，2009。
② Thorsten Warner. Die Planung und Entwicklung der deutschen Stadtgründung Qingdao (Tsingtau) in China: Der Umgang mit dem Fremden. PhD diss., Technische Universität Hamburg-Harburg, 1996, pp. 115-116.
③ Friedrich Wilhelm Mohr. Handbuch Für Das Schutzgebiet Kiautschou. Leipzig: Köhler, 1911, p. 24.
④ Biener. Das Deutsche Pachtgebiet Tsingtau. p. 99.
⑤ Friedrich Wilhelm Mohr. Handbuch für das Schutzgebiet Kiautschou. p. 25.
⑥ Friedrich Wilhelm Mohr. Handbuch für das Schutzgebiet Kiautschou. p. 25.

的严格管制①。德国胶澳督署希望防止纯粹为投资目的而购买土地的行为，因此规定，任何人若想从政府购买土地都必须提交详细的土地使用计划。如果该计划在获得批准后没有付诸实施，相关人员将会受到严厉的处罚。不仅如此，胶澳督署还出台了精细的土地税以确保自己总能从土地增殖中获益。侵占胶州湾后，德国胶澳督署还保留了直接从中国当地所有者手中购买任何土地的专有权。这样做是为了防止土地投机，因为其他租借地出现过此类现象②。

因此，任何相关方（包括中国人和欧洲人）都只能通过胶澳督署，并遵守现有的建筑条例，才能购买大鲍岛的一个或几个地块。这些条例规定，大鲍岛建筑物只允许占据购买地块的四分之三③。此外，所有建筑物必须整齐地与其所建之处的街道平行排列。尽管大鲍岛的建筑条例稍微宽松一些，允许依照中国建筑惯例做一定的"文化"调整，但此类条例也规定了使用的建筑材料种类。例如，禁止将易燃材料用作屋顶或黏土砂浆墙。但只要外墙是用实心砖砌成，那么内部结构仍然可以采用传统的中国建筑材料，如木材。

大鲍岛最初被定位为"中国城"，其早期建设得到了德方的积极参与④（图3）。在大鲍岛购买并开发了许多地块的最著名的德国商人是阿尔弗莱德·希姆森（Alfred Siemssen）及其公司祥福洋行。在回忆录中，阿尔弗莱德·希姆森这样描述自己为大鲍岛的中国住宅所做的特殊设计："为大鲍岛中国城的华人房屋，我设想了一种特殊的建筑形式。沿着完整的方形街坊四周，是临街商铺和楼上的住间，街坊中间留下一个大的内院供交通之用，也可以成为儿童游戏的场所。每套房子在内院一侧

---

① Ludwig Wilhelm Schrameier. Aus Kiautschous verwaltung: die land-, steuer- und zollpolitik des Kiautschougebietes. 1914; Wilhelm Matzat. Die Tsingtauer Landordnung des Chinesenkommissars Wilhelm Schrameier. 1985, p. 20; Dirk Loehr, Shihe Fu, Li Zhou. The Qingdao Land Regime-Lessons Learned. 2014, p.11.

② William T Rowe. Hankow: Conflict and Community in a Chinese City, 1796–1895. Stanford, Calif: Stanford University Press, 1989, p. 70.

③ Torsten Warner. Die Planung und Entwicklung der deutschen Stadtgründung Qingdao (Tsingtau) in China: der Umgang mit dem Fremden. Dissertation TU Hamburg-Harburg, 1996, p. 117; Ludwig Wilhelm Schrameier. Aus Kiautschous verwaltung: die land-, steuer- und zollpolitik des Kiautschougebietes. 1914, p. 53.

④ 青岛市城乡建设委员会、青岛市城市建设档案馆：《大鲍岛：一个青岛本土社区的成长记录》，29页，济南，山东画报出版社，2013。

图3 大鲍岛地块地图
Ulf Etzold（白龙）绘。阿尔弗莱德·希姆森指出的庭院对应于图4中的庭院

还用一层高的墙围出一个私人的小院，院子里面是一层厨房和厕所。"① （图4）

图4 祥福洋行建造的庭院
这是现今仅存的几个希姆森式庭院之一。笔者私人藏品，确切日期不详

最早在大鲍岛购买土地的中国商人包括著名的瑞蚨祥丝绸公司的老板孟鸿升。与阿尔弗莱德·希姆森不同，他开发的住宅展示了中国建筑元素，例如类似于中式的飞檐和斗拱②。同样，从广东和上海地区移居到大鲍岛的商人也带来了他们自己的建筑传统。

---

① Alfred Emil Siemssen. Kolonialpionier: Memoiren Aus Fernost 1857–1946. Colonial Pioneer: Memoirs from Far East. Wachtberg: Helmut Siems Siemssen (self-publishing), 2011, p. 31.
② Shan Jin. Anlehnung und Exploration – Die Stadtentwicklung Qingdaos unter der Verwaltung der Republik China (1922–1937). PhD diss., Institut für Architekturgeschichte der Universität Stuttgart, 2015, p. 197.

这些早期的建筑实践为后来形成大鲍岛和青岛大部分地区的建筑类型——里院的出现奠定了基础。"里"这个字指的是中国城市传统的地方管理制度单位，而"院"指的是庭院。一般来说，里院与传统的中国北方四合院（四面都是墙壁的庭院）相似，因为它们相对外界而言较为隐蔽，但其内部拥有一个较大的公共空间[1]。一个人可通过一个或几个通道进入里院，有时还会通过照壁遮挡里院，这是四合院的一个共同特征，但在里院中的使用较为少见[2]。

在庭院里面，有楼梯可以通向一个传统木质结构的开放走廊，与上层的房间相连。四合院是根据气候条件而建造——可在寒冷的冬季将光照时间最大化，而在炎热的夏季将光照时间最小化。正如那仲良（Ronald G. Knapp）解释的那样，遵循"平衡与轴对称原则"[3]。早期的里院遵循这种矩形布局，包括位于入口对面的"倒座房"，东西两侧的厢房，以及朝南的"正房"（图5）。

但许多里院本质上不同于四合院，这表现在它们各种不同的空间布局中。有些是完美的矩形结构，有些则呈现三角形甚至五边形。这些不同的形状受到地块结构以及已有庭院的制约。有时，一个地块中有两个甚至三个较小的里院。里院的另一个特点是其具有多层单元。在德租时期，由于存在各种相关条例，以两层的里院建筑为主[4]，但在之后，庭院有时建成三层，有时甚至建四层高，这也更符合中国南方的建筑风格[5]。此外，在德国殖民统治早期，临街底层的商铺单元就已经成为里院的

---

[1] Ronald G Knapp. The Chinese House: Craft, Symbol, and the Folk Tradition. New York: Oxford University Press, 1990; Donia Zhang. Courtyard Housing and Cultural Sustainability: Theory, Practice, and Product. Farnham: Ashgate, 2013.
[2] Ronald G Knapp. China's Old Dwellings. Honolulu: University of Hawaii Press, 2000.
[3] Ronald G Knapp. The Chinese House. Oxford: Oxford University Press, 1991, p. 11.
[4] 青岛市城乡建设委员会、青岛市城市建设档案馆：《大鲍岛：一个青岛本土社区的成长记录》，济南，山东画报出版社，2013。
[5] 青岛市城乡建设委员会、青岛市城市建设档案馆：《大鲍岛：一个青岛本土社区的成长记录》，23页，济南，山东画报出版社，2013。一个最具代表性的例子是福建土楼。

图5　2012年的里院庭院
田野时拍摄

典型特征①，其突显了里院作为商业和居住空间混合使用的特点，居民可在内院或楼上房间居住，在楼下工作。至于建筑材料，早期里院的外墙用砖砌成，到20世纪30年代以后混凝土则成为常见的建筑材料。德国人还引进花岗岩作为建筑地基的材料。因此，我们今天看到的许多里院的地基都是用花岗岩而建。在青岛城市发展的早期阶段，出现了两种类型的里院：一种是单个家庭居住的单体庭院，另一种是多个家庭居住的，即所谓的杂院②。之后，由于土地稀缺和需求增高，第二种类型变得更加普遍。

① 在宋代出现了外置商铺、内置生活区的商业庭院。Shan Jin. Anlehnung und Exploration – Die Stadtentwicklung Qingdaos unter der Verwaltung der Republik China (1922–1937). PhD diss., Institut für Architekturgeschichte der Universität Stuttgart, 2015, p.197; Jun Zhang. Rise and Fall of the Qilou: Metamorphosis of Forms and Meanings in the Built Environment of Guangzhou. Traditional Dwellings and Settlements Review XXVI, 2015 (11), pp. 25-40.
② 青岛市城乡建设委员会、青岛市城市建设档案馆：《大鲍岛：一个青岛本土社区的成长记录》，63页，济南，山东画报出版社，2013。

虽然大鲍岛确实是德国胶澳督署有目的进行规划的街区，但没有证据表明德国人有意识地为里院的建造制定计划或设计原型。相反，将里院的出现理解为一种历史偶然，一种居住实验的产物，或许更为准确。里院的出现是多种因素综合作用的结果，包括胶澳督署实施的严格建筑条例，以及不同地区的华人移居至大鲍岛，带来了自己的建筑特色，并在现有的基础上建造新庭院的同时根据自己家乡的建筑习惯进行改造。因此，即使今天我们能辨别出部分共同、明确的特征，也很难确切地指出里院住宅的建筑风格。下文将讨论在德国撤军后的几十年里，里院住宅所经历的扩建、改造或替代，如何将这个情况变得更为复杂。其中，首要探讨的问题是，大鲍岛是如何从一个族群隔离的"中国城"转变为一个多元混居的贸易区的。

五、从隔离到同化

就在德国人开始建造"模范殖民地"的几年后，最初设计的中国城镇和欧洲城镇之间的"隔离区"开始消失。把大鲍岛打造成"中国城"的初期设想从未真正实现。1900 年，海军中尉戴姆林（Berthold von Deimling）在柏林德意志殖民协会（German Colonial Society）的一次演讲中，详细描述了大鲍岛新建住宅是如何"因住宅严重缺乏而常常被欧洲人迅速占据，尽管这些房屋最初是为较为富裕的中国人而建造的"[①]。其中，租借地和德国本土也出现了从歧华转向亲华的显著心态转变。德国汉学家开始传播对中国友好的感情，他们在中国进行学习，与当地华人保持密切联系，并且受过翻译培训[②]。此外，当时居住在青岛的不同欧洲商人群体在面对当地居民时所追求的目标也各不相同，其在商业机会和资源上是相互竞争的关系。因此，正如余凯思所言，"群体和个人之间的竞争和冲突，无论国籍是否相同，实际上均导致了欧洲人各种苦心经营的逐步瓦解，并由此产生了改变殖民统治模式的

---

① Berthold von Deimling. Die Kolonie Kiautschou in den ersten beiden Jahren ihrer Entwickelung: Vortrag, Gehalten in Der Abteilung Berlin-Charlottenburg Der Deutschen Kolonial-Gesellschaft. Berlin: Verlag von Dietrich Reimer, 1900, p. 55.
② George Steinmetz. The Devil's Handwriting. Chicago: University of Chicago Press, 2007, p. 470.

动力"①。

这种本土政策的转变始于 1905 年前后，它代表着从族群隔离与军国主义向包容和交流倾向的转变，但也代表着一种更直接的文化融合方式，以及通过传教和教育工作进行的更为积极的文明化努力。除建立混合制学校外，德国人还通过为当地人提供必要的基础设施，把德国人的卫生和清洁观念强加给当地人。例如，在德租后期，大鲍岛的一些地方被接入复杂的污水处理系统。随后，各种"现代"蹲式厕所在大鲍岛出现，并提供清洁用水②。很快，在此前被标记为"隔离区"的区域消失了，取而代之的是一条条新铺设道路，直接连接"中国城"和"德国城"。

导致族群隔离消失的另一个原因是这个"新殖民地"充满活力的经济活动迅速吸引了来自中国各地的移民。在德国占领青岛的头几个月，人口就增长了五倍之多。大鲍岛位于市中心，是最吸引人的工作和生活的地方，所以很快就人满为患③。根据祥福洋行公司的年报，1902 年，该公司在大鲍岛购买了四个地块④。而 1905 年的年报中记录的地块高达六个，1913 年的年报中则为八个。在 1902 年的年报中，该公司仍为缺乏租户和整体发展缓慢抱有遗憾，但在 1905 年的年报中则称赞了地块的高需求量，1913 年更是如此。这些年报清楚地反映出租借地的人口增长，特别是迁入市里（即大鲍岛）的中国人数量不断上升。

从街区形成之初，大鲍岛的定位就显得很模糊。因为它既不是欧洲人居住区域的一部分，也不完全与这个区域隔离；在此居住的既有中国人，又有欧洲人。里院属于中式建筑，但深受德国建筑条例的影响，部分建筑甚至由德国建筑师设计建造。因此，大鲍岛被规划为一个隔离的"中国城"，并相应地进行管理，但很快成为了一个既非"德国式"，也非"中国式"的文化和空间混合街区。

---

① Klaus Mühlhahn. Negotiating the Nation: German Colonialism and Chinese Nationalism in Qingdao, 1897–1914, in Bryna Goodman, David S G Goodman (eds): Twentieth Century Colonialism and China: Localities, the Everyday and the World. New York: Routledge, 2011, p. 43.
② 青岛市城乡建设委员会、青岛市城市建设档案馆：《大鲍岛：一个青岛本土社区的成长记录》，8-37 页，济南，山东画报出版社，2013。
③ Torsten Warner. Die Planung und Entwicklung der deutschen Stadtgründung Qingdao (Tsingtau) in China: der Umgang mit dem Fremden. Dissertation TU Hamburg-Harburg, 1996, p. 124.
④ 这些报告尚未发表，是作者自己收藏的一部分。

六、"殖民城市的消亡"与延续

当 1914 年第一次世界大战开始时,日本控制了青岛,德国人旋即从青岛撤退。战争期间,中国加入协约国对抗德意志帝国,但《凡尔赛和约》将青岛转交给了日本,并因此导致了广为人知的五四运动。1922 年,在通常所说的"日本第一次侵占时期"(1914–1922 年)之后,这座城市终于归还给了中国,随之而来的是所谓的"殖民城市的消亡"[1]。然而值得注意的是,在中国管辖下,即北洋政府(1922–1928 年)和国民党政府(1929–1937 年)统治期间,政府通过规划和卫生条例对青岛和大鲍岛进行管理的方式,与德租时期有一些相似之处。

早在日本第一次侵占时期,日本对德国的土地政策和规划政策只是稍做修正,并没有根本性改变。建筑形式也是如此,日本在进一步开发青岛的过程中,很大程度上采用了西方建筑风格。他们认同德国在城市建设方面所做的努力,称青岛是"荒漠中的美景"[2],并明确表示要继续建设"模范城市"。日本主要开发大鲍岛以北的港口地区。但由于工业和商业活动的增加,大鲍岛也发生了一些重大变化。日本殖民统治下施行的土地制度较为宽松,允许更密集的建筑活动,加上稳定的人口增长,导致大鲍岛的建筑活动激增。这一趋势在 20 世纪 20 年代至 30 年代进一步加剧。据记载,到 1935 年,青岛的居住人口超过 50 万[3]。

为了管理并控制城市增长和城市生活质量,民国时期的青岛政府转而求助于(西方)科学理念。他们制定了复杂的行政制度,实施完善的条例,以控制并指导城市发展和城市生活。例如,1935 年一份名为《青岛市各里院住宅公共条例》的文件,十分详细地规定了房东和租户的义务和责任,不仅涉及定期维修工作,还涉及里院区域的行为规范(图6)。房主须每两年粉刷外墙,进行所需的维修工作,并向有关政府部门登记所有租户。此外,还存在关于空间使用的详细条例。例如,走廊

---

[1] John Western. Undoing the Colonial City?. Geographical Review. 1985, 75 (3), pp. 335-357.
[2] Junichi Hobow. Tsingtao: The Riviera of the Far East. Tsingtao: Tsingtao Leader Office, 1922, p. 23.
[3] Erpeng Zhan. Entstehung, Wandlung Und Sanierung Der "Hüttenviertel" in Qingdao (Tsingtau). Berlin: Logos Verlag, 2002, p. 219.

青岛市各里院公共遵守條規 二十四年五月十八日由社會公安工務財政各局會同呈奉市政府内字第四五八二號指令備案

第九條 不准在場内打造器物及升火炊飯
第十條 擺擠營業時間限於白晝場内不准住宿
第十一條 不准隨地抛棄垃圾穢物
第十二條 不准隨意便溺
第十三條 不准喧閙鬩殿
第十四條 擋商歇業須報告本管辨事處退租不准將租地私相轉讓
第十五條 政府將來有需用本地段必要時得隨時收回
第十六條 不守規則者得酌量情形按違警處罰誡不悛者得停止租給
第十七條 本簡則如有未盡事宜得隨時呈請修正之
第十八條 本簡則自呈奉核准之日施行

一、里院房舍每二年由房東油漆粉刷一次必要時併應隨時修理
二、户口有移勤時由房東房户隨時報告本管警所
三、住户有來歷不明行爲不正者由房東報告本管警所注意
四、門洞不得設置貨攤堆積雜物架設吊鋪
五、樓梯走廊過道不准私搭板棚板壁其經工務局許可之臨時建築物如逾效期應即撤除
六、院内不准私搭板棚板壁其經工務局許可之臨時建築物如逾效期應即撤除
七、晾曬衣物由房東在相當地點設置晒衣杆或晒衣繩以不妨礙院内光線交通爲準
八、臨街窗口及牆壁欄杆等處不准掛置盆筐刷帚支掛木板與其他雜亂物品
九、樓房里院如非洋灰鉄筋之樓梯走廊須置備太平繩或太平梯爐灶須置於安全地點地板上應鋪鉄板

青島市市政法規彙編 社會

二二三

图6 《青岛市各里院住宅公共条例》（1935年）
由金山提供

和楼梯必须保持畅通，院内不得再加盖建筑物，衣物只能在专用区域晾晒，以免遮挡阳光，禁止在院内饲养动物等。而对于"恰当"的行为，条例也把不得随意便溺或在庭院内吐痰等规定囊括在内。

我们可以注意到，这些规定与德国胶澳督署所制定的"中国人章程"在措辞和

关于整洁有序的表述方面，都有相似之处。此类治理术旨在抑制不文明行为，而其中的原因须从殖民对象（即当地华人）对殖民统治的反应方式中找寻。历史学家格奥尔格·斯坦迈茨（George Steinmetz）①、余凯思②、黄福得③讲述了中国人在青岛反抗殖民统治政策的过程。在大鲍岛，就像在当时中国的许多其他城市一样，当地成立了会馆和工会（通常是本地的协会），动员居民为居住在该区域的中国人权利而斗争。但是抵抗也伴随着对一些侵略者思想的接纳。由于软弱无力的清政府似乎无可奈何地屈服于欧洲的扩张主义，许多中国人，尤其是知识分子，开始从根本上质疑中国传统世界观，他们认为这些世界观已经过时，且对解决任何具体问题没有帮助，于是转而尝试在西方科学中寻找解决中国问题的答案④。这意味着，特别是存在外国势力的地区，当地精英开始接受殖民者带来的思想。在大鲍岛，一些较富裕的商人迁入并采用了德国人规定的生活方式，特别是在城市礼仪和卫生方面，努力与殖民者达成和解。罗芙芸（Ruth Rogaski）在其关于天津现代卫生的著作中解释了卫生的概念如何"成为一种工具性的话语，传达了中国精英对现代理想的憧憬，即一种他们希望国家、社会和个人得以改变的工具"⑤。随着时间的推移，作为殖民对象的中国人，因受到中国社会根本变化的影响，并且日益感受到国家贫弱，开始逐渐接受西方医学、卫生、经商、教育、城市规划等方面的知识和思想⑥。

1922年青岛回归中国后，尤其是在20世纪30年代，一批政府内部的精英管理着这座城市，并积极推动其现代化进程。在北洋政府（1922–1928年）以及南京国民政府（1929–1937年）时期，青岛的城市规划很大程度上遵循了西方科学标准。

---

① George Steinmetz. The Devil's Handwriting. Chicago: University of Chicago Press, 2007.
② Klaus Mühlhahn. Herrschaft Und Widerstand in Der "Musterkolonie" Kiautschou. Munich: Oldenbourg Wissenschaftsverlag, 2000.
③ Fu-teh Huang. Qingdao: Chinesen Unter Deutscher Herrschaft 1897–1914. Bochum: Projekt-Verlag, 1999.
④ 参见梁启超、康有为、张之洞等人的著作。
⑤ Ruth Rogaski. Hygienic Modernity: Meanings of Health and Disease in Treaty-Port China. Berkeley: University of California Press, 2004, p. 300.
⑥ Jeffrey W Cody. American Planning in Republican China, 1911–1937. Planning Perspectives, 1996, 11 (4); Wang Bing. Cities in Transition: Episodes of Spatial Planning in Modern China, in Patsy Healey, Robert Upton: Crossing Borders: International Exchange and Planning Practices. New York: Routledge, 2010, pp. 95-115.

为政府工作的城市规划师、设计师和建筑师大部分受过外国培训。1931年至1937年间，在留日市长沈鸿烈的领导下，建筑部门的工作人员中有10多人获得了国外学位，其中大部分毕业于美国大学[1]。然而，在追求现代化的过程中，他们诉诸"正确"的空间行为和规划思想，这些思想与以前殖民政府的思想非常相似，而且是专门用来控制当地人口的。如果说这会使大鲍岛模糊的地位永久化，或许有些言过其实，但这确实对在大鲍岛工作生活的居民产生了一定的影响，因为他们现在不是由殖民者，而是由本地精英控制和管理。

七、民国时期里院住宅的改造

20世纪20至30年代，随着经济的发展、人口的增长以及由此产生的兴建行为，里院住宅开始被拆毁、重建、改造、扩建并复制。在大鲍岛，以及在青岛市的其他地区都是如此。而里院的风格也由此发生了变化，出现了三层和四层的里院，庭院空间往往被大幅缩小，以增加私人生活空间。20世纪30年代里院的一个显著特征是街区的圆角，这反映了1932年的一项规划法规，旨在增加十字路口的道路空间。今天我们仍然可以看到许多带圆角的里院，这通常表明它们建造于20世纪30年代。许多里院也经历了一个西方化的过程，特别是与立面装饰有关的部分，这反映了建筑师和设计师追求西方现代性的愿望[2]。相关变化也影响了庭院的内部，例如，钢筋混凝土代替了木材，成为高层走廊常用的建筑材料。随着越来越多更富裕的中国商人迁往青岛，将现有的里院完全拆除后在原地另建新院的做法也颇为常见。这些现象很大程度上促成了今天里院外观的多样化。

我们可以以平康五里为例，了解这些变化对如今里院住宅的分类和最终保护带来了怎样的挑战。现如今，平康五里是青岛著名的里院之一，因其外观出众，有四

---

[1] Shan Jin. Anlehnung und Exploration – Die Stadtentwicklung Qingdaos unter der Verwaltung der Republik China (1922–1937). PhD diss., Institut für Architekturgeschichte der Universität Stuttgart, 2015, p. 91.

[2] Shan Jin. Anlehnung und Exploration – Die Stadtentwicklung Qingdaos unter der Verwaltung der Republik China (1922–1937). PhD diss., Institut für Architekturgeschichte der Universität Stuttgart, 2015, p. 207.

层之高，并建有高大的楼梯（图7）。同时，那里也因为在1949年前曾是妓院而出名。该地块最初由宫世云在1912年购买。他的建筑公司公和兴在这里建造了一栋两层的里院住宅①。两年后，也就是1914年，又加建了第三层。1933年，一位名叫陈珍山的中国企业家购买了该地块，拆除了当时的里院，并按照之前的空间布局新建了一栋部分为三层、局部又有四层的里院。因此，我们今天看到的里院不仅仅代表一个单一的过去，相反，它可以被看作是不同历史时期的体现，见证了大鲍岛经历的种种演变。

图7　平康五里（实地调查照片，2012年）

至此本文已经讲述了殖民者如何建造了大鲍岛，以尽可能远离当地的中国人，并减少与之接触。但由于中国移民的增加和本土政策的改变，大鲍岛很快变成了一个混合贸易区，这种性质一直延续到了后殖民时代。此后，民国时期政府采用了一种崇尚科学的城市规划和调控手段，在许多方面与德租时期的殖民统治技术有类似之处。就建筑实践而言，自德租初期，里院这一建筑形式就开始出现，并在接下来

---

① 青岛市城乡建设委员会、青岛市城市建设档案馆：《大鲍岛：一个青岛本土社区的成长记录》，济南，山东画报出版社，2013。

的几十年里经历了不断的改造和重塑，融合了不同建筑风格，反映了不同历史时期的不同需求和规则，以及建筑师们的种种愿景。

1937年，日本再次控制了青岛。沈鸿烈市长在被迫放弃并撤离青岛之前引爆或烧毁了几处重要的城市基础设施。在随后的几年里，日本的主要目标是在青岛制造用于对华战争的工业产品，并将其高效地运输到内陆[1]。对许多当地观察家和历史学家来说，1937年，大鲍岛有管制和有计划的建筑活动宣布告终。

八、新中国成立后的大鲍岛：中心变成外围

20世纪50年代，为了改善劳动人口的生活条件，消除民国时期的负面影响，新政府启动了一项"旧房改造"计划[2]。大鲍岛的里院被谴责为"旧社会"的遗存，尽管位于市区中心，但其在社会和空间上都变得风雨飘摇。里院归为集体所有，原来的房主被剥夺了所有权，其中许多人逃到了台湾和海外。此后，居民开始向市房管局租用里院[3]。以前的私营企业变成了国有企业，随后，单位大院也渐渐变成了时代的"缩影"[4]。将几个较小的私营工厂或企业合并成一家国有工厂的现象相当常见。例如，潍县路19号的庭院在1949年以前曾用于容纳几家木匠铺，新中国成立以后归为集体所有，变成了"第一木材厂"。

20世纪60-70年代大鲍岛在各种社会运动下的影响不在本文的论述范畴内。就当前的讨论来说，重要的是，在1949年后，城市转型受到了关于"逆城市化"话语的影响，城市规划基本上成为了为实施计划经济所进行的一项技术活动[5]。新中国成立初期的规划服务于以生产为导向的发展模式以及大型重工业建设，因此新工

---

[1] Shan Jin. Anlehnung und Exploration – Die Stadtentwicklung Qingdaos unter der Verwaltung der Republik China (1922–1937). PhD diss., Institut für Architekturgeschichte der Universität Stuttgart, 2015, p. 268.

[2] Erpeng Zhan. Entstehung, Wandlung Und Sanierung Der "Hüttenviertel" in Qingdao (Tsingtau). Berlin: Logos Verlag, 2002.

[3] 青岛市史志办公室编：《青岛市志·房产志》，104页，北京，新华出版社，1999。

[4] Duanfang Lu. Remaking Chinese Urban Form: Modernity, Scarcity and Space, 1949–2005. London and New York: Routledge, 2006, chapter 3.

[5] Michael Leaf, Li Hou. The "Third Spring" of Urban Planning in China. China Information, 2006, 20 (3), pp. 553-585.

厂大院主要建在郊区①。而里院这种位于城市中心狭窄小巷的老旧庭院住宅则完全不适合这一规划，因此也缺乏投资。城市集体企业里的居民也受到了影响②。这一时期，一个人的社会经济地位由其工作单位的规模和影响决定。由于没有大型工业单位，市中心居民往往处于不利地位，因为他们所得的福利远远不够全面。因此，这一时期的城市发展将大鲍岛推向了社会空间的边缘，并影响了该地区在改革开放时期的地位。

改革开放的前二十年，旧街区通常会发生大规模的重建和人口迁移③。在从计划经济向市场经济的过渡阶段，土地是通过新兴的房地产市场和同时存在的中央划拨土地进行分配的④。因此旧的市中心常常是地方政府用于进行城市建设、经济发展和权力整合的首选目标，因为这种项目的成果会特别显著⑤。20世纪80年代，青岛的重建项目主要是针对原台东（镇）和（台）西镇的"劳工区"⑥。在大鲍岛，一些里院被拆除，取而代之的是五至六层的公寓楼。此外，破旧的楼梯、走廊、水龙头和其他设施也得到了一定的修复⑦。20世纪90年代是一个充满新机遇的时代，建筑施工、拆除和重建显著增加。青岛历史悠久的市中心经历了一系列为改善基础设施所做的重建项目。例如，当时制定的《青岛城市总体规划（1995-2010年）》规定有必要更新建设和维护城市旧区，以"提高环境质量、完善基础设施、优化用地结构、均衡人口分布"⑧。在1995年至1999年间，青岛政府实施民心工程，超过600万平

---

① Duanfang Lu. Remaking Chinese Urban Form: Modernity, Scarcity and Space, 1949–2005. London and New York: Routledge, 2006, p. 48.
② Andrew G Walder. Communist Neo-Traditionalism: Work and Authority in Chinese Industry. Berkeley: University of California Press, 1986, p. 43.
③ Hyun Bang Shin. Residential Development and Social Impacts in Beijing, in Fulong Wu: China's Emerging Cities: The Making of New Urbanism. New York: Routledge, 2007, pp. 163-185.
④ You-tien Hsing. The Great Urban Transformation: Politics of Land and Property in China. Oxford: Oxford University Press, 2010.
⑤ Daniel Benjamin Abramson. The Dialectics of Urban Planning in China, in Fulong Wu: China's Emerging Cities: The Making of New Urbanism. New York: Routledge, 2007, pp. 66-87.
⑥ 台东镇和台西镇后来分别改名为台东和台西。
⑦ 青岛市史志办公室编：《青岛市志·房产志》，119页，北京，新华出版社，1999。
⑧ 《青岛市城市总体规划（1995-2010年）》，17页。

方米的新住宅应运而生，以实现在新千年之前消除所有棚屋区的目标①。1998 年，台东几乎被完全拆除，2002 年，大鲍岛以北地区（也称为小鲍岛）被拆除，台西镇和"海关区"均于 2007 年被拆除。

青岛是 1984 年第二批沿海开放城市之一②，20 世纪 90 年代由俞正声接任市长，较早便开始了快速发展。20 世纪 90 年代中期，青岛的政治和经济中心迁至了该市东部开发区，这使得老城区摆脱了作为青岛主中心的负担，但也导致了该区域在城市规划和投资方面的一些疏忽和失误③。早在 20 世纪 90 年代，政府就制定了名为"中山路历史名城"的计划，目的是带动当地旅游业④。1996 年，首个重建项目设想将中山路变成"青岛的南京路"。但项目没有达到预期的目标，因为中山路过去是（现在仍然是）一条连接市北区和滨海区的交通要道，项目在一直没能提供替代交通路线的情况下，尝试将街道改为步行街的目标始终无法实现。1996 年至 2009 年间，政府启动了进一步的重建提案和尝试。但是因为在 21 世纪初，大鲍岛并不属于"保护街区"，其中的一些部分已经被拆除⑤。大鲍岛和里院第一次被提到并纳入市政保护计划是在 2009 年。今天，这里虽被称为"历史文化街区"，但未列入国家保护单位名单，这意味着这里依旧有被拆除的可能性。此外，大鲍岛现在只是一个历史概念，还不是正式的行政区域。在过去的几年里，当关于重建和保护的争论变得更加激烈和公开化时，这个名字才重新获得关注。2010 年，一个名为"欧陆风情区"的大型开发项目启动，计划将大鲍岛打造成一个"文化休闲街区"。这个想法是为了模仿上海在新天地创造一个文化消费空间，效仿其他城市的成功案例，遵

---

① Chong Liu. The Contemporary Development of Qingdao's Urban Space: The Perspective of Civil Society's Participation in Chinese Urban Planning. PhD diss., Bauhaus-Universität Weimar, 2006。
② 连同大连、秦皇岛、天津、烟台、连云港、南通、上海、宁波、温州、福州、广州、湛江和北海。
③ 有关地方领导重要性的更多信息，请参见 Chung Hae-ho. Preferential Policies; Rithmire Meg. Land Politics and Local State Capacities; Chung Hae-ho. Shandong's Strategies of Reform.
④ Hae-ho Chung. Preferential Policies, Municipal Leadership, and Development Strategies A Comparative Analysis of Qingdao and Dalian, in Hae-ho Chung: Cities in China: Recipes for Economic Development in the Reform Era. New York: Routledge, 1999, pp. 103-139.
⑤ 例如，老青岛饭店和红星电影院。

循利用"旧"的美学来创造经济收入和吸引开发商的发展模式①。但该项目并未取得具体成果，于 2014 年被取消。如今，一项新的开发计划正在进行，居民正在搬迁，然而新项目的具体内容仍有待确定。与此同时，大鲍岛和里院仍继续为 20 世纪 90 年代以后来到青岛谋生的务工人员提供居住之地。

九、结 论

改革开放以后，不断变动的城市转型政策，持续存在的诸多与保护和重建有关的难题共同导致了目前大鲍岛的发展僵局。城市的转型政策最初遵循着大拆大建的逻辑，后来逐渐转向"保护性开发"，现在则越来越注重"文化"和"遗产"。这些变化是地方政府对大鲍岛政策的模糊性和不确定性的根源所在。地方政府宣传保护"历史"的同时，继续强调对其进行开发和提升的必要性。同样，大多数媒体对开发项目的报道也遵循着同样的平行叙述：一方面是呼应官方开发话语，另一方面则颂扬该街区的文化和历史意义。于是，随着时间的推移、规划与遗产保护理念的叠加和大鲍岛社会空间衰落的加剧，出现了越来越多的公开争论。这些争论的焦点是大鲍岛到底应该如何保护或开发、建筑遗迹意味着什么、谁又有权代表它们。许多当地的历史和遗产专家和热心参与者不断辩论着大鲍岛究竟应该完整进行保存，还是仅仅选择几处有代表性的里院作为青岛历史的见证。这些争论显然是一个当代的社会政治议题。然而，正如本文中所介绍的，当下围绕着大鲍岛和里院的这些争论，也必须在它们的形成背景下来理解。

大鲍岛在德国殖民统治下成为中国人的隔离区，但很快变成了一个族群和空间融合的贸易区。上文已指出，该地区从一开始就处于一种定位模糊的状态下，这种状态制约了大鲍岛在民国时期和新中国成立初期的发展，绵延至改革开放时期，并持续到现在。正是大鲍岛这种多元的历史脉络和模糊的社会空间意义，让今天正在

---

① Xuefei Ren. Forward to the Past: Historical Preservation in Globalizing Shanghai. City & Community. 2008, 7 (1), pp. 23-43.

进行的那些与之相关的保护与开发的辩论尤其重要。例如，就里院来说，关于哪些是"历史"建筑，而哪些只是"老旧"房屋，尚未达成一致。人们对大鲍岛区域整体历史的认识与对个别里院建筑的认识之间存在明显的差异，这是因为大鲍岛如今的面貌是过去整个世纪的政治运动、社会改革和规划实践持续叠加而成的产物。尽管我们可以查明大鲍岛的渊源，但对那里的建筑（不管是不是里院住宅）却可以追溯到上文讨论过的不同"规划阶段"，有些可以追溯到德租时期、有些可以追溯到民国时期、有些可以追溯到新中国成立初期、有些甚至可以追溯到改革开放时期。这些状况反过来又使今天的保护变得充满挑战性，何况还需遵循专家们对"真实性"的越来越有说服力的呼吁。就社会空间的意义和功能而言，大鲍岛实际上至今延续了其诞生之初的目的，即为从农村搬迁到城市的人们提供方便且可负担的生活成本及工作空间。此外，就像之前里院经历的那些试验性的、有时甚至是临时性的改造一样，今天那里的居民（主要是来自农村的移民）仍然以任意的方式改变着建筑环境和街道，以满足他们各自的需求。而如何协调大鲍岛和里院的这种无形功能，同时保留其物理结构，也就成为了当前所急需解决的难题。

这个破败的市中心街区未来的走向难以预测。大鲍岛一直在缓慢衰落。里院结构脆弱，在某些情况下甚至会对居民构成直接的安全威胁。但大鲍岛不可能完全消失，前文所介绍的那里的多种社会空间历史中，肯定有某些部分会受到青睐，而其他部分将不可避免地被牺牲和遗忘。地方政府多次试图对大鲍岛进行开发或保护，却仍无法解决目前的僵局，这说明大鲍岛具有相当大的韧性。而或许值得进一步探究的是，这样一个难以有效改造的城市街区，对于一个近20年来一直将城市发展和持续经济增长作为主要战略的城市来说，又将如何找到其意义所在？

附记：本文的二校与三校由罗攀、王栋与金山协助完成，在此特别表示感谢。

作为乡村文化遗产保护方法论的博物馆现象研究
——以腾冲和顺古镇为例 *

杜韵红 **

中国在走向现代化、城镇化的进程中,乡村数量正在急剧减少。有资料显示,中国每年有 7000 多个农村村委会消失,意味着平均每天有 20 多个乡村消失。2021 年 5 月 11 日国家统计局发布《第七次全国人口普查公报(第七号)》中显示:2020 年,全国人口中,居住在城镇的人口占比 63.89%[①],人口迁移流动是城镇化率从 2010 年的第六次全国人口普查到 2020 年的第七次全国人口普查相继冲上 50% 和 60% 大关的主推进力[②]。城镇化率处于较高水平,意味着农村人口向城市迁移和聚集,农村地貌向城市景观转变,农村生活方式向城市生活方式的多维度转变。与此同时,大量传统村落又面临旅游开发的摧毁重建,或是所谓"修旧如旧",乡村文化急速消失、

---

* 本文系国家社科基金项目"生态博物馆理念嵌入民族村寨文化遗产保护研究"(项目批准号:18BTQ006)阶段性成果;云南省社科基金项目"生态博物馆与民族特色村寨文化遗产共生发展保护研究"(项目批准号:YB2017047)阶段性成果。
** 杜韵红,云南民族博物馆研究馆员。
① 国家统计局:《第七次全国人口普查公报(第七号)》,http://www.stats.gov.cn/ztjc/zdtjgz/zgrkpc/dqcrkpc/ggl/202105/t20210519_1817700.html,撷取时间 2021-5-9。
② 国家统计局:《第七次全国人口普查公报解读》,http://www.stats.gov.cn/ztjc/zdtjgz/zgrkpc/dqcrkpc/ggl/202105/t20210519_1817700.html,撷取时间 2021-5-9。

变迁。传统上中国是一个以农为本的国家，中华文明植根于农耕文化，随着农村的消失，乡村文化也或将走向凋敝。

在此背景下，党的十九大提出实施乡村振兴战略，将"乡村兴则国家兴，乡村衰则国家衰"放到了国家发展战略高度。乡村文化遗产保护与活化利用，是乡村文化振兴的核心。新博物馆学为解决乡村文化遗产保护提供了理论依据及方法论。

一、变革与探索：新博物馆学理论探索与实践

随着工业文明的衰落，受到后现代主义思潮影响，博物馆界对于当下的无力感凸显。20世纪六七十年代希望变革的声音出现，为保存工业遗址，出现了生态（社区）博物馆思想和实践。基于此实践的理论思考与总结，新博物馆学思潮应运而生[1]。"新"博物馆学的概念中，何为"新"？就最简单的层面来说，所谓的"新"其实是来自博物馆专业和外界对"旧"或传统博物馆学的普遍不满。"旧"博物馆学过多关注博物馆方法，而忽视了博物馆目的，作为一门理论学科或人文学科并未得到应有的重视。除非彻底对博物馆在社会中所扮演的角色予以重新检验，以增加收入或更多的观众作为标准并不能衡量博物馆的成败，否则只是被人看成是"活化石"罢了[2]。外部环境的改变，内生变革的自觉，国际博协提出了新博物馆学，新博物馆学面向当下，朝向未来，强调"以人为中心"，改变了以往"以物为中心"的传统，强调"人"与"物"的关联，主张多元化思考，包容多元文化[3]，关注内容由庙堂之上转向地方文化、普通民众，走进日常生活，展览展示也由追求宏大叙事转向草根叙事。"许多当代文化展示已从官方的、仪式性的形式描绘转向民间。以往那些'房前屋后'的琐事现在取代了盛况与辉煌，获得了新的大众魅力。"[4]新博物馆学提供了一种新的人文主义观念，也就是现代人常说的"以人为本"[5]。新博物

---

[1] 吕建昌、严啸：《新博物馆学运动的姊妹馆——生态博物馆与社区博物馆辨析》，载《东南文化》，2013（1）。
[2] Peter Vorgo. The New Museology. London: Reaktion, 1989, pp. 3-4.
[3] 甄朔南：《新博物馆学及其相关的一些问题》，载《中国博物馆》，2001（1）。
[4] 〔英〕贝拉·迪克斯著，冯悦译：《被展示的文化》，10页，北京，北京大学出版社，2012。
[5] 甄朔南：《什么是新博物馆学》，载《中国博物馆》，2001（1）。

学提倡从文物保护转向对文化资源的开发与利用，强调社区、观众参与，博物馆要针对观众心理需求提供服务产品，增强博物馆的休闲娱乐功能，增加参与性与体验性，让观众在参观、体验、互动中对所展示内容留下深刻印象，从而主动到访博物馆。重视博物馆的文化传播功能及更多的创新传播方式，倡导博物馆与旅游结合。

20世纪70年代，法国生态（社区）博物馆界两位创始人乔治·亨利·里维埃（Georges Henry Riviere）和雨果·戴瓦兰（Hugues de Varine）率先提出"生态博物馆（Econniseum）"并被广泛认同，同时开启了于法国工业遗址上的实践。将里维埃的定义简单总结为：生态博物馆是由公共权力机构和当地居民共同建设、管理的一种工具；是实验室、资源保护中心和学校，通过专家、当地居民的参与、培训、交流实现代际传递；是一面镜子，当地居民从中发现自己，并寻找到对于先民的解释；是人与自然在时空中的表现等[①]。生态博物馆强调在原社区生态环境范围内开展整体性保护，保持原有景观，特别是它具有"原地保护""整体保护""自我保护""动态保护"等独特理念[②]。总之，生态博物馆具有多元文化空间功能，强调多元主体参与文化保护实践，从理念到实践朝向多元化方向发展。后来生态博物馆概念逐渐扩展应用到自然景观、乡村聚落、民间工艺、动植物保护区等领域，对文化遗产保护的探索实践也逐渐遍及到全世界范围，同时以邻里博物馆、社区博物馆、遗址博物馆、露天博物馆、文化公园、遗产项目等形式出现在美国、拉丁美洲、西班牙、澳大利亚和印度，目前世界各国的生态（社区）博物馆已达300多个。

为解决中国乡村文化遗产在地化保护问题，1998年中国与挪威博物馆学专家合作，在贵州梭戛建立了第一个苗族生态博物馆。此后，在云南、内蒙古、沈阳、安吉等地相继开展生态博物馆实验，喜忧参半的实践困境吸引了来自博物馆学、人类学、民族学界专家学者对这一新博物馆现象进行研究与总结。研究认为，在地博物馆并不只是一座建筑，其更应该是一种理念在地的实践，作为介入地方的文化工具，

---

① 〔法〕乔治·亨利·里维埃著，张晋平译：《生态博物馆——一个进化的定义》，载《中国博物馆》，2005（3）。
② 宋新潮：《生态（社区）博物馆与变革中的博物馆》，载《中国博物馆》，2011（合刊），11页。

承载着遗产保护、文化记忆、地方发展、关照社会等一系列任务[①]。在原生地容易建构起家族、族群的历史记忆，民族认同，实现对文化的整体保护，代际传承。博物馆作为扮演重要社会角色的复合型文化机构，成为社区和社区人群文化体系的有机组成部分。把博物馆的服务延伸到所有人群是这些年来新博物馆的运动方向，并且取得了前所未有的发展[②]。生态（社区）博物馆在中国落地标志着人们的观念、价值取向、关注焦点的转向，也影响带动在地文化遗产保护实践。

在传统村落中盛行乡村旅游之际，博物馆介入乡村文化遗产保护现象也流行开来。在博物馆语境下，遗产的修复，媒体的宣传，甚至可进入条件的改善，都是文化展示过程。经过这种编码，乡村遗产呈现为被展示的实体，具有了可参观性，其蕴含的文化记忆才有可能被感知和体认。它消除各种限制性因素，将传统民居、故事传说、节日习俗、民间信仰等集中于一个场域之中，通过物品、文本、声音、图像等媒介的混合表达，构建起一个综合性的乡村文化表征体系。其最终目的在于再现，即呈现可以体验的独特的乡村生活[③]。当遗产回归于生活本身，遗产存续便得到了生存空间与供养，共生与发展才成为可能。本文以腾冲和顺为例，对旅游公司介入遗产保护开发后的模式进行探讨反思。

二、发展与挑战：和顺旅游开发背景下的遗产保护

（一）和顺多元杂糅的文化遗产

和顺镇位于云南省腾冲市城西南4公里处，总面积17.4平方公里，气候温润。和顺古镇坐落于黑龙山北麓山坡，依山形而建，坐北朝南。山脚是宽阔的农田坝子，三条河流从东往西穿过坝子，当地先民利用充足的水系改造灌溉农田，营造风水。

[①] 尹凯：《生态博物馆：思想、理论与实践》，130页，北京，科学出版社，2019。
[②] 曹兵武：《博物馆作为文化工具的深化与发展——兼谈社区博物馆与中国传统文化现代化问题》，载《中国博物馆》，2011（合刊），47页。
[③] 樊友猛、谢彦君：《记忆、展示与凝视：乡村文化遗产保护与旅游发展协同研究》，载《旅游科学》，2015（1）。

河水缓缓流经村口，水系将农田与村落自然分割。一条外环道路将古镇包裹在村落整体之中，开散聚合有度的整体空间结构营造了和顺"诗意栖居"的田园山水景观。

和顺自古就被称为"面向南亚的第一镇""极边第一镇"。《明史·太祖本纪》记载明洪武十五年（1382年），"甲寅，以云南平，诏天下。闰月癸卯，蓝玉、沐英克大理，分兵徇鹤庆、丽江、金齿，俱下"[1]。明太祖平定云南，留沐英镇戍云南，并置卫所。永乐、正统、嘉靖时期，又从四川、湖南等地移民屯兵进入腾冲，和顺人的祖先就是在此时期进入。据当地家谱记载，最早进入和顺的寸、刘、李、尹、贾数姓从重庆、四川从军而来的，至今已有600多年历史。和顺古镇目前共有居民2254户，6937人。据不完全统计，侨居海外的华侨人数达到3万余人[2]。

和顺是西南丝绸之路上的重要驿站，自古人多地少，又紧邻缅甸，出国谋生成为当地人通行的策略，男人十六岁即开始"走夷方"，当地俗话称"穷走夷方急走厂"，"夷方"指缅甸、印度、泰国等东南亚国家，"厂"则指这一带的玉石厂、银矿、宝石厂。

受到儒教文化影响，经商成功的和顺人以回到家乡起房盖屋，娶妻生子，修建祠堂，续写家谱，修桥筑路为光宗耀祖的至高生活理想，古镇上的八大祠堂（寸、尹、刘、张、贾、李、杨、钏氏宗祠），七大寺庙道观（中天寺、元龙阁、三官殿、财神殿、土主庙、魁阁、文昌宫），以及四座古桥，六座古牌坊，二十五条古巷，十四个古月台，七段古墙，八口古井及洗衣亭，都是乡人报效乡梓的历史遗迹，整个古镇就是一座没有围墙的博物馆。

经商回来的族人对和顺的"反哺"不仅传承了儒家传统文化，同时也将外界的观念、技术、审美，包括日常生活用品、生产工具等带入和顺，清末民国时期，和顺还有"小上海"的美誉。修建于此时期的民居建筑呈现了汉族、白族建筑特征，以及杂糅了徽派、东南亚、甚至欧式建筑装饰风格，如"三方一照壁"、"四合五天

---

[1] 张廷玉等：《明史·太祖本纪》，39页，北京，中华书局，1974。
[2] 数据截止日期为2017年，由和顺镇政府提供。

井"、"一正两厢"和"一正两厢带花厅"的建筑样式。家居生活用品多有外国用品。返乡族人兴办教育成立女子益群中学,给家乡的女性提供学习受教育的机会,资料显示和顺当时的教育水平远远领先于周边地区。为开发民智,唤起民众,和顺于1928年创办了中国第一家乡村公共图书馆,图书馆牌匾由胡适亲自题写,目前该馆藏书已达10万余册,其中珍贵古籍善本就有15000余册。办学、图书馆经费全部由华侨资助,在新中国成立后才逐渐由国家接管。

和顺在其所处的地理环境,地形地貌、耕地面积、人口数量与特有文化之间形成紧密关系,最终在各方面达到一个相对平衡的状态[①]。这一平衡状态一方面对该镇向外扩展、向外发展的可能性有所限制,另一方面则通过向外经商并"反哺"家乡的途径,在内在文化上不断精致化、多样化,形成多元杂糅并存的文化特点,因此形塑了一代又一代的和顺人。

和顺遗产从有形到无形,种类形态丰富,既有具有突出、普遍价值的建筑物、建筑群及承载乡民记忆的文物、遗址类物质文化遗产,又有与和顺村民融合成为一体的生产生活实践、知识体系和技艺技能及其有关的工具、实物、工艺品和文化场所等无形文化遗产,这些遗产成为乡村文化可持续发展的核心资源。

(二)古镇旅游背景下文化遗产的开发利用与博物馆建设

基于和顺丰富的旅游资源,20世纪90年代,腾冲县旅游局与和顺镇政府联合组建的和顺侨乡旅游发展公司,由于体制、管理、财政资金困难等问题,2003年11月其全部股权转让给昆明柏联房地产开发有限公司(以下简称柏联)。柏联以承担和顺侨乡旅游发展公司全部债权债务的方式,获得和顺40年独立开发经营权。

自此和顺古镇旅游进入到了规模旅游开发阶段,柏联提出"保护风貌,浮现文化,适度配套,和谐发展"[②]的发展思路,他们尤其注重对古民居的改造利用,采取

---

① 彭兆荣:《中国乡土景观研究:和顺》,载《百色学院学报》,2018(1)。
② 和顺柏联公司提供资料。

将老房子转型为博物馆的形式予以开发利用。展示内容以地方性文化为重点，涉及地方史、民俗、宗教、建筑等，尤其以宗族、宗祠、马帮、商帮、侨乡和抗战文化为核心主题，既覆盖了厚重的历时性本土文化，又杂糅了丰富的共时性文化样态，呈现了和顺古镇整体性的文化魅力，塑造了和顺"华侨之乡""书香名里""文化之津""商贾重地"等地方文化形象。经过柏联的整体打造后，和顺于2005年一跃成为中国十大魅力名镇，吸引了众多游客。

柏联将旅游线路的关键节点都进行了博物馆化展示。将和顺图书馆作为游客首站打卡点；在中国远征军二十集团军旧址上创办滇缅抗战博物馆（该馆实物于2013年已迁移至县城滇西抗战博物馆），并与文昌阁打通作为整体馆区；将李家故居创办成弯楼子博物馆；维持并扩建了艾思奇故居纪念馆；修缮刘氏宗祠并增设宗祠文化馆；将李氏宗祠定位为名人馆，展示和顺具有地方影响力的名人生命史或家族史；修缮并新建了部分牌坊、月台、洗衣亭、水车、水碓、水磨等作为体验观光点。同时，在河滩打造一批新景点，如在河滩上新修和顺小巷并新建马帮博物馆、走夷方博物馆、儒商博物馆、古法造纸博物馆以及室外民俗展示点为体验区，把科举亚元刘宗鉴故居整体迁移至此成为侨乡民俗馆；新修文化长廊展示和顺名人典故，传承好家风家训等。

马帮博物馆、走夷方博物馆、儒商博物馆等，收集了大量的马帮用品、商业资料、家居物件，有许多珍贵的史料与文物。展览形式较传统博物馆有所突破，从墙面到展柜至地面密集展示铺陈，都具有强烈的视觉冲击效果。当初柏联聘请专家帮助策划布展，突出了和顺"走夷方"主题，将富有传奇色彩的民间传说、成功经商案例作为重点事件展示，通过个人生命史的镜像反观地方文化，颂扬当地世代推崇"反哺桑梓"的文化价值取向，倡导好家风的传承。历史上和顺村民祖上"走夷方"多与马帮有关，家中珍藏物件不少，他们对自己的家传物品都能如数家珍。展览整合多方资源，修复了家族、宗族记忆，强化了和顺村民的地方文化认同，赋予了家族文化遗物以新的生命。

当地村民顺应旅游需求推出了相关商旅饮食，如"八大碗""三滴水"等，为游客提供的日常菜品主要以地方特色菜品如锅子菜、马帮肉、头脑（一种特色甜品）等，这种特色化经营带动了地方传统饮食的传承与创新利用。经过一系列的博物馆化的文化再现，营造了和顺强烈的地方文化空间意象，使博物馆功能延展至生活空间，激发遗产的活化利用与保护，在遗产保护与旅游之间找到一种平衡模式，在一定范围内实现了生态博物馆要造福社区的初衷。

依托旅游背景，在资本介入下的博物馆化遗产保护呈现了多元丰富的样态，如刘氏宗祠被定位为宗祠文化馆，展示主题为宗祠文化及中华民族姓氏文化，展厅设置在宗祠的东西厢房，由文字展板组成，内容为中华姓氏来源及演变发展史，宗祠的神圣空间—中堂仍保留宗族祖先牌位，可以参观。族人平时不到祠堂，只在清明节、小阳春（农历十月初一）期间到祠堂进行春祭、秋祭。柏联的介入，让刘氏祠堂每年修缮保护经费有了保障，也支持了刘氏一族每年祭祀大典之用。但不足之处在于，展览缺乏地方性知识展陈，与所处的地方文化空间意象上难以呼应，忽略了"以人为本"的展览理念。"物"与"人"的分离，消解了族人的互动参与意愿，使得祠堂文化呈现并不完整。

马帮博物馆、走夷方博物馆、儒商博物馆等，欠缺对文物的研究利用，与当地民俗、地方性知识的关联十分有限，平时开馆运行工作人员忙于销售，主要售卖民族工艺品、玉石、茶叶、土特产品等，大家对此诟病较多。柏联针对以上问题积极作出调整，当笔者于2019年2月再次到达和顺时，情况已有所改变，展厅只作展陈，玉石、茶叶等销售已另置专处。

随着和顺旅游开发效益的日益显现，游客持续增长，民间具有收藏实力的村民开始自办家庭博物馆或民居家庭陈列展示，其中颇具规模的是耀庭博物馆。该馆是侨民后裔杨润生先生于2004年创办，设在自家四合院内，起居生活与展览融为一体。二楼为展厅，设有不同专题，涉及地方抗战历史、钱币史、家族史等几个部分，展品包括个人收藏的美军飞虎队员生活用品和图片，杨家家庭成员照片、生活用品，国内外（主要为东南亚）邮票合集，明清以来及周边国家钱币。展览以实物见长，展示方法朴素，照片直接粘贴在简易制作的展墙上，展柜为铝合金玻璃柜，实物的分类陈列较为简单。杨润生在亲笔书写的《耀庭博览馆序》中这样定义自己的博物馆："博览馆展现了家族历史的沧桑，展示了侨乡的文化。"整个展览再现了20世纪二三十年代至本世纪初杨家几代人的命运变迁，是个人、家族命运在时代洪流中的历史书写，却照见了近百年来和顺地方社会的历史镜像。正如里维埃所说，当地居民从中（博物馆的展示）发现自己，并寻找到对于先民的解释[1]。

杨润生先生于2014年病故，博物馆现在由其遗孀（已80多岁）接管，子女们在外谋生并无精力照顾，经营管理举步维艰。过去耀庭博物馆售卖门票，每人10元，而如今已经免费开放，周围的乡邻对展览缺乏兴趣，参观者多为外地游客。由于难以为继，耀庭博物馆与一家外来公司合作，运行经费由公司负责，前院展示，后院经营。馆内曾经卖过玉石、工艺品等，玉石生意不景气后又转向私人定制私房菜，价格偏高，每天提供就餐服务有限，博物馆运营依旧困难。

（三）和顺旅游成为云南旅游品牌成功案例与遗产保护问题共存

柏联主导下的和顺旅游成为云南旅游品牌较为成功案例，2003年到和顺的游客量仅有4.2万人，旅游收入仅为83万元；2005年其游客量达8.6万人，收入增长至211万元；2010年和顺古镇全年的游客量达29.47万人，收入3800万元，跃居西南边境古镇旅游收入之榜首；2018年游客量达50.3万人，收入3390万元[2]。由此带动了相关产业，如与旅游相关的客栈、餐饮、娱乐、交通、购物等，同时促进了商业贸易及民间工艺品的复苏。和顺因此荣获了国家AAAA级风景名胜区、中国历史文化名镇、国家级旅游文化产业示范基地、"云南十大名镇"等多项殊荣。

柏联入驻后，村民的收入有了大幅提高，一大部分农民不再以种地为生，而是以房屋租赁、商业经营为生计，有村民租赁房舍达到50万元一年，大部分村民对旅游开发是支持的。

---

[1] 〔法〕乔治·亨利·里维埃著，张晋平译：《生态博物馆——一个进化的定义》，载《中国博物馆》，2005（3）。
[2] 和顺柏联公司提供资料。当年国家旅游局统一要求大幅降低国有景区门票，和顺景区门票降价，故虽游客量增加，收入却减少。

近几年，因柏联公司后续投入不足、经营策略调整等原因，古镇开发进度放缓，部分流转土地闲置，因未能充分认识到农业的多功能性也限制了农业开发，使得农业景观与文化遗产景观的整合利用有限。部分村民在各方力量的博弈中，乘机修建新房，加盖楼层或玻璃洋房，破坏了和顺原有的传统建筑景观，村中老建筑构件、牌匾曾在一段时间里被频繁偷盗。对此，负责古镇开发管理的和顺古镇保护管理局和负责行政管理的和顺镇镇政府各有说辞。这也意味着未来对博物馆在地化的制度建设提出了新的要求。

新一轮的和顺繁荣景象下是古镇年轻人再次外出，他们到县城买房，一是解决自己在外就业问题，二是解决子女上学问题。历史上和顺人赚了钱都要回乡起房盖屋，修建祠堂，兴办教育，而现在年轻人大多从出租的老房子或出让土地中获得收益到县城买房安家。人员、资金反向流动，老人留守，和顺的空心化呈现了从物质形式到文化形态的抽离，传统生活方式、理念、生计模式围绕旅游正在发生变化，植根于乡土的文化遗产保护还有很大的空间需要完善。

三、意义与困境：乡村博物馆实践的文化遗产保护意义及其困境

和顺仅有6000多常住人口，拥有不同类型和专题的博物馆达十余家，远远超过了全国25万人拥有一座博物馆的平均水平，且这里的博物馆分布于村镇的不同角落，形态多样，它们都是利用自身资源条件以专题展示并进行保护，在对村落的整体性保护方面进行了一系列创新，开展了多元主体参与保护实践的探索，为商业资本参与遗产保护利用提供了一种实践样本。

在旅游开发背景下，和顺在地博物馆兴盛繁荣，使得一批老建筑、老物件等遗产在原生地被保护下来，经过展览语言的重构，成为被展示的实体，具有了可参观性。在呈现地方历史、地方性知识方面从官方转向民间，以民间叙事将已断裂的家族、族群历史记忆重新建构，重塑了乡村地方性知识。遗产持有人对文物的活化利用进行了多种商业化模式探索，为游客快速了解地方文化创造了"接触地带"，并通过游客的凝视、参与互动等一系列行为，把博物馆服务延伸到社区部分人群及游

客。由此,遗产的价值意义延伸,推动了社区经济发展。

当然,开展以博物馆之名的文化保护,同时也被赋予了作为公益机构面向社会的责任,尤其是新博物馆学所倡导的:应最大限度地保证社群的所有权、娱乐和创造能力,通过此平台将所在社区的"人"与"物"进行有机连接,实现社区参与。

但是,和顺博物馆群展陈却存在突出问题:在强烈的利益主导下文化遗产的商品化、去神圣化较为突出。地方性知识展示、表达与当地社群生活联系不够密切,剥离了遗产的活态性,让展出的文物沦为古物,丧失生命力,也丧失了在地民众的参与。

村落博物馆化的关键在于如何从当地文化的"意义之网"中选择"关键词"和"要素范畴",进而对其进行解说与阐释[①]。就是说面对众多资料与文物提炼文化表征要素,在这个特殊的"意义之网"的博物馆空间中展开叙事,通过展陈语言将过去与当下的物与人连接,展开地方历史叙事。如刘氏宗祠里的宗祠文化展意在以祠堂空间为展示语境,讲述中华民族姓氏文化变迁发展,但在内容上缺乏将地方文化元素融入展览之中。和顺由多姓氏汉族移民构成了地方历史叙事,并形成了聚族而居的宗族聚落典型特征,宗族、宗祠文化为地方文化表征,祠堂成为标志性景观建筑。乡民至今仍然承袭了浓厚的家族祭祀仪典,宗族仍具有连接族群关系、社会网络的生命力。在此意象空间中阐释宗族文化构思巧妙,但整体忽视了与现实生活的连接。以记忆场所来取代日常记忆,不仅是将过去重新组合到叙述的历史之中,也是在一种社区或国家的意义上对过去的重新想象[②]。此展览若能将宗族的过去、现在话语融入博物馆的叙事中,从内容主题到艺术形式进行融合,从地方文化感知、民族表征图像到生活的日常展开连接,阐释物之于生活日常的意义,以物言志,才能实现遗产的活态存续。显然,姓氏博物馆表达所指背离了遗产文化的本真性,在显与隐的两条叙事主线上并无交集,展示上空洞与无力,相继失去观众与社区民众

---

① 尹凯:《生态博物馆:思想、理论与实践》,172 页,北京,科学出版社,2019。
② 〔英〕迈克尔·罗兰著,汤芸、张原编译:《历史、物质性与遗产:十四个人类学讲座》,152 页,北京,北京联合出版公司,2016。

参与也就在所难免。

和顺私立博物馆是构成当地博物馆文化多元叙事的亮点，如耀庭博物馆不仅是民间力量的显现，更重要的是体现了新博物馆学强调遗产多元化保护的理念，是遗产保护要让个人在保护其所持有文化遗产过程中发挥主体性作用，也是遗产的活态存续的需要。耀庭博物馆经过多年独立运转支撑，也难逃经费困难之厄运，不得不与商业资本合作，利用大于保护，过度的商业化也使得博物馆与周围社区出现了隔离，博物馆逐渐游离于社区之外。

事实上，受制于经费的掣肘是当下众多博物馆的突出问题，文化的社会功能与经济利益的冲突始终贯穿于博物馆的发展历程。适度利用文化资源发挥经济作用，并保持平衡是新博物馆学所倡导的方向。新型博物馆是复合型文化机构，承担重要社会角色作用，既包含有公共权力机构性质，又需要和当地居民共同建设、管理，在中国语境下其公共性需要政府在建设、资金投入方面给予政策性保障与倾斜。当前，国家对非国有博物馆虽然已经出台一些资金扶持政策，如支持博物馆免费开放，加强非国有博物馆建设和管理，推进非国有博物馆发展等，但是在实际操作中，对非国有博物馆的扶持瓶颈并未得到解决，私立博物馆严重缺乏专业人才，馆际之间人才亟待建立整合利用机制，这些问题严重制约着乡村博物馆的存活与发展。

四、共生与发展：在新博物馆学理念关照下完善乡村博物馆管理机制

在新博物馆学理念关照下，进行乡村遗产保护具有在地实践优势，其开放性的理念与传统文化在面临现代化进程中的脆弱性是较为互补的选择，其落地实践不拘泥于形式，而且规模不大，运作灵活，文化主体参与实践，展示点可集中统一也可分散于各点[①]，其优势让遗产在地保护具备了可持续发展的空间。

在乡村遗产保护实践中融入新博物馆学理念，将文物保护的重心转向对文化资源的开发与利用，关键是赋予物以生命。关照社区人群的主体作用，"以人为中心"

---

① 杜韵红：《乡土传统中生态博物馆之实验与实践》，载《贵州社会科学》，2018（1）。

的理念让物的社会生命得到尊重，物才具备生长空间。相关的知识生产、文化创意也应围绕这个中心展开。

博物馆展示空间以物、文字、图像、声音、数据化信息等符号特征再现、表达或交流。文化在很大程度上就是由这些符号组成，依靠符号传递。从文化的本质来看"文化是一群人通过习得，对其所作所为和每件事的意义共有的认识。"[①] 社区人群在特定情境空间中通过习得、共享、濡化与传承文化，形成文化共同体意识。和顺延续的家族、族群生命意识，通过博物馆加以强化，并以有形或无形文化遗产形态影响形塑社区人群的行为，不仅有助于深化共同体意识，强化历史记忆并建构族群身份，而且有助于培养家国情怀，自觉延续文化的脉络，实现文化遗产的整体保护、活态存续、代际传承，与地方文化产业共生发展。

新博物馆学强调人的主体作用，这个主体既包含当地民众，也包括观众，因此也要针对观众心理需求提供服务产品，主动融入旅游知识生产，为观众提供的地方性知识应设计其趣味性与休闲娱乐功能的结合，让观众在参观之余能够体验互动，从而实现博物馆由静到动的跨越。

新博物馆学强调要鼓励多元主体参与文化事业建设，建立机制以激励当地村民参与文化遗产的保护与管理，将文化资本权利适度让渡给村民，在制度上有所保证，以激发村民参与可能性与力度。建立本土精英参与机制以体现他们的价值，给予一定的经济补偿，可以考虑轮换竞争上岗机制，不搞终身制。在不同项目中制定不同的参与法则，可以通过第三方进行考核，没有达到要求者可以常换常新。

在中国现有体制下，乡村博物馆建设仍要坚持政府主导，社会参与的原则，政府在政策、标准等方面发挥管理、监督作用，在地文化精英要参与到组织管理体系中，通过政府购买服务让专家参与指导。

博物馆内部管理需要在政府、社会、企业、村民、专家几者之间达成共识，以

---

① 〔美〕奥莫亨德罗著，张经纬、任珏、贺敬译：《人类学入门：像人类学家一样思考》，38、46页，北京，北京大学出版社，2013。

博物馆的法人治理结构组成从宏观到微观的治理结构体系，政府作为宏观层面主导，专家学者作为中观层面进行专业的引导，企业与村民负责具体实施，而不是仅仅以一方主导的单一模式介入。

在日常运行中博物馆通过建立沟通联络机制，组织专业培训、交流学习，以活动、展览等形式建立社区村民之间，村民与观众之间以及村民与机构、专家、政府间的良性互动关系，逐步朝向专业化方向发展，培育遗产的生态人文环境。博物馆只有不断突破创新才能适宜于本土化落地生根，让"新博物馆"成为社区结构中的有机组成部分，真正实现社区参与。

总之，通过博物馆平台实现多方利益的参与融合，让博物馆成为社区活跃参与者的新角色，作为文化中枢去连接传统与未来仍然存在较大的空间。

关于威海海草房传统村落生态博物馆建设的几点思考[*]

吕伟涛[**]

作为中国传统的民居形式,海草房主要分布于山东的胶东半岛一带,其中尤以威海沿海地区最为代表。海草房是胶东半岛历代渔民、盐民、戍守军户等勤劳与智慧的结晶,曾广泛分布在威海沿海地区,直到20世纪中期还有9.5万余间海草房散落在21个乡镇、街道的317个传统村落中[①]。但是,自20世纪80年代以来,随着海草房传统村落区域环境的剧变,与之相关的生态链遭到严重破坏,许多海草房被拆除,一些传统村落甚至整个消失。保护这一珍贵的文化遗产已经刻不容缓,设置一座具有活态保护与传承功能的海草房传统村落生态博物馆势在必行。

一、特色民居是海草房传统村落生态博物馆建设的基本前提

由于特殊的地理位置和气候条件,威海地区夏季雨水多且潮湿,冬季风雪多且寒冷。生活在这一地区的居民在建造房屋时,必须考虑夏天防潮避雨、冬天保暖驱

---

[*] 本文原刊于《博物院》2020年第2期。
[**] 吕伟涛,中国国家博物馆馆员。
[①] 姜磊:《海草房:寻找遗产保护与开发利用的契合点》,载《威海日报》,2007-11-27。

寒，于是基于长期的生活经验，以石头砌起厚墙，用晒干的海草苫盖屋顶，创造性地建造起海草房。就如黄土高原上的窑洞一样，海草房是威海沿海地区居民的天才创举，适应当地的生活环境，是人与自然和谐相处的完美范例①。

考古发现，早在新石器时代，以渔猎为生的威海当地先民居住的就是用海草搭建的草厦子或窝棚，不过那时的居所相当简陋，只能算是海草房的雏形。到战国时期，由于鱼盐生产的增多，威海地区逐渐人烟阜盛，海草房的数量也增多。相对而言，这一时期海草房的建筑规模和技术都有了很大提高。秦统一天下后，始皇帝曾两次东巡至成山镇，西汉武帝也先后两次到成山镇巡视，威海地区就此迈入了发展的快车道。而生产力的发展，必然会促进人们居住环境的改善，海草房的建造出现了明确的分工，并形成了一定规范。此后一直到宋金时期，海草房民居在外观和建筑格局上基本定形，制作工艺逐渐成熟。

元明清三朝是海草房民居大发展时期，尤其是明洪武年间，出于海防需要，设立成山、靖海两卫，大小军寨四十余处，迫使大量中原人民迁居威海地区。相对稳定的社会局面，又使百姓能够安居乐业，海草房遂成为当地的主要民居形式。因此在这一时期，海草房无论是在数量和规模上，还是在建造技艺和民俗礼仪上，都达到了高峰。如今存留下来的四合院、三合院等大型建筑，多为这一时期始建。中华人民共和国成立以前，绝大多数的威海居民都生活在海草房里，极少数的砖瓦房屋是由富贵人家或地方官员来居住。中华人民共和国成立以后的很长一段时间里，海草房依然是威海人民的首选，不过随着生活水平的提高，房屋高度和面积有所增加，舒适度更强。

因为与当地的自然环境、生态资源和生产生活相适应，一直以来，数量众多的海草房村落分布在威海的海岸线上。可以说，威海海草房传统村落凝结了当地原生态的本土基因，承载着威海人民几千年的历史记忆，是一笔巨大的文化遗产。以保存至今的海草房建筑来看，大致可以分为四合院、三合院和一正一厢三种布局类型，

---

① 周一渤、刘志刚：《海草房——海边的童话世界》，载《中华遗产》，2007（9），134-149页。

呈现出明显的主次尊卑关系。单体海草房一般为三间,多是两面坡式房顶,也有三面坡式的锥形房顶,雨水和雪水可以顺着这些高耸的房顶迅速地向下流去,不会漏入房内,并减轻对房子的压力。面向大海的一面房顶经常要罩上渔网,并会坠上石块等,以防止房顶上的海草被海风吹走。海草房的墙体是由石头或砖石混合砌起,与海草构成的房顶相得益彰。

当然,就单体海草房而言,建筑形式并不算丰富,但数量众多的海草房连成一片,形成一个传统村落时,那高低错落、参差不齐的美感足以让人感动。身处海草房传统村落中,仿佛置身于世外桃源,就连著名画家吴冠中都曾高度赞美过这种质朴的民居形式,留下了许多关于海草房的画作和文字[1]。的确,无论是来自大海的海草,还是取自山间的石头,都是大自然中的常见事物。而用这些材料建造起的海草房,不仅有浓郁的沿海特色,还是人与自然高度和谐的例证。

海草房的巨大文化价值也逐渐引起人们的重视,国家旅游局在向国内外推广的各地代表性民居中,海草房成为山东省的唯一代表。此外,海草房也是威海民俗旅游的一张名片。这样别具一格的传统民居,正是建设海草房传统村落生态博物馆的必要前提。因为如果仅对海草房建筑进行保留,只能算是一种静态的保护方式,不能实现文化遗产的传承与发展,而海草房传统村落生态博物馆是一种活态的保护方式,能够实现海草房传统村落的可持续发展。

一直以来,传统村落都是文化遗产保护领域的薄弱环节,但作为中国传统文化的最后聚集地,对其保护有着极为重要的价值和意义,在2018年初《中共中央国务院关于实施乡村振兴战略的意见》中就有明确规定[2]。威海是一个历史文物相对贫瘠的地区,但在民俗文化和生态资源方面却是十分丰富的。把威海的海草房传统村落建设成生态博物馆,可以将与之共存的自然环境、建筑艺术、历史记忆、民俗文化等整体保护,为后人留下一笔宝贵的文化遗产。何况,生态博物馆概念自20世

---

[1] 海峰:《海草房》,载《科学大观园》,2006(8),32页。
[2] 中共中央、国务院《关于实施乡村振兴战略的意见》,2018年2月4日发布。第五条第(二)款:"划定乡村建设的历史文化保护线,保护好文物古迹、传统村落、民族村寨、传统建筑、农业遗迹、灌溉工程遗产。"

纪 80 年代传入我国以来，已经历了"三代"生态博物馆类型的发展，并形成了"六枝原则"等建设理念，完全能够起到传统村落整体性保护的功效，在中国也将会有光明的未来[①]。相信威海海草房传统村落生态博物馆的建设，会成为我国博物馆行业又一次有益尝试。

二、现实困境是海草房传统村落生态博物馆建设的客观需要

威海沿海地区的海草房传统村落，已经成为我国区域性传统文化的典型代表，是非常难得的具有地域特色的文化遗产。无论是威海地方政府，还是民间有识之士，都在呼吁海草房传统村落的完整保留。但现实却很残酷，海草房数量在逐年减少，许多海草房传统村落甚至整个消失。

往昔，海草房传统村落在威海的荣成、乳山、文登等地都有大量分布。但随着经济的发展，人们的生活条件有了极大改善，城镇建设的日新月异又使钢筋水泥的现代化建筑成为民居主流，海草房早已是旧时代的象征。到 20 世纪 90 年代中期，威海基本上停止建设新的海草房。再加上生态环境的变化，在威海的许多乡镇，原来的海草房都被尽数抛弃，任由它们坍塌损坏。目前，只有在荣成市的一些乡镇还散落着这种成规模的、以海草房为主要建筑的传统村落。海草房传统村落消失问题严重，保护与传承成为当务之急。

顾名思义，海草房是因为用海草苫盖房顶而得名。这种苫盖房顶的海草是一种生长在 5 到 10 米深的浅海中的大叶藻，当地人也称之为"海苔"，可以分为宽叶的"宽海苔"、细叶的"丝海苔"和介于宽细之间的"二道苔"。由于这种海草含有丰富的盐卤和胶质，把它们晒干后苫盖房顶，具有防火、防蛀、防霉的特性，很是持久耐用。早些年这种建筑材料比较容易获得，每次风浪过后都会有许多海草被卷向海岸，当地居民将它们收集起来，晒干捆扎以备日后所用。当然，建造海草房所需的海草量很大，一座普通的房子也至少要准备 5 吨的湿海草。时至今日，随着近海

---

① 潘守永：《生态（社区）博物馆的中国经验与学术性批判反思》，载《东南文化》，2017（6），115-121 页。

养殖的繁盛，大量的网箱阻止了海草上岸的路径，许多海岸上看到的只是海草零星的影子。同时受海水污染和海岸采砂所累，已经不具备海草生长的海洋环境，产量出奇的少，以前多得没人要的海草，现在也奇货可居。海草价格上涨，提高了建造海草房的成本，越来越多的居民都选择建造成本更低的现代化住宅。

建造一座海草房需要七十多道工序，全部都是手工艺，其中最重要的环节就是"苫房"，即在房顶上苫盖海草。苫盖海草并不复杂，与瓦房铺设瓦片原理相似，只不过海草房是由下往上将海草一层一层叠压。一般来说，苫匠们是先从房屋的两面房檐处苫起，每层海草外露约十厘米，少则十几层，多则三十余层，依次叠压到房脊，然后用海草和上黄泥压顶，名曰"压脊"。苫房是一件很辛苦的事，三四个苫匠十几天也只能完成一座海草房。而且苫房需要很高的技艺，它决定了一座海草房的建筑质量和使用年限。因此，当地居民在建造海草房一定要选用那些经验丰富的苫匠。

然而随着时代的发展，从事苫房这个行当的人越来越少，手艺濒临失传。老房子修起来也麻烦，主要还是找不到苫匠。荣成市宁津街道马家寨村是个传统村落，村里原本全是海草房，20世纪70年代才有人盖砖瓦房，到80年代再也没人建造新的海草房了。现如今，马家寨568户人家中，找不到一个能建造海草房的苫匠。周围四五个村也就有一两个苫匠，却都是60多岁的年纪，不能再爬高干活了[1]。

此外，随着城镇化的发展，大量海草房传统村落"空心化"严重。以荣成市港西镇巍巍村为例，这个始建于元朝的村落现存海草房560座，百年以上的建筑有60多座，是目前威海保存状态最好的传统村落之一。但却面临"后住无人"的困境，历经七百余年的传统村落里，数百位留守老人守护着数百座海草房，景象相当悲凉。村中的年轻人对这些老房子并没有太多感情，何况生活在这样的传统村落中，还要面临工作、学习、交通的不便，远不如移居城市。

一般而言，传统村落的规模都不大，但却大都历史悠久、内涵丰富、特色鲜明，是许多人心中一抹挥之不去的"乡愁"[2]。传统村落的逐渐凋敝，不仅仅是物的消亡，

---

[1] 王松松：《山东威海海草房——只有住得下，才能留得住》，载《中国文化报》，2014-4-8。
[2] 唐晓梅、杨戴云：《黔东南苗族侗族传统村落保护发展对策研究》，载《民族学刊》，2018（3），25-30页。

也是传统村落所承载的生活方式、民俗习惯等的整体性消亡,乡土文化的根脉将不复存在[①]。如何保护海草房传统村落这一珍贵的文化遗产,一直是文保人所关心的问题。一些机构采用迁移几座海草房进行单体保护,初衷虽好,但却割裂了海草房所拥有的历史文脉和民俗传承。而建立一座海草房传统村落生态博物馆或许更为可取,它可以将海草房传统村落纳入一个整体系统,兼顾遗产保护和开发利用,使这种深具地域特色的文化遗产得到更为有效的发展与传承。由于生态博物馆是以传统村落为单位,是以人为本的没有围墙的博物馆,因此可以最大限度地保持传统村落文化遗产的原真性、完整性和延续性,能够增强当地居民的文化归属感[②]。况且,到目前为止威海还没有一座民俗类的大型博物馆,这与威海的海洋文化城市身份是不相称的,不足以满足威海人民对于公共文化的需求。

三、多方支持是海草房传统村落生态博物馆建设的有力条件

饱经雨雪侵蚀的海草房,始终保持着质朴与敦厚的品格,承载着威海沿海人民的悲欢离合,它不仅是人们的居住场所,更是时代变迁的见证者。这一富有地域特色的传统村落形式,记录着威海人民的勤劳和智慧,是一笔不可多得的文化遗产。在我们赞美这种传统村落的同时,也欣喜地看到威海当地为保护这一珍贵文化遗产所作出的不懈努力和取得的丰硕成果。

建造和修复海草房的主要材料——海草,是威海海草房传统村落保护和发展的关键因素。经过多次实践,采用人工养殖的方式既可以获得海草,又能促进当地居民就业。早在2006年,威海市环翠区海洋与渔业研究所就着手开展大叶藻的人工培育工作,2007年在双岛湾建成51亩的人工草床,规模之大为世界之最。目前,养殖大叶藻的技术已成熟,威海许多海域已开始推广。海草的人工培育成功,为海草房的建造和修复提供了足够的原材料,同时也间接带动了威海地区的经济发展。

---

① 杜韵红:《乡土传统中生态博物馆之实验与实践》,载《贵州社会科学》,2018(2),36-41页。
② 单彦名:《传统村落保护如何以人为本?》,载《中国生态文明》,2017(4),35-37页。

2004年，威海市博物馆原副馆长李文夫先生的《威海民居海草房历史文化研究》获得了山东省文化艺术科学重点课题优秀成果一等奖。在这部著作中，李文夫先生详细分析了海草房的历史、现状、建筑特色和居住习俗等，真实反映了威海海草房的民居面貌，阐述了海草房传统村落保护和开发的巨大价值。这一重要研究成果唤醒了更多威海人对于海草房的美好记忆，也直接推动了相关部门对于海草房传统村落的保护和开发的举措，各方对于建设海草房传统村落生态博物馆达成了初步共识。到2006年，海草房民居建筑技艺已被列入山东省级非物质文化遗产名录，并在积极申报国家级非物质文化遗产和联合国世界文化遗产。海草房和海草房传统村落历经了数百年风雨，具有独特的海洋文化价值，理应保护与传承下去[①]。

为了保护与传承海草房传统村落这一珍贵文化遗产，威海荣成出台了《荣成海草房民居保护试行办法》，明确划定海草房保护区域，并每年拿出专项资金用于海草房的修复，许多始建于明清时期的海草房民居得到及时整修。2007年，荣成市文化局成立了专门的海草房保护课题组，完成了关于生态博物馆建设的研究报告。

尤为可喜的是，一批海草房传统村落也得到有效保护。以荣成市宁津街道东楮岛村为例，这是一个建于明万历年间的传统村落，2007年被建设部和国家文物局评选为"中国历史文化名村"。随后，威海市城乡建设委员会趁势而为，编制《东楮岛历史文化名村海草房特色民居保护规划》，启动了海草房保护工程。具体做法是选取保存相对完好海草房民居改造成文化活动场所，用于展示当地特色文化，同时进行适度的旅游开发，将海草房民居打造成客店和渔家乐等，实现经济价值的转化。2012年，东楮岛村又入选住房和城乡建设部、文化部、财政部评审认定的首批中国传统村落名录[②]。

2014年，荣成市邀请天津大学规划设计院为东楮岛编制了40余万字的整体保护方案。方案于6月初通过山东省文物局评审，并上报至国家文物局。7月，国家

---

① 刘欣随：《百年"海草房"亟待抢救》，载《中国文化报》，2011-3-23。
② 褚兴彪、熊兴耀、杜鹏：《海草房特色民居保护规划模式探讨——以山东威海楮岛村为例》，载《建筑学报》，2012（6），36-39页。

文物局的专家组在充分肯定整体保护方案的基础上，按照程序进行了实地再论证。专家组建议威海市政府要创新途径，探索出一条具有威海文化特色的海草房传统村落保护之路。威海市的文物和文化部门都非常重视专家组的意见，并对保护方案进行细化和完善，力争将东楮岛建设成传统村落文化遗产活态保护与传承的典范。

特别是近几年来，山东省对传统村落的保护力度是前所未有的，2014年开始实施"乡村记忆工程"，鼓励建设"活态化"的乡村博物馆[1]。2018年5月由山东省委、省政府印发的《山东省乡村振兴战略规划（2018-2022年）》，也明确提出推进乡村记忆工程，挖掘乡村特色文化符号，因地制宜建设一批民俗生态博物馆、乡村博物馆、历史文化展室、民俗旅游特色村，使乡村成为有历史记忆、地域特色的文化之乡、精神家园[2]。

2019年7月，荣成市宁津街道东楮岛村入选文化和旅游部、国家发展改革委第一批全国乡村旅游重点村名单[3]，成为全国乡村旅游重点村将优先享受国家有关支持政策，地方政府也会做好全国乡村旅游重点村的后续支持、管理和培育工作，鼓励利用各类资金渠道对全国乡村旅游重点村进行支持。

海草房传统村落是个复杂的有机体，它会勾起越来越多的威海人对传统习俗和质朴生活的怀念，也触动社会各界期盼文化遗产有效保护的神经。选取海草房民居保存较好的传统村落建设成生态博物馆，展现胶东半岛特有的地域文化和生态文化，应该成为威海市认真思考和大力推进的事。通过海草房传统村落生态博物馆的建设，能够将特色民居、民俗文化、自然环境等有机融合，既利于传统村落文化遗产的保护与传承，唤醒人们的生态观念和环保意识，又能促进旅游产业的开发，增加当地居民收入和改善当地居民生活条件。此举势必成为我国东部经济发达地区传统村落保护的创新之举。

---

[1] 姜波：《"乡村记忆"背景下传统建造工具的传承利用——以山东传统民居为例》，载《新建筑》，2016（2），51-55页。
[2] 山东省委、省政府：《山东省乡村振兴战略规划（2018-2022年）》，2018年5月印发。
[3] 文化和旅游部资源开发司：《文化和旅游部 国家发展改革委关于公布第一批全国乡村旅游重点村名单的通知》，文旅资源发〔2019〕95号，2019年07月23日发文。

四、成熟环境是海草房传统村落生态博物馆建设的重要保障

据调查统计，荣成是威海地区海草房分布最为集中的区域，这里的海草房不仅历史久远，而且保存相对完整，能够再现海草房原始建筑形态，成为现代游人眼里的神奇风景。例如俚岛镇烟墩角村就是目前海草房保存比较多的一个村落，现在村里还存有20多座有两百多年历史的海草房。海草房错落有致，行走于村中有如进入迷宫一般，还有曲径通幽之意。近年来，烟墩角更是因为冬天有成群的大天鹅栖息而名声大噪，吸引全国各地的游客前来观赏或摄影。当地政府甚至还专门设立了保护站，确保大天鹅越冬地的生态环境，当地居民也自发成立大天鹅巡护队，经常在大天鹅越冬地周边进行野外救助和投食喂养。另外，由于荣成市的积极作为，海岸生态逐渐得到恢复，许多海域已经重现大叶藻。特别是在东楮岛周边，大面积生长的大叶藻引起了国内外环保机构的广泛关注。

利用上述这些环境优势，荣成市至今已培育百余个特色文化传统村落，吸引众多游客前来体验文化民俗旅游。游客们可以住在海草房老式民居里，睡着胶东大火炕，品尝原汁原味的海鲜大餐，甚至还能到村头滩涂赶海，乘船出海，尽情地享受胶东人纯朴的渔家生活。

威海市政府提出的构建"千里海疆文化长廊""海洋文化城市"等计划，也是海草房传统村落文化遗产活态保护与传承的有利因素。荣成市为此下了很大功夫，选取一些海草房传统村落进行保护性整治，通过开办展览馆、安装标识牌等手段，在千里海岸线上打造了一批样板工程。例如在中国历史文化名村东楮岛设立海文化展览馆、在斥山街道西寨村设立乡村记忆馆等。当地居民也积极行动，将家中的陈年旧物捐献出来，以实物的形式展现独特的胶东海洋民俗文化。

当然，老物件不能都封存在展馆里，文化遗产只有从静态的保护与传承向活态的保护与传承转变，才能重新焕发活力。为此，荣成市深入保护挖掘面塑、剪纸等民间文化元素和修建海草房等技艺，打造了一批"花村""画村""戏村"等特色文化村，并不断开枝散叶。申报了开洋谢洋节、石岛渔家大鼓、渔民号子等10个国家和省级非物质文化遗产，有10人被联合国教科文组织授予"民间艺人"称号。

在基层加强传承人队伍建设,和非物质文化遗产项目单位建立了一对一的保护与传承关系,将传统文化纳入到现代公共文化服务体系建设中来,满足当地居民的精神文化需求,让传统文化在发扬中得到传承。

保护与传承威海海草房传统村落文化遗产绝对不是文化的停滞和审美的倒退,而是具有非同一般的积极作用和现实意义。海草房传统村落既是珍贵的建筑遗产,又是重要的生态文化,没有任何理由不大力保护与传承。综合来看,威海海草房传统村落生态博物馆的建设已经具备了成熟的环境。荣成市港西镇巍巍村、旭口村一带,俚岛镇陈冯庄、瓦屋石村一带及宁津街道的宁津所、东楮岛一带都有条件成为海草房传统村落生态博物馆建设候选地址。

建设威海海草房传统村落生态博物馆,要以保护自然景观与文化内涵为重点,要以留住人类生存的历史记忆为目标,将一些具有保护与传承价值的古民居作为保护对象,按原样保护或在"修旧如旧"的原则下修复,还原时代记忆的轮廓,再现"莱夷作牧""齐东鱼盐"的风貌。部分损坏较为严重的海草房,可以在拆除的过程中进行海草房顶或石墙材料的收集,作为再利用的建筑材料,避免资源浪费。此外,为凸显海草房传统村落生态博物馆的原生态性,必须在整体保护上下力气,要充分调动起传统村落中原生居民的主体意识,使之主动融入威海海草房传统村落生态博物馆的建设中。要尊重本地居民的意愿,让他们参与进来,将海草房民居利用起来,将原汁原味的渔家美食集中起来,将当地戏曲等民间艺术恢复起来,实现文化遗产活态保护与传承[①]。

传统村落生态博物馆是一种新兴的博物馆类型,它可以对传统村落的自然风貌、民居形式、生活习俗等实施整体保护,也是目前传统村落保护的有效途径。如在生态博物馆概念与理论诞生地的法国[②],乡村景观丰富的英国北约克郡[③],还有我国西南

---

① 马润花、曹艳英、霍建:《胶东传统海草房民居旅游的开发》,载《鲁东大学学报》(哲学社会科学版),2009(6),30-33页。
② 尹凯:《生态博物馆在法国:孕育与诞生的再思考》,载《东南文化》,2017(6),97-102页。
③ 杜辉:《在国家叙事与地方叙事之间——英国北约克郡乡村博物馆实践》,载《东南文化》,2017(6),91-96页。

的贵州、云南、广西等少数民族聚居地区，东部的福建福州、浙江安吉等经济发达地区，以及北方的山西平顺县等重点扶贫地区，都有生态博物馆的成功案例[①]。据统计，世界范围内已经有超过400座的生态博物馆，它是时代和地域的产物[②]。建筑文化上的因地制宜，让我们欣赏到另一种壮丽的美景，这或许就是海草房传统村落文化遗产活态保护与传承的最大意义。海草房的最大特点就是生态性，这既表现在其建筑材料的利用方面，也表现在由其构成的传统村落的海洋文化气息方面。而在威海生态城市建设的大局中设立一座海草房传统村落生态博物馆，必将成为文化遗产活态保护与传承的一个亮点。

[①] 曹兵武：《生态博物馆探索与生态文明建设——兼谈文化遗产的活态保护与传承问题》，载《中国博物馆》，2018（1），38-42页。
[②] 刘俊军、金露：《生态博物馆与遗产旅游的人类学研究——以贵州镇山布依族生态博物馆为例》，载《博物院》，2017（5），35-41页。

物、非物：阐释与表达

物质文化的多元表达

——中国民间工艺美术在英国的收藏与展示

汪燕翎*

要调查中国民间物质文化和工艺美术在海外的收藏状况,英国是十分重要的国家。因其特殊的殖民历史和人类学传统,英国早在一个多世纪以前就建立起了全球性的物质文化收藏,其中又有相当一部分涉及中国民间工艺美术。因此,当我们要了解海外中国民间美术品和物质文化时,英国已经具备的这种全球性的收藏基础,能给我们提供一个全景式的、比较的视野①。

英国的大学人类学系和人类学博物馆拥有数量庞大的中国材料,其中多数为中国民间工艺美术和民间设计类的实物和模型。牛津大学的皮特河博物馆(Pitt Rivers Museum)拥有25万件世界各地的民族志藏品,其中超过3000件是中国民间手工艺制品,包括来自中国苗寨和新疆的少数民族刺绣织染,以及来自民间生活的日用器物,如鸦片烟管、灯具、棋牌、皮影、招幌、船只模型等。1884年,奥古斯

---

* 汪燕翎,四川大学艺术学院教授。
① 在英国的收藏体系中没有"民间工艺美术(folk art crafts)"这一分类,这些材料多年以来都是碎片化的分散在不同学科的收藏机构和研究机构中,需要细致的田野工作来进行追踪和调查。本文系作者在英国实地调研了20多家博物馆和收藏机构的基础上撰写的。

特·皮特·里弗斯（Augustus Pitt Rivers）上校将自己从世界各地收藏的超过22000件考古文物和民族志物品全数捐赠给牛津大学，成为今天皮特河博物馆馆藏的基础。奥古斯·皮特·里弗斯还为这些民族志标本开创了一种新的形式——按照标本和进化过程来陈列。他将从世界各地收集标本、文物和手工艺品，按照不同人种和族群的生活器用变化来论证自己的文化进化论。这种展陈排列的方式无疑是受着18世纪卡尔·冯·林奈（Carl von Linné）对博物学的分类法的影响，这也是19世纪中期进化论影响下的人类学缩影。民族志标本是一种文化类型的代言人，标本如同提喻代表了整体，在时间的序列中可以看到由低级到高级的文明进化。

今天的皮特河博物馆，展陈已经有了很大调整。在博物馆的介绍中这样写道："今天大多数民俗学和考古学博物馆中，藏品均是根据地理或文化区域来进行排列。在皮特河博物馆，它们却是按照类型来排列的：比如乐器、武器、面具、纺织品、珠宝和工具等类型，可以显示不同的文化群在不同的时期如何解决同样的问题。"皮特河博物馆现在的常设展已近五年了，其中中国物品按功能和类型碎片化地分布在三层展馆的若干橱窗和角落中。最吸引游客注目的是一组世界各地的船只收藏，其中展出了五艘中国船模型。有1884年奥古斯·皮特·里弗斯将军捐赠的中国汕头小渔船模型，小渔船由草编和木片制作，保存良好。小渔舟的旁边是博物馆同年获赠的晚清水勇军舰模型。模型上的风帆与人物呈现了一幅非常生动的画面：钢炮似乎已经在膛，水勇们正处于备战状态。从博物馆的资料和档案上查不到更多的细节说明这是一件民间工艺品或为宫廷制作的战舰模型，但它十分生动地反映了晚清水师的战斗状况。而这艘战舰橱窗的旁边便是维多利亚时期的英国钢铁舰队模型。值得注意的在是这艘模型被皮特河博物馆收藏不久，中国第一支近代化的海军舰队——北洋水师开始建立（1888年）。尽管1884年，清廷发起的洋务运动使得中英关系在鸦片战争之后有一定缓和，但这艘军舰模型依然超越了人类学民族志藏品的含义，更像一项国际军事观察中的模型。尽管今天皮特河博物馆的藏品已经在很大程度上修正了皮特·里弗斯将军的物质文明进化论，但展厅中的战舰、鸦片和小脚似乎还在继续暗示着一个帝国时代延续至今的物恋传统。

皮特河博物馆现拥有的 3000 多件中国民族志藏品大多数是由旅行者，学者和传教士所捐赠。据博物馆的工作人员介绍，目前在展厅内出现的中国藏品只是其中很小一部分，而其他的藏品都常年收在博物馆黑暗的角落里，很少有中国学者或相关研究者来研究和使用这些材料。其中多数中国藏品保存状况并不好，博物馆没有足够的资源对这些藏品进行特殊照顾，比如一些本身是脆弱材料制作的物品如剪纸、草编、纸模型等，其生命周期早已走向终点。很多博物馆藏品的手写标签还定格在当初入馆收藏的时刻，标签上的信息半个世纪或一个世纪都未被修改过。

皮特河博物馆是代表 19 世纪末博物馆和人类学黄金时期典型的收藏机构，这样的人类学博物馆通常都是依附于大学或学院，常常和自然科学博物馆并肩工作。与皮特河博物馆一样，剑桥大学考古与人类学博物馆也是典型的依附于大学的研究性博物馆，创建于 1884 年，馆内藏品跨越六大洲，近 200 万年的人类历史。在中国民族志藏品方面，博物馆藏有来自西藏、内蒙古和贵州地区的宗教器物和民俗手工艺品，同时还拥有全英国最大的人类学和考古学影像资料收藏，其中包括埃塞尔·琳达格林博士于 1927 年至 1933 年间，在中国内蒙古地区拍摄的 16000 多张照片和 13 部纪录片。除了收藏古老考古学遗物和人类学材料，博物馆也着眼于当下社会的生活，尤其引人注目的是关于现代原住民社区的创意展示，吸引了许多当代艺术家参与历史和世界的对话。目前博物馆有两位策展人为剑桥人类学系博士，他们的研究方向为中国当代社会。杰弗里·卡里姆（Geoffrey Karim）是来自瑞典的人类学博士，她的导师是著名人类学家艾伦·麦克法兰（Alan Macfarlane），她的博士论文名为《独门手艺的生成：中国手工艺社区中的技艺、风格和人格》(The Making of an Exclusive Craft: Skill, Style and Personhood in a Chinese Craft Community)。这篇博士论文通过中国江苏省宜兴市丁蜀镇的紫砂壶手工艺的研究，来讨论人类学中的物质文化和艺术。她在论文摘要中写道：

本文运用物质文化和艺术人类学的著述和论辩，对江苏丁蜀镇紫砂陶工艺品进行研究。研究的时代背景是 1979 年中国经济改革之后，主要讨论紫砂艺匠们对传统手艺技艺的挪用，以及生产和手工艺的合法性。论文聚焦于特定的社会关系，目的是要理解一种新工艺产生的条件，一项新的设计如何在人工制品中再现，如何在社会背景下被理解，以及如何反映社会群体的互动[①]。

为此杰弗里·卡里姆将中国宜兴紫砂之乡著名的丁蜀镇作为她人类学的田野。杰弗里·卡里姆拿到学位后便在剑桥考古与人类学博物馆做策展人，今年她利用博士论文期间的个人收藏策划了一个关于宜兴紫砂小型展览——"一门完美主义者的手艺（A perfectionist craft）"。她利用自己在田野工作时收集的紫砂器皿、工具、手稿和影像资料来向大众展示紫砂——这门中国传统的独门技艺如何体现了一个手工艺社区的社会问题。

另一个对早期人类学民族志藏品进行重新诠释的博物馆是霍尼曼博物馆（Horiman Museum）。这所博物馆是位于伦敦东南三区 Forest hill 的一家小型博物馆，规模不大，但是管理得很有活力。它的奠基人是维多利亚时代的茶叶商弗雷德里克·霍尼曼（Frederick Horniman）先生。今天的霍尼曼博物馆还保留了大量维多利亚时期的收藏，但自然历史和人类学博物馆的定位是非常清晰的。博物馆没有专业的策展人，他们理念是要经营一家开放的博物馆，充分与社区、网络和学术机构合作。近十年，以霍尼曼博物馆的藏品为基础，已经形成一个相关的学术顾问网络，包括社区的团体、各艺术组织、其他博物馆、学术机构和一些贡献或使用藏品者的代表。特别是与英国皇家人类学会 RAI（Royal Anthropological Institute）的常年合作，支持人类学研究重回博物馆，重新利用馆藏进行研究和策展。譬如，霍尼曼博物馆最近的一个项目是和四位来自英国不同研究机构、正在进行博士论文田野工作的人类学博士合作。这四位人类学博士根据他们的选题来策划四个小型的展览，他们不同的研究背景和不同的田野经验使得他们对物品的选择和处理也十分不同。比如，有些学生会邀请人类学田野中的当地人来挑选物品，有些会和当地人一同来挑选和策划。在博物馆的"透视"展区有一个小型的展览便是由一位人类学博士来策

[①] Geoffrey Karim Gowlland. The Making of an Exclusive Craft: Skill, Style and Personhood in a Chinese Craft Community. PhD diss., University of Cambridge, 2007.

划的，其主题为"残疾"。这个展览在博物馆收藏中试图寻找人类不同文化对残疾这一生理现象的反应。这个小小的展陈中选择了残运会的运动员塑像、墨西哥的盲人人偶，有意思的是还出现了一个中国民间题材"八仙"中的铁拐李陶瓷像。

  此外，在英国的艺术和考古博物馆中也有大量的民间工艺美术品。大英博物馆最早于1753年建馆并面对公众开放，其启蒙展厅（Enlightenment Gallery，room 1）是除中国厅（room 33）之外最多中国藏品展出的房间，这些中国展品基本都是18世纪晚期建馆之初的收藏。博物馆调用了数千件文物来启蒙厅展示英国人在18世纪是如何理解和认知当时的世界。整个展陈分成七个板块，分别是"信仰和仪轨（Religion and Ritual）""贸易和大发现（Trade and Discovery）""考古学的诞生（The Birth of Archaeology）""艺术和文明（Art and CIvilization）""分类世界（Classifying the World）""古代书写（Ancient Scripts）""博物世界（The Natural Word）"。这七个板块所拼出了一幅启蒙时代的全景，全面呈现了当时的收藏家、古物学家和旅行者们发现、观察和分类世界的主要途径。在"信仰与仪轨"这一板块中出现了一组来自中国民间信仰的神仙塑像，这组雕像属于1753年汉斯·斯隆（Hans Sloane）爵士向英国捐赠的中国收藏，其中有牙雕西王母蟠桃会，有玉雕的战袍长须关帝王，有岫玉的开心罗汉戍博迦尊者，竹雕的吕洞宾。但最为吸引人眼球的却是尺寸较小的一件牙雕，这件牙雕来自17-18世纪的中国。上面雕刻着一位年轻妇女袒露胸脯正在哺乳一位年老的夫人，牙雕工艺精细，刀工圆润。这一雕像在一组中国神仙像中非常突出，其略带夸张的情节场景让大多数西方参观者都匪夷所思。这一创造的母题正是取材于中国民间的二十四孝故事之《乳姑不怠》，讲述的是："唐崔山南曾祖母长孙夫人，年高无齿。祖母唐夫人，每日栉洗，升堂乳其姑，姑不粒食，数年而康。一日病，长幼咸集，乃宣言曰：无以报新妇恩，愿子孙妇如新妇孝敬足矣。"二十四孝的故事在中国民间美术创作中是非常常见的题材，在剪纸、石雕、砖雕、刺绣等门类中都多有出现。但是这件牙雕"乳姑不怠"出现在大英博物馆的启蒙厅，博物馆的说明标签上写道："这是一件关于中国儒教孝道的牙雕，年轻的妇女正在用乳汁哺喂年老的母亲，它以有力的方式传达了公元前6世纪孔夫子的教训，孔夫子所奠定的儒教价值观倡导对父母的绝对服从。"在启蒙大厅中陈列这组中国民间神仙组像，充分展示了与18世纪基督教信仰不同的"异教"——中国宗教，这件"乳姑不怠"的作品则成为与基督教信仰最为强烈的反差，它和18世纪来自世界其他文明的宗教偶像一起，形成了当时世界信仰的多元面貌。

在"贸易与大发现"展区还出现了一件奇特的骨雕作品，这是1955年被大英博物馆收藏的中国清代盔犀鸟头骨雕刻，曾为收藏家哈里·杰弗里·比斯利（Harry Geoffrey Beasley）的人类学民族志藏品。用盔犀鸟的头骨做成的骨雕作品也叫"鹤顶红"是一种残酷而华美的中国工艺品。明中叶后，国力渐渐减弱，出产国不再进贡，因此"鹤顶红"逐渐变得稀少，因而更加贵重。至清初实施海禁政策，与产地贸易断绝，在中国遂至绝响。启蒙厅展出的两件盔犀鸟头骨雕刻保存完好，头骨部分刻有戏说人物，保留有精细的广东牙雕工艺。"鹤顶红"这一价格昂贵的工艺品，在启蒙厅牵连出17世纪至19世纪全球化世界中手工艺和贸易的关系。同样的"鹤顶红"牙雕在伦敦的自然历史博物馆（Natural History Museum）也有收藏。在博物馆的官网上，对这一著名的中国牙雕外贸产品这样解释："盔犀鸟（Rhinoplaxvigil），是华盛顿公约一级保护动物。这件盔犀鸟骨雕展示了精湛的技艺和人类的贪得无厌，正是因为中国牙雕工艺中隐含的欲望，使得东南亚热带雨林中的盔犀鸟濒临灭绝。"我们可以看到，同样一种类型的中国工艺美术品在不同的海外收藏机构中因其不同的收藏目的和展示策略，有着不一样的阐释。

相比于其他海外藏中国民间工艺品类，中国木刻版画被中外学者都关注过，这一领域也有着良好的研究基础。英国是中国木刻版画在亚洲之外最大的收藏地，几乎所有的英国博物馆和研究机构都有收藏有中国版画。大英博物馆的版画收藏，加上英国国家图书馆（The British Library）、伦敦大学亚非学院（School of Oriental and African Studies）以及伦敦寒山堂和木版教育基托（The Muban Educational Trust），这几家机构的存在使得伦敦成为了全球收藏和研究中国版画的中心。特别是大英博物馆，有着近两个半世纪的中国版画收藏史，拥有今天全世界最为出色的中国版画，其中包括7世纪的佛教刻经、十竹签画谱、芥子园画谱、清宫铜版画、民间年画和现当代木刻版画等。最早从汉斯·斯隆捐赠给英国的民族志藏品中就有了中国版画。这批汉斯·斯隆的收藏中有28幅非常精彩的姑苏版套色木刻版画，刻于万历三十年（1602年），图中落款绘制者为苏州丁氏（丁亮先，丁应宗），此外还有一幅18世纪上半叶产于四川绵竹的关羽门神年画[1]。薄松年先生谈到他1990年在大英博物馆第一次查看这批版画的情形时说道："对这些作品的收藏，大英博物馆有完整的档案材料，可知系英人卡姆培夫尔于1693年（清康熙三十二年）从日本江户搜集带回英国，部分作品上题有'金阊''古苏'字样。其印制年代至少在康熙中期以前，当时苏州和日本江户有密切的商业往来，苏州年画亦因此传入日本，至今日本仍收藏有不少早期苏州年画。因此，大英博物馆这批收藏是流传有序的苏州早期木版年画，弥足珍贵。"[2]

在今天英国的博物馆中，"中国物质文化（Chinese material culture）"概念的兴盛使得一直徘徊于"民族志藏品""中国艺术品""装饰艺术品"概念之间的民间工艺美术品获得了更大的生机。2017年12月14日，在18个月的漫长整修后，大英博物馆33号展厅，即中国厅重新对公众开放。这一次不同于从前按照时间编年来组织中国文物讲述中国历史进程的陈展思路，而是体现了物质文化研究对艺术史的全新诠释。一些曾经完全没有机会亮相的材料，也包括一些中国当代艺术品和民间工艺美术品成为中国历史叙事的重要角色。而关于这次改变，亚洲部主管霍淑吉表示，这次的中国厅的重新布展是为了一个新的中国历史叙事，希望观众能通过这些文物，认识中国的政治、社会、女性、革命、家庭以及工艺创新等各方面的演变。所以我们在新的中国厅中可以看到，曾经典型的民族志藏品三寸金莲绣花鞋和来自中国不同地域、不同时期的菩萨和西王母雕像放置在一起，展示中国性别观念的演进。清代的铜秤和白铜盆、还有铜锁一同展示中国民间技艺和物质生活。甚至将庚子年（1900年）的套色版画《天津北仓义和团民大破洋兵》和民间泥人塑像《义

---

[1] Clarissa Von Spee. The Printed Image in China from the 8th to the 21st Centuries. London: The British Museum Press, 2010.
[2] 薄松年：《大英博物馆珍藏的中国早期苏州木版年画》，载《长江文明》，2013（4），10页。

和拳起义》放置在一起，通过多种艺术媒介来重新描摹了这场近代史中著名的冲突事件。

另一家重要的英国国立收藏机构维多利亚与艾尔伯特博物馆（Victoria and Albert Museum）被喻为"世界设计与装饰艺术的宝库"，也是中国民间工艺美术品在英国的重要收藏地。今天的维多利亚与艾尔伯特博物馆藏有超过18000件中国物品，其中陶瓷为大宗，有7000多件。另有4000多件为纺织品，3000多件为广州外销画，1000多件为家具，还有近千件中国民间美术藏品。因为该馆的定位是设计和装饰艺术，所以其在20世纪末以后的收藏涉及了更广泛的中国民间物质文化，包括年画、油纸伞、外销扇、泡菜坛、面人、剪纸、玩具、月份牌和民国商标等。维多利亚与艾尔伯特博物馆的中国藏品中有专门的"民间美术（folk art）"这一类目，其中收藏最多的项目是近百件剪纸，而选择标准倾向于剪纸对中国文化特殊的视觉性表达上。例如1980年代河北剪纸中对京剧的表现，1960年代末剪纸中对样板戏的表现。另外还藏有一件1960年代的四川产的泡菜坛，以此来说明中国民间器物从装饰语言到功能设计的独立性。还有几件17-18世纪的小泥塑，以此来对比中国工匠在处理本土民间信仰和基督教题材时的不同表现。但这些材料都鲜有机会展出，也鲜有学者发表对其的研究。此外，还有一套1992年收藏的手绘晚清商标（trademark），对中国近现代设计史很有价值。这批手绘商标写有"元芳洋行""鲁麟洋行"等商行名称，商标上水粉、水彩和国画颜料以非常娴熟的笔触描绘了传统装饰画，题材涉及戏曲、仕女、园林和花卉。这批手绘商标证实了清末上海、广州等中国口岸都市的早期商业美术正从传统民间图绘和民间视觉的表达中走出。

除了大英博物馆和维多利亚与艾尔伯特博物馆这种国家级收藏机构，伦敦的惠康典藏博物馆（Wellcome Collection）展现了小型博物馆如何独特运用中国民间材料的方法。惠康典藏博物馆是一个小型医学博物馆，其奠基人亨利·所罗门·惠康（Henry Solomon Wellcome）是一位维多利亚旅行者和医疗文物的收藏家。作为维多利亚时期成功的医药企业家，亨利·所罗门·惠康先生的收藏从一开始就聚焦于收集世界各地怪异的，非正常的医学制品，可以说他的收藏充分体现了维多利亚人对艺术与科学的好奇心。在小型博物馆生存艰难的今天，惠康典藏博物馆的运营却相当成功，这主要归功于其独具匠心的策划。自2007年惠康典藏博物馆正式向公众开放，它的常设展就包括两个部分：一是基金会自身的医学文物收藏展；二是与伦敦活跃的当代艺术和设计实践相携手。二者共同呈现医学与艺术结合的奇幻，引发人们对健康和生命的讨论。该馆和中央圣马丁艺术与设计学院的师生以及伦敦的其他艺术家合作，将冰冷的医疗文物和灰暗的民族志材料结合起来，脑洞大开地来设计了关于健康、疾病、心理学、性学等展陈，吸引了大量的观众。可以说今天的惠康典藏博物馆已成为伦敦活跃的创意文化的一部分。

2015年惠康典藏博物馆举办了"性学研究"展览（The Institute of Sexology），展出时间近一年。展览围绕性具、古代雕刻、医疗器具并结合视觉影像资料，展示了一个复杂而矛盾的人类性学史的研究。除了介绍弗洛伊德、斯托普斯等性学研究历史上著名的人物，还将传统中国医学诊疗和房中术相关的民间工艺品以及来自世界各地的其他性学文物一同展出。这个展览的一部分后来成为惠康典藏博物馆的常设展，名为"生命的缘起（The Beginning of Life）"，展出的藏品中有几件近代中国民间烧制的陶瓷偶人，分别盛装在三种不同的水果容器中，打开水果，便看见里面男女欢爱的绮丽春光。2019年，惠康典藏博物馆举办了展览"齿（Teeth）"，展现了人类和牙齿疾病斗争几千年的故事。该展展出了上百件世界各地与齿文化和牙医学相关的文物与艺术品。其中，有一件和19世纪欧洲拔牙工具、20世纪美国牙膏广告一同展出的清代中国江湖大夫的脱牙招牌"妙手拔牙"，招牌下悬挂的全是大夫拔下的病人的牙齿。

惠康典藏博物馆中的一部分中国医疗文物曾经捐给了伦敦科学博物馆科学小组（science group），但又常常被借回来参加特展，其中有一套古代中医诊疗人偶非常有争议。这些性感的牙雕人体工艺品在大英博物馆也有展出，被放在日本厅，与根付和日本裸女牙雕一起展出。荷兰汉学家高罗佩（Robert Hans van Gulik）在他的《中国古代房内考》中提到过医用牙雕人偶，他本人也收藏有实物。高佩罗认为古代由于两性的隔离，医生需随身携带这些人偶以便女病人确切指出主诉部位。他认为有趣的是，这些制作人偶的民间工匠也经常制作春宫雕像，且供不应求。惠康典藏博物馆显然接受了高罗佩的意见，将这些牙雕人偶定义为诊疗人偶，在常设展中与欧洲文艺复兴时期的牙雕解剖人偶并置在一起。

除了专业的收藏机构，英国的中国民间工艺美术材料还有一些独特的存在方式。例如，流往海外的明清姑苏版画，以特殊的收藏方式保留在18、19世纪的欧洲古堡和庄园的中国房间中。这就是著名的"中国墙纸（Chinese wallpaper）"。这些壁纸通过当时的远洋贸易来到英国，被英国贵族作为壁纸装饰在中国风房间中。而这些古迹散落在英伦偏远的乡间，很多中国房间都不对观众开放，要系统全面考察其中的中国壁纸有很大难度。今天这些古堡和庄园已经成为英国国家名胜古迹信托（National Trust for Places of Historic Interest or Natural Beauty）的重要保护项目。国家名胜古迹信托通过与来自文化遗产保护、壁纸修护、经济史、物质文化研究和中国艺术史研究的专家合作，已经将所有古迹中的中国壁纸的进行了修复和发布，并在2019年出版了图录。特别是近几年英国的研究者们开始意识到这些中国房间中有部分壁纸不是绘画和印刷品，而是来自中国的木刻版画。例如，在剑桥郡菲茨威廉家族（Fitzwilliam family）的米尔顿宫（Milton House）中完整保留有姑苏版画壁纸的中国房间，几乎可以看到17、18世纪时的原貌。这间中国房间的四面墙壁贴饰有82幅大小不一的中国题材绘画，其中单幅画面尺幅从110厘米×64厘米到70厘米×90厘米不等。这些墙上的图画大多属于苏州产木刻版画，也有一些为广东的绘画。其中，模仿西洋铜版画阴影、明暗效果的所谓"仿泰西笔法"姑苏版画有十几幅，是英国古堡中保存最好的姑苏版画中国壁纸。这些古堡遗珍让我们看到中国民间视觉艺术在18世纪跨文化交流中嵌入西方物质生活的真实情境，它们促成了各式各样创意和时尚的产生。

此外，英国还藏有大量涉及中国民间工艺美术的文献。从19世纪以来，汉学家们不断译介中国文献，在大英博物馆、英国国家图书馆、牛津大学博德利图书馆（Bodleian Libraries）、英国国家档案馆（The National Archives）等机构对中国民间美术文献均有大量收藏，如清代苗图在英国收藏的版本就多达19种。在剑桥大学李约瑟研究所藏有多种工艺和多个版本的中医《内经图》。西方人拍摄的关于中国民间工艺美术和民间设计的历史影像在英国也有很好的保留,在英国国家媒体博物馆、维多利亚与艾尔伯特博物馆的"中国图像志索引典"(CIT)工程,以及布里斯托大学(University of Bristol)中国历史影像工程都为我们提供了有效的数据库平台,可以获得很多关于中国民间工艺美术的珍贵视觉文献。作为研究中国海关和近代中英关系的重要基地,布里斯托大学的中国历史影像工程项目由历史系毕可思(Robert Bickers)教授主持,该项目收录了中国历史影像3万余张,时间跨度为1850–1950年。在该影像平台上可以搜索到海量与中国民间工艺美术相关的影像。这些影像的媒介技术和图像学表述,呈现了中国民间工艺美术和非遗文化如何被西方人的镜头观察、记录和建构。它们在今天已经成为一种可以全球共享的研究资源。

从以上收藏机构和研究机构所获得的信息可见,海外中国民间工艺美术是一个十分庞大的存在类型,这一类型在几个世纪以来东西方跨文化交流中被不断转译和再现。这些机构因其不同的目的和传统,对中国民间工艺美术品的收藏、展陈和研究上均有着不同的路径与态度。可以说,在英国每一处关于中国民间物质文化的收集和研究都代表了与该机构建制相对应的知识体系。海外中国民间工艺美术和民间物质文化所架构的桥梁不仅实现了藏品与观众的沟通,它还实现了西方社会与非西方社会的沟通,还在不同历史时期促进了西方自身认识论和知识系统的沟通。

人类学视角下的女性文化遗产[*]
——石寨山青铜器扣饰的记忆

沈宁[**]

云南晋宁石寨山古墓葬青铜器自1955年出土以来就引起世界青铜文化研究学者的瞩目，也成为云南省博物馆最为重要的具有地方特色的藏品。石寨山青铜器以自身雕塑式的风格——"记忆情景"的方式独树一帜，其所代表的文化因而被命名为石寨山青铜文化。葛兰言曾说："神话和礼仪是在特定的社会中形成的，并持续对形成它的社会产生互动影响；神话、礼仪以及社会本身共享同一性的结果形式"[①]。涂尔干提出：图腾为宗教的初级形式，在宗教生活的初级形式当中，仪式重于崇拜对象，"因为它是展示社会力量和唤起集体意识的场所"[②]。因此，石寨山青铜器上这种场景式的情景呈现正如凝固的仪礼，与其说是一种"艺术"，更不如说是一种当地当时族群"记忆"的记录方式，记载并呈现着当时人们的生活状

---

[*] 本文系云南省哲学社会科学艺术科学规划项目"滇青铜文化女性遗产研究"（项目批准号：A2018YJ03）中期阶段性成果，原刊于《博物院》2020年第2期。
[**] 沈宁，云南省博物馆副研究馆员。
[①] （瑞典）Kristofer Schipper 著，李焕才译：《高延等欧洲人类学家对汉人社会的研究》，载庄孔韶主编《人类学经典导读》，16页，北京，中国人民大学出版社，2017。
[②] 张海洋、陈韦帆：《涂尔干及其学术遗产》，载庄孔韶主编《人类学经典导读》，26页，北京，中国人民大学出版社，2017。

况。自发掘至今，相关的著书立文颇丰。近年来，跨学科发展研究的趋势，为传统考古学的研究提供了新的视野。文化遗产研究对人类学视角、民族志方法等的引入，无疑为考古学历史研究方法提供了新的并行之路。而人类学对考古学的内揽，更可以从多角度来揭示没有文字但又出土"滇王之印"的石寨山古墓葬的神秘面纱。由于石寨山青铜器"记忆情景"式的这种独特风格，结合人类学的研究视角，或可以为传统考古视野下的博物馆藏品研究打破原有分型分类模式而发掘出其中所蕴含的"有血有肉"的文化"记忆"。亲属关系、血亲关系及姻亲关系是人类学研究的初始问题。本文通过对石寨山青铜器中一枚扣饰的具体阐释，尝试探讨该枚扣饰所呈现出的女性文化遗产问题，试引出博物馆藏品研究的新思考对象。

云南晋宁石寨山西汉时期墓出土的青铜器为研究当时滇池区域的文化提供了第一手的研究资料[①]。石寨山青铜器所代表的文化，社会发展程度相对同时期的汉文化而言较为滞后。就现有考古资料来看，墓葬中都没有文字记载的发现，仅出一枚类似符号记载的"刻纹铜片"，因此，石寨山应属于"前文字时期"[②]。但从墓葬和随葬品观察其社会形态又比较成熟，如石寨山的具象立体雕塑式的"记忆"呈现和表达手法已炉火纯青，并已形成叙事的表现，呈现出一种对族群"记忆"的记录方式（图1）。汪宁生先生曾著《从原始记事到文字发明》[③]，文中论述了人类文明的多种原始记事方法，而"物件记事""符号记事""图画记事"等手段无

图1　诅盟场面铜贮贝器（石M12：26）
中国国家博物馆藏

---

① 云南省博物馆编：《云南晋宁石寨山古墓群发掘报告》，北京，文物出版社，1959。
② 此概念得于易学钟先生。
③ 汪宁生：《从原始记事到文字发明》，载《考古学报》，1981（1）。

疑都集中在石寨山的出土器物上得到体现。若就文明产生的三大特征文字、城市、青铜器而言，石寨山文化已站在了现今所认为的"文明"社会的入口处。但与当时的中原腹地相比，"惟殷先人有册有典"①，石寨山文化又是相对落后的。这种状况也与汉武帝所授"滇王之印"的称谓比较相符。汉正统历史文献对"滇"文字记载很少，但石寨山出土文物上的立体具象场景记录式的表现方式却提供了一种类似人类学观察的对象，结合当时的时代背景综合分析，或许可以探寻出一些不同以往的推测。

一、石寨山扣饰身份辨识

与中原乃至世界青铜文化对比，石寨山所出土的青铜扣饰和贮贝器是比较独特的器物。在中国北方游牧文化中有扣饰出土的先例，但石寨山的扣饰独树一帜，具有浓郁的本土特征，更为立体，更富情感表达（图2），不难看出这只猛兽前足往上托举猎物，脚下嗷嗷待哺的两只小兽，母兽头部表现出快乐表情。石寨山扣饰所表现的场景也是除贮贝器以外最为精美逼真的，尤其以人物狩猎或动物搏斗为主要表现对象，而且细节表现得尽善尽美，极尽巧匠之能事。

在石寨山所出土的扣饰中，有一例与其他扣饰迥异，即石M6∶13的鎏金骑士铜扣饰（图3）。此枚扣饰在发掘报告中仅以"骑士"相称②，并且没有对其性别进行辨识。性别辨识问题从石寨山古墓葬发掘之始便未受到过重视，也未有文章专门讨论，因此在有关石寨山出土器物的论著中，常有男女混识、男女混淆的情况出现，从而影响对器物及其场景的阐释和理解，导致对场景所表现的主题诠释出现较多分歧。笔者在之前的文章中曾通过配饰、腰饰、发髻等方面论证过石寨山男性和女性的性别辨识问题，即男子有扣饰装饰腰间并束高发髻于头顶稍后方（图4），而女子则以齐膝对襟长衫和拖垂至颈后的银锭样发髻为主要辨识标准（图5）。但此枚

---

① 《尚书·多士》，魏石经，魏废帝正始年间（240-249 年）。
② 云南省博物馆编：《云南晋宁石寨山古墓群发掘报告》，北京，文物出版社，1959。

图2 三虎背牛铜扣饰（石M12∶38）
云南省博物馆藏

图3 女骑士鎏金铜扣饰（石M6∶13）
云南省博物馆藏

图4 持伞铜俑（石M18∶1）
云南省博物馆藏

图5 持伞铜俑（石M20∶2）
云南省博物馆藏

M6∶13的鎏金人物铜扣饰却与滇人所惯常表现的男女形象都格格不入。仔细观察，该扣饰所表现的人物发式处发髻很小，从发式整体形象来判断发髻似盘于脑后方，没有如滇人女子那般脱垂于颈后的银锭式大发髻。其身着的衣服式样表现清晰，从正面看，该"骑士"的衣式系长宽袖，正身衣服是随衣襟旋绕卷裹于身，腰间用带维系，衣长及脚面；胸前和大腿前方的"曲裾"表现甚为明显。而该衣式却与汉代女性的服饰非常相似，如长沙马王堆一号汉墓中出土的几件衣服。长沙马王堆一号汉墓辛追夫人墓出土的一件朱红菱纹罗丝绵袍（图6）"同属随襟旋绕而下"[①]的曲裾式样，曲裾的部分环绕身体并可用带（图7）系紧，带端打结或以带钩相扣。在马王堆汉墓，这种样式的衣服出土多件，且所出衣物虽有小异，但却大同，体现出典型的汉式着装。

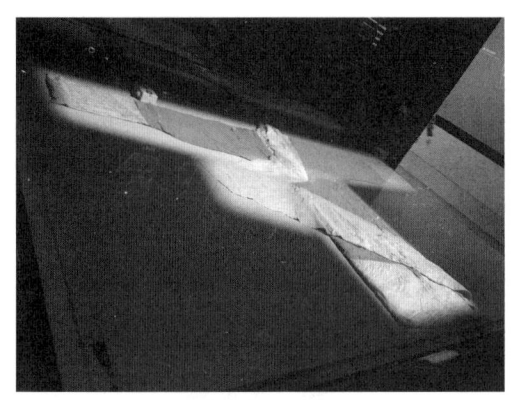 

图6　长沙马王堆一号汉墓（辛追夫人墓）
　　　出土朱红菱纹罗丝绵袍
湖南省博物馆藏

图7　长沙马王堆一号汉墓（辛追夫人墓）
　　　出土"大带"
湖南省博物馆藏

一个民族的审美情趣和生活理念以及思维方式会不知不觉地融入该族群的文化遗产当中，以各种姿态出现在人们生活的各个细节和要素中。从古至今，衣食住行都是人类生活最为基本的要素，而服饰更融入了当时当地人们的环境气候、地理特点、文化思维等制约和理念。就汉服而言，统一的服饰最为必要的条件之一就是中央政权及相应民族意识的成熟确立，因此具有极为鲜明的政治、文化特色。当然，汉服根据用途和使用等级来看有很多样式，如"衣"《说文解字》为"衣，依也。上曰衣，下曰裳"[②]，而如此通体长衣就有"深衣""禅衣""袍""衫"等。按

---

① 沈从文：《中国古代服饰研究》，184页，上海，上海书店出版社，2011。
② （汉）许慎撰，（清）段玉裁注：《说文解字》，233页，上海，上海古籍出版社，1981。

照石M6:13此种腹部和大腿前部有斜角剪裁裹于腰后的样式在汉服形制中应属于"深衣"或"袍"类。《礼记·深衣》中记载:"古者深衣盖有制度,以应规矩绳权衡。短毋见肤,长毋被土……带,下毋厌髀,上毋厌胁,当无骨者……"①。"袍"是在深衣基础上演变而来的一种衬里纳絮的秋冬服装②,并随代改创,使用经久。长沙马王堆辛追夫人墓出土的这件朱红菱纹罗丝绵袍,细看有一定厚度,衬里应有纳絮,与记载相符。而深衣的样式与袍同,但不纳絮。汉代赋予了其很深的寓意,"后幅背线像垂线般一直到脚跟,表示为人正直、刚正不阿;下摆似秤锤,表示做事公平,用以安定心志、平正内心"③。汉代服饰的设计和使用正如汉文化的符号和语言一般,体现着汉文化的内涵和底蕴,甚至体现着汉代社会理念对人体的禁锢,长袍式的通体长衣直至脚面,卷裹于身,将身体除了头以外的所有部分都遮盖得严严实实,在严格包裹身体的同时还严重限制了女性的行为举止。当然,汉服的这种长线条设计似悠长流水,形象柔美飞扬,也体现了汉文化以弧线为主要线条,以柔为美的传统和神韵。沈从文先生认为此种样式的衣服是中国战国及汉代当时社会上一般普遍的服式④。由此对比来看,石寨山M6:13扣饰人物所着的衣式并非滇人服饰,而是与战国始至汉代尤为流行的"袍"或"深衣"设计样式较为相符;从厚薄表现来看,因石M6:13扣饰所表现的服装紧贴身体无厚重感,应属汉式"深衣"的样式。再回看滇女性的服式相对宽松,通襟长衫没有宽带系腰,衣长仅及膝盖,这与汉服形成明显的区别。

仔细观察石M6:13扣饰人物所骑的坐骑,与同类扣饰相比(图8)也略有区别。石M13:274骑士猎猪鎏金铜扣饰,发掘报告称:"该骑士鎏金,头戴盔形圆帽,着披肩,短衣,跣足,腰间束带,带上佩一圆形护心镜,左边佩一短剑,右手举兵器投刺……"⑤虽然报告中同样没有明确辨识此骑士的性别,但根据笔者的分

---

① 《礼记·深衣第三十九》(十三经译注),777页,上海,上海古籍出版社,2004。
② 李晰:《汉服论》,72页,西安美术学院博士学位论文,2010。
③ 李晰:《汉服论》,71页,西安美术学院博士学位论文,2010。
④ 沈从文:《中国古代服饰研究》,185页,上海,上海书店出版社,2011。
⑤ 云南省博物馆编:《云南晋宁石寨山古墓群发掘报告》,89页,北京,文物出版社,1959。

图8 骑士猎猪鎏金铜扣饰（石M13∶274）
云南省博物馆藏

析，该骑士佩剑且腰佩一圆形"护心镜"，此"护心镜"其实就是腰带前的扣饰①，由此，石M13∶274骑士扣饰所表现的应为男子形象。M6∶13扣饰与M13∶274骑士扣饰对比，人身与马匹的比例为人身较大，而马匹较小，不如M13∶274骑士扣饰那样马身较大较长，由此推测M6∶13扣饰所表现的人物所骑坐骑并非正常的高头大马，而是体格相对小的小马或矮马马种。骑此种身形小马自然不利于征战，因而此扣饰所表现的骑马形象应为消遣娱乐之目的。或许此人物在平日正式场合并不能穿着此汉服，而着汉服是为了怀念家乡，聊解思绪。再观人物骑行的姿势，石M13∶274骑士猎猪鎏金铜扣饰很明显是骑手双腿分开叉坐于马上，而石M6∶13扣饰所表现的人物姿势为侧骑于马上。在石寨山青铜器各种人物表现场景中，滇人男女唯男子好骑于马上，女子仅乘肩舆不见骑马的现象。在浙江绍兴出土的一面汉代铜镜上也有类似侧骑于马上的形象出现（图9）。与同类汉代的人物形象对比，此形象宽长袖，系宽腰带，衣式下摆较宽，衣纹表现系长衣不露脚部。值得注意的是，与男子骑行相比，此人物上半身与腿的扭曲比例并非着裤装分腿骑行，而是着长衣侧骑于马上，整体线条和衣样所表现出的即是汉代的"深衣"样式，与石M6∶13尤为相似。且此"执剑

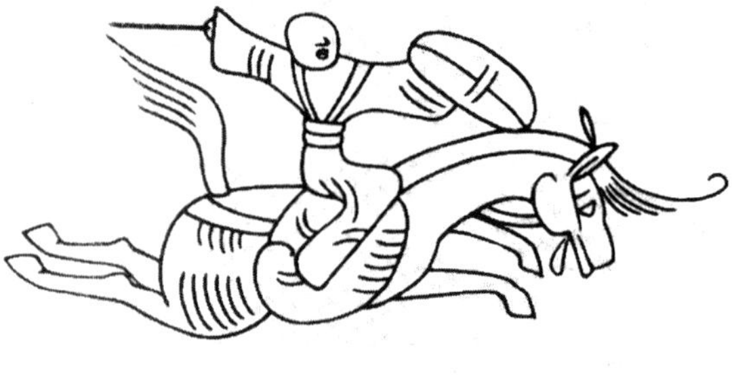

图9 汉执刀盾骑士（浙江绍兴出土铜镜纹饰）
采自《中国古代服饰研究》图七五

---

① 沈宁：《云南石寨山文化纹饰研究》，57-76页，昆明，云南人民出版社，2018。

盾作战形象,却是目下仅有材料"①。而就坐于马上的姿势而言,常理可知侧坐于马上对骑手的技术要求高,且在骏马前行的状态下不利于保持平衡。女性与男性一样都拥有可分开的双腿,从人体结构上来说无论男女都是可以分腿坐于马上,但历史上唯见女子需要以这种不舒服、不科学的方式侧坐于马。而中原自商代始,卜辞中就有女性参与战争的记录,"辛巳卜,囗,贞登妇好三千,登旅万,呼伐……(《英藏》150正)"——商王朝征伐方国用兵人数最多的一次,妇好率领一万三千名军士讨伐周边方国②,可见商代女性参与军事活动,并具有较高的社会地位,妇好便是其中的女中豪杰。但至西周中后期,就少见有关女性参与战争的记载。由于周礼的严格限制,对女性有了严格的"逾礼"之规,自西周中后期始,女性地位可谓限制重重,较前朝已然降低了许多③。但秦汉时期仍有女性从武的记载,如楚汉战争时刘邦被项羽围于荥阳,陈平以女子二千人引诱楚军主力——"陈平乃夜出女子二千人荥阳城东门,楚因击之,陈平乃与汉王从城西门夜出去。"④此诱敌之计,虽有利用女子充"炮灰"之嫌,但说明当时女性在一定程度上是可以参与战事的。可见在中原地区由于征战的历史,女性应有骑马的可能,如石M6:13这种娱乐消遣性质的骑行是有存在理由的。但同时受礼制的限制,女子尤其是有身份者或许只能侧骑。因此,就石M6:13这枚扣饰来看,以上的分析都说明该人物应是一位汉代女子。由于在石寨山青铜器中目前所出仅此一枚,这枚扣饰在展现文化引领下现实呈现之区别的同时,更体现了这位女性的重要地位。

二、铜镜提供的佐证

从服饰和骑行的方式来看,石M6:13扣饰体现的人物形象应为汉人女性。若是,则石M6:13扣饰蕴藏了更多的意涵:为何一位着汉服,遵循汉俗并侧骑于马上

---

① 沈从文:《中国古代服饰研究》,163页,上海,上海书店出版社,2011。
② 陈晓丽:《商周时期女性地位探析》,10页,烟台大学硕士学位论文,2011。
③ 陈晓丽:《商周时期女性地位探析》,烟台大学硕士学位论文,2011。
④ (汉)司马迁:《史记·陈丞相家》,2056页,北京,中华书局,1982。

的女子会出现在石寨山的滇王墓中呢？

　　喜好照镜，饰颜穿戴，历来或属女性的特点。以下将从铜镜分析入手以佐证M6：13扣饰所表现女性的身份。云南石寨山所出铜镜共14件，第一次发掘时M1出土了3件，其中最大一枚者上铸有阳文"畜思君王，心思不忘"；较小的两件装饰乳钉纹。报告称此两种铜镜属于西汉昭、宣时期，也就是公元前86-前49年[①]。第二次发掘出土6件，编号M3：161、M10：32、M13：8、M20：32、M6：10、M7：19，分别出于6个墓，其中有铭文者3枚。M6：10铜镜（图10）铭文曰："清治铜华以为镜，昭（照）察衣服观容貌；丝组杂还以为信，清光兮宜家人。"M7：19铜镜文云："久不相见，长勿相忘。"M20：32铜镜有篆书铭文两圈：内圈文"内请（清）质以昭（照）明，光辉象夫日月；心忽杨（扬）而愿忠，然雍塞而不泄"；外圈文"精（清）白而事君，口污欢之毚明；彼玄锡之流泽，忠（终）疏远而日忘……愿永思而不绝。"[②]第三次发掘出土4件，第五次发掘出土1件。石寨山所出铜镜与中原地区汉式铜镜基本相同，从铭文看其内容也在汉式铜镜出现的铭文内容范围之内。汉铜镜在河南等地西汉墓以及长沙西汉墓中出土尤多，为西汉时期盛行的中原代表性物件。纵观汉式铜镜尤其是西汉时期，也多以铭文作为"装饰"，并以"长寿富贵""长宜子孙""高官厚禄""辟邪消灾"等为主题，这些主题都集中体现了汉朝及其民众的社会价值体系，以此来祈

图10　铜镜拓片（石M6：10）
采自《云南晋宁石寨山古墓群发掘报告》图二二-5

---

① 云南省博物馆考古发掘工作组：《云南晋宁石寨山古遗址及墓葬》，载《考古学报》，1956（1）。
② 云南省博物馆编：《云南晋宁石寨山古墓群发掘报告》，北京，文物出版社，1959。

福抒发心愿表达诉求。再来看石寨山出土的汉式铜镜，铭文基本以"清洁""相思""勿忘"等为主旨，显露出一种遥远的思念和嘱咐，遥嘱不要忘记远方的君王。铜镜出现之初或不为平日所用，在生产力低下的社会发展阶段，很多事物都与原始祭祀或宗教祭祀有关。而汉式铜镜的出土数量很大，考虑到汉代逐渐发展起来的社会生产力水平，铜镜应已成为权贵之家的常见用品。当然，这与初始的"在祀"之意并不冲突。如此铭文用于常见用品之上，可谓对使用者的提醒旨在朝朝暮暮。虽然青铜器上的纹饰只是器物装饰，但其间含义又岂是随意为之，它表现的必然是当下的现实需要与心理需要。青铜铭文更是描写宗教或者祭祀背后的原因，其目的显然不仅仅是为了装饰和美观。而考察石寨山出有汉式铜镜墓葬的陪葬组合和规格之后发现，均陪葬品丰富，各种质地如铜、金、银、玉、玛瑙兼备，各类器物多样，体现出滇文化权贵阶层与汉文化或多或少的联系。

至于铜镜铭文的出现年代，目前主要有两种观点：一是产生于战国晚期，二是出现在西汉初年[①]。而在此之前则多以几何、云雷、弦弧、草叶、花瓣、怪兽等纹饰居多。笔者发现铜镜纹饰发展具有一定的规律。一方面，从考古资料看，如M1有铭文的这枚铜镜的制式自西汉中期已兴起，而其中的草叶纹在西汉早期就已出现，西汉初至中期也是铜镜纹饰和铭文完美结合的鼎盛之时，之后铭文便成为主体纹饰，字数逐渐增多，向铜镜的外区发展。另一方面，西汉早中期的铭文多分布在铜镜内区靠近中钮的周围区域，至西汉晚期及东汉早期，由于铭文字数的增加，内区位置已不能容纳，便开始向外区扩张以获得更多空间。以上纹饰的发展脉络由几何单一纹饰发展到与铭文相融合，再由两者融合兼备发展至以文字铭文为主体，由简到繁，符合纹饰随着西汉初至西汉末社会文化发展的主线。而细观石寨山所出土的铜镜，系汉式铜镜无疑，也可遵循上述规律略作分别：几何纹或单一的神兽纹较早，如石M3、石M10、石M13、石M71等出土的铜镜；而铜镜内圈带有铭文并兼有花藻等纹饰的紧随其后，如石M1所出铜镜；再往后就是铭文向铜镜外圈发展的以

---

① 邓林：《汉代铭文镜研究》，26页，上海大学博士学位论文，2017。

铭文为主题纹饰的，如石M7、石M6、石M20等所出铜镜。如若按此纹饰规律做粗浅判断，石寨山铜镜所体现出的这种先后顺序与石寨山第二次发掘报告中对所发掘的墓葬进行的早、中、晚的分期基本相符。那么从铜镜纹饰的发展规律来看石M1的铜镜应该早于石M6的铜镜，但发掘报告上将M1铜镜的年代定为公元前86-前49年，却晚于正史记载授"滇王之印"于滇的公元前109年。这两种判断刚好相悖。而"滇王之印"之制式的不同一般①及其纯金的质地，足见此印的重要。如此重要的一枚金印应为传世之印，可是M6之"滇王"为何在授印当代就把金印随葬了呢？因此前后推敲：授印于滇的确在公元前109年。M6因为有"滇王之印"的出土，其墓主为"滇王"也没有差错。而据M6的铜镜时代较晚，M6墓葬的时代也应较晚，晚于M1的公元前86-前49年，即M6的年代并非授印的公元前109年，而是至少要晚于M1的公元前86-前49年。"滇王之印"如此贵重，又是汉朝之授印，当不应为下葬所用的"冥印"，所以对"滇王之印"，之前应该有传承。M6的滇王所处时期应已是"滇"独居一隅没落之时，其或为最后一代滇王，到了最后一代滇王才有理由将如此重要的一枚金印随葬。同时，对比随葬品的规格，M6的陪葬相比石寨山的其他大墓陪葬的配比稍逊，且器物的"精雕细琢"程度已不及以往。加之M6中出土了"滇王编钟"，且"滇王编钟"是仅此墓有如此随葬，更暗含了滇、汉在政治、文化层面的深入沟通和汉文化的深层渗入。以上分析的迹象似乎暗示了"滇"的能量在M6所处的时期已基本消亡殆尽。

三、汉滇姻亲关系分析

公元前122年，在张骞出使西域归来之后，汉方遣使通身毒。汉使至滇，滇王曰："汉孰与我大？"据记载推测，此时应为公元前121年。汉使返回告知武帝，"说滇地很大，可以争取内属"②。汉武帝虽在公元前109年发兵巴蜀（授印于滇的同

---

① 沈宁：《滇王金印——历史与记忆之间》，载李昆声、黄懿陆主编《中国抚仙湖文明的影响和传播——纪念抚仙湖水下考古研究12周年学术论文集》，昆明，云南人民出版社，2014。
② 《云南各族古代史略》编写组：《云南各族古代史略》，32页，昆明，云南人民出版社，1977。

年），一路斩杀违抗者，公元前107年、前105年还两次出兵击"昆明"部落，但公元前109年至滇却遣使劝说，遂赐印并令其仍为"长帅"①。从滇汉始接触双方的不甚了解到遣使劝说，武帝对西南诸部落披荆斩棘，唯滇"独宠"，才"以兵临滇"则滇"不战而降"，其中疑点较多，让人迷惑。

汉朝之初，便临匈奴外患，前后经过十余次战役，尤其是公元前127年的河南之战、公元前124年的漠南之战、公元前121年的河西之战、公元前119年的漠北之战等几大战役，才最终击溃匈奴主力，至"前111年汉将公孙贺率军出九原塞二千余里，赵破奴率军出令居塞数千里，皆不见匈奴一人而还"②，但至公元前57年匈奴单于与汉朝的臣君地位才最终确立③。可见汉朝对于平定匈奴始终耗费了大量人力物力，常年的战争对国力的消耗是不言而喻的，如火炉烧纸般的战争消耗并不利于整个国家的长治久安，武帝"北击匈奴，虽广获珍器，多斩首级，而中国疲耗，殆至危亡"④。又《史记》载武帝不仅北击匈奴，且对外用兵西、北之楼兰、大宛，"发属国六千骑，及郡国恶少年数万人，以往伐宛……是岁太初元年也。而关东蝗大起，蜚西至敦煌"⑤。太初元年（前104年），汉出击属国的同时并遭遇蝗灾。且武帝平西南夷的道路并非平坦。汉武帝执政于公元前141–前87年，授印于滇的时间系汉武帝执政中期，此时正值匈奴外患后期，因讨伐周边"蛮夷"国力已大量消耗。同时，"西靡莫之属以什数""西南夷者……有夜郎国，东接交阯，西有滇国，北有邛都国，各立君长。其人皆锥结左衽，邑聚而居。其外又有嶲、昆明诸落……地方数千里。无君长，编发、随畜迁徙无常……"⑥，说明当时的西南地区部落、族属众多。如此凌乱之状汉武帝若要将西南诸族一网打尽又得大费周章，即便以兵相击也是难抓主力集中攻之。《华阳国志·南中志》记载："晋宁郡，本益

---

① 《云南各族古代史略》编写组：《云南各族古代史略》，昆明，云南人民出版社，1977。
② （汉）班固撰，（唐）颜师古注：《汉书·匈奴传》，北京，中华书局，2012。
③ 王红梅：《中国历史上的和亲政策及其作用和影响》，载《赤峰学院学报》，2011（10）。
④ （后晋）刘昫等：《旧唐书·郭虔瓘传》，3189页，北京，中华书局，1997。
⑤ （汉）司马迁：《史记·大宛列传》，3174-3175页，北京，中华书局，1982。
⑥ （宋）范晔撰，（唐）李贤等注：《后汉书·南蛮西南夷列传》，2844页，北京，中华书局，1965。

州也……汉武帝元封二年，叟反，遣将军郭昌讨平之，因开为郡，治滇池上，号曰益州。"①那么"叟反"的记载与之前的汉以兵临滇"不战而降"《史记》记载为同一年，都是元封二年，虽最后均为"滇"败，但战与不战两者记载却相互矛盾。且诸家对滇中民族的分析讨论颇多，意见尚未统一，由于缺乏实证，也只能是推测。史料的记载在"滇"设立"益州郡"后，设县24个，面积近26万平方千米，人口统计也有近60万②，可见当时所涉及的范围。再者，《云南简史》中也提到，公元前135年虽夜郎归附，但同时开发"西夷""南夷"耗费大量物力，死人甚多，营"西南夷"之事曾一度停止③。公元前130年，汉武帝虽在四川、夜郎地区设立郡县，拆除边地关卡，但为了集中力量对付匈奴，"西夷"地区的进一步开发不得不暂停下来④。加之西南地区自然环境、地形复杂，高地山谷、山间盆地交错，无论横向还是纵向都存在地形、气候等差异，如此复杂的地形地貌也必然导致不同地区社会发展不均、人口分布不均、原生民族多样化等特点。西南地区在当时的实际情况极富立体感和多样性。综合分析当时况势，对于汉武帝而言，想要稳妥解决西南之滇族这一西南各族文化中最高的文化⑤及其靡莫之属，想要使滇"不战而降"，硬碰硬或许并不是最为明智之举。

但汉谋略之高深，又岂是"外蛮"可随意揣测。秦灭巴蜀设郡，秦亡后，汉高帝乃分巴、蜀置广汉郡，在推行郡县制的同时，还推行了羁縻制度，即不改变其部落君长和原有联盟制度，采用如此柔和的手段最终确立郡县制，这种情形一直维系到汉代末期⑥。高祖六年（公元前201年），汉高祖曾被匈奴四十万大军围困于平城白登山七天七夜，史称"白登之围"，后来是承诺以美人献之方解围困，归朝后便以宗室之女顶替鲁元公主远嫁匈奴，由此开创了以"和亲"为政治外交手段的先

---

① 《云南各族古代史略》编写组：《云南各族古代史略》，5页，昆明，云南人民出版社，1977。
② 梁方仲：《中国历代户口、田地、田赋统计》，26页，北京，中华书局，2008。
③ 马曜主编：《云南简史》，34页，昆明，云南人民出版社，1982。
④ 《云南各族古代史略》编写组：《云南各族古代史略》，30页，昆明，云南人民出版社，1977。
⑤ 《云南各族古代史略》编写组：《云南各族古代史略》，25页，昆明，云南人民出版社，1977。
⑥ 秦立凯：《汉代西南体育地理研究》，37页，西南大学博士学位论文，2013。

河。西汉建立初年，国力衰微，匈奴关系对比悬殊，"和亲"的方式使汉初得以休养生息、恢复国力，至刘彻时经过60余年的修整，国力军力都已强盛，方具备主动出击匈奴的实力。同时，汉武帝经营西南"南蛮"夷之地时，曾受到朝廷馆员边疆"无用"论调的阻挠，认为开发边疆不为"长策"，而系"割齐民以附夷狄，弊所恃以事无用"，经营毫无用处的边疆只能使百姓遭受弊害，而应采取"羁縻勿绝"的政策"之于夷狄"[1]，由此牵制西南诸夷。至汉中期，汉朝的"和亲"政策可谓已经经受过时间和实践的考验，在战争背景和情况下，汉王朝这种"一两拨千斤"的政治谋略已成绩斐然。"和亲"政策正是汉朝与匈奴等"外蛮"迂回缓冲时的必用伎俩，细君公主、解忧公主、王昭君都先后成为汉匈双方所谓政治同盟的"橄榄枝"。公元前105年，细君公主出嫁乌孙；公元前101年，解忧公主出嫁乌孙；公元前33年，昭君出塞匈奴。无论汉中央集权以"安边"或"结盟"或其他为目的，"和亲"为汉中央集权赢得了宝贵的时间，在暂且化解矛盾的同时"相安无事"并恢复国力。而且汉周围所谓"蛮夷"众多，在对付匈奴的同时，以"和亲"舒缓与少数民族的关系，比如乌孙，更是以最小的投入取得了效益最大化，使汉朝可以集中力量歼灭匈奴主力，并断匈之右臂与乌孙联手对匈形成夹击之势。虽说后人对"和亲"政策多有褒贬，但历史证明了"和亲"政策虽在不得已时为之，作为缓兵之计，的确对于汉朝最终大业巩固起到了不可磨灭的作用，对于汉朝成为多方关系的最终胜利者而言功不可没。

汉朝廷遣使入滇正是在汉对匈奴的几大战役之后，石寨山M6之时也恰巧是汉朝廷多用"和亲"政策之时。所以，汉武帝若采取"和亲"此类羁縻政策，可谓不费吹灰之力的良策，不仅养得生息保存实力，更可使滇族"不战而败"。而于滇而言，在对汉有所了解之后，"是时汉既灭越，而蜀、西南夷皆震，请吏入朝"[2]，识时务者为俊杰，受惠并避免战争，"不战而降"对于双方都是明智的选择。或才有了

---

[1]《云南各族古代史略》编写组：《云南各族古代史略》，昆明，云南人民出版社，1977。
[2]（汉）司马迁：《史记·大宛列传》，3170页，北京，中华书局，1982。

滇族不战则举国降的记载,或才有了石 M6：13 这枚扣饰所表现女子的突兀出现。在列维-斯特劳斯看来,"婚姻关系只是一种信息传递或交往关系,它是男子为男人间的关系而交换女人;女人在群体间的交换如同词语在社会生活中个人交往一样,只是'信息的传递',就犹如物体、符号的交换一样。凭借这种'信息'传递,社会中各个群体的人联结成紧密整体"①。而据以上分析,石 M6：13 这枚扣饰所代表的女性人物也正起到了"信息传递"的作用,作为一种交换符号将两个社会群体紧密地联系在一起。

四、"和亲"中的女性

"根据结构主义人类学的研究,女人是男人交换的物品""婚姻是礼品交换最基本的一种形式,女人是最珍贵的礼物",在原始社会,"女人的交换使部落之间建立了亲属关系,从而消除了对立,至少是缓解了矛盾"②。"和亲"问题是以女性为交换手段,可谓是人类学观察下这种姻亲关系的典范。由此,不得不影射出关于女性的话题。古代中国的女性少有"位高权重"或享有与男子平等待遇的情况,即便有也是凤毛麟角,女性在整个社会当中虽然占据二元人类世界的一半,但却始终扮演着"他者"的角色并处于附属的地位。

深究"和亲",从更大的历史背景来看,和亲政策按照班固的记载,"昔和亲之论,发于刘敬。是时天下初定,新遭平城之难,故从其言,约结和亲,赂遗单于,冀以救安边境"③,即和亲始于汉初。但据崔明德先生分析,"和亲"之名早在先秦就已经出现④,或先秦并未以"和亲"相称,但已有了联姻这种以政治为目的的婚姻关系。《后汉书·南蛮西南夷列传》记载:"昔高辛氏有犬戎之寇,帝患其侵暴,而征伐不克。乃访募天下,有能得犬戎之将吴将军头者,购黄金千镒,邑万家,又妻以

---

① 刘源:《列维-斯特劳斯及其结构主义》,载庄孔韶主编《人类学经典导读》,76 页,北京,中国人民大学出版社,2017。
② 程锡麟、方亚中:《什么是女性主义批评》,64 页,上海,上海外语教育出版社,2011。
③ （汉）班固撰,（唐）颜师古注:《汉书·匈奴传》,3286 页,北京,中华书局,2012。
④ 崔明德:《中国古代和亲史》,1 页,北京,人民出版社,2005。

少女。"①后来取了吴将军首的是一只狗名曰"盘瓠",帝虽不得已但仍遵守诺言真妻之以女。西周时期,女性地位在社会经济不断发展、礼制制定日趋成熟的背景和限制下已开始一落千丈,至"春秋战国时期,大国争霸称雄,传统的婚姻外交愈受重视"②。秦楚相争时,楚顷襄王外受秦威胁,内临"庄蹻为盗于境内而吏不能禁",采取了"嫁子取妇"以求得秦国"二十年而不攻楚"③。而这些联姻与刘邦以美人计解除"白登之围"异曲同工。汉高祖刘邦在罢平城归返之后,接受了刘敬的荐策:"天下初定……未可以武服也……陛下诚能以嫡长公主妻之,厚奉遗之,彼知汉嫡女送厚,蛮夷必慕以为阏氏,生子必为太子,代单于……冒顿在,固为子婿;死,则外孙为单于。岂尝闻外孙敢与大父抗礼者哉?兵可无战渐臣也。"④可见,中原地区"和亲"是一种有渊源的惯用政治手段,"故约,汉常遣翁主,给缯食物有品,以和亲"⑤。甚至到唐代的文成公主,更是帮中央政权缓和了双边敌对的状态。"和亲"作为一种可以赋予多重目的的政治手段,从先秦时期便持续以女子为交换手段发生于整个中国古代史。汉滇之"和亲"如若成立,以中原王朝所出女子出嫁少数民族首领,并最终瓦解吞噬了滇族这一偏居一隅的少数民族力量。当然,此女子的身份或不如公主显贵,汉和亲女子也有宗室之女或宫女充当的记载;加之关于滇的"正史"记录寥寥无几,可见其势力当不可与匈奴、乌苏等相较,中原王朝自会依照少数民族势力的强弱、彼此的利益关系和当时的情势,而以不同等级不同身份的女子出嫁和亲。

又汉有"汉尊夷鄙"的思想,"夷"泛指汉以外的周边民族,在《汉书》对"外夷"的记载中这种思想体现得尤为明显,曾把匈奴视为"禽兽"。《汉书·匈奴传》中将匈奴描述为:"夷狄之人贪而好利……人面兽心,其与中国殊章服,异习俗,饮食不同,言语不通……是故圣王禽兽畜之,不与曰誓,不就攻伐……来则惩而御

---

① (宋)范晔撰,(唐)李贤等注:《后汉书·南蛮西南夷列传》,2829页,北京,中华书局,1965。
② 崔明德:《中国古代和亲史》,4页,北京,人民出版社,2005。
③ 《云南各族古代史略》编写组:《云南各族古代史略》,22页,昆明,云南人民出版社,1977。
④ (汉)司马迁:《史记·刘敬叔孙通列传》,2719页,北京,中华书局,1982。
⑤ (汉)班固撰,(唐)颜师古注:《汉书·匈奴传》,3239页,北京,中华书局,2012。

之,去则备而守之。其慕义而贡献,则接之以礼让,羁縻不绝,使曲在彼,盖圣王制御蛮夷之常道也。"① 而《汉书·叙传》:"西南外夷,种别域殊。"② 已然明显区分出"我"与"他者"在乎"文野之分",汉之外皆"外夷"。《汉书》较《史记》将很多关于"外夷"的诏书内容补入,"一方面是创造断代史宏伟体例而'扬汉'的体现,也是作者更多搜集、保存有汉一代历史的需要"③。至《后汉书》,更将"外夷"记载为高辛氏之女与一瓠所生后代,"好五色衣服,制裁皆有尾形……好入山壑,不乐平旷。帝顺其意,赐以名山广泽。其后滋蔓,号曰蛮夷。"④ 如此,汉之以外"蛮夷"不仅为中原皇女所生,且其居住地都是拜中原皇帝所赐。所以,在当时的社会状况下如此"尊汉鄙夷","汉滇和亲"不见于正统记载也合乎情理。远嫁滇王之女子使双方不战而和,却以一生作为祭品的贡献被埋没于历史长河中。

当然,石寨山古墓群目前发掘出土的墓葬中汉女子形象虽仅此一例,但却是通体鎏金,足见当时的滇王对此女的重视和喜爱。透过石寨山出土铜镜上铭文的题材,也可见对远嫁之女子的嘱托或牵挂。而唯因政治目的联姻的女性,因为成为以女子为交换代价异姓相扶的重要政治手段,由于牵涉联姻双方的外交关系,其作用不容忽视,所以地位仍然较高⑤。同时,女性的一些优秀品质对治理国家非常必要,如温柔、关爱、同情、合作、奉献、被动、依赖,这些女性具备的特点是解决社会分歧不可或缺的要素⑥。历代和亲的女性,可谓从某种程度上潜移默化地弥补了男权制社会的弊端和不足。

自"三皇五帝"时期女子便已成为一种目的性的政治棋子、政治诱饵,如物品般赠送。细君公主云:"吾家嫁我兮天一方,远托异国兮乌孙王……居常土思兮心内伤,愿为黄鹄兮归故乡。"传昭君作《怨旷思惟歌》:"秋木萋萋……离宫绝

---

① (汉)班固撰,(唐)颜师古注:《汉书·匈奴传》,3288页,北京,中华书局,2012。
② (汉)班固撰,(唐)颜师古注:《汉书·匈奴传》,3646页,北京,中华书局,2012。
③ 王鹏:《史记、汉书民族史料比较研究》,9页,西南大学硕士学位论文,2010。
④ (宋)范晔撰,(唐)李贤等注:《后汉书·南蛮西南夷列传》,2829页,北京,中华书局,1965。
⑤ 陈晓丽:《商周时期女性地位探析》,烟台大学硕士学位论文,2011。
⑥ 程锡麟、方亚中:《什么是女性主义批评》,上海,上海外语教育出版社,2011。

旷,身体摧藏。志念抑冘,不得颉颃……父兮母兮,道里悠长。呜呼哀哉,忧心恻伤。"①"以美女作苟安的城堡,美其名以自欺曰和亲"②,鲁迅先生犀利揭示了女性在和亲中即重要而又被挥之若尘土的悲哀角色。同时,正因为身居左右逢迎的险境当中,相信"如履薄冰,战战兢兢"在所难免。"和亲"女子一方面被作为交换的物件,远嫁他乡,谨小慎微,忍受与故土、亲人隔离之苦;另一方面又因介于双方政治地位的夹缝中而显得"举足轻重"。

摩尔根早已在《古代社会》中指出:"'原始社会'和现代社会之间的根本区别,前者建立在亲属关系上,后者则以财产关系和地域差别为基础。"③在中国,20世纪50年代之前社会的主要关系纽带以及个人的安全保障主要是靠宗族势力来维系,在生存的不确定性随时威胁个人的时候,家庭、家族、亲属编织起来的关系网成为救助的避难所④。近代尚且如此,遥想两千多年前的人们朝不保夕又以何来维系生活的正常以及相应的身份地位?由女子为交换手段的姻亲关系或成为社会关系良好维系的重要保障之一。

纵观古代史,自始便忽略甚至无视女性在历史发展中的参与度和重要作用。考古发掘及其研究更是以男性思维和视角为唯一性。在对格洛特·德·罗非格纳克洞穴这一欧洲乃至全世界最为丰富的史前岩画遗址之一进行描述时,男性是主角,当然这个故事里没有女人出场,但绝无证据显示成年女性和女孩不是参与者,也没有证据证明男人是必然的参与者⑤。经由男人眼中看到的历史——"他的历史",在不经意间建构了"他"和"她"的历史。"在与男性的关系上,所有妇女都是他者。"⑥而类似以兵器、首饰为判定墓葬性别的观点,将过去数千年的时代定位在了男性的

---

① 崔明德:《中国古代和亲史》,35页,北京,人民出版社,2005。
② 鲁迅:《坟·灯下漫笔》,上海,鲁迅全集出版社,1947。
③ 〔美〕Leslie A. White著,徐先伟节译:《摩尔根和他的〈古代社会〉》,载庄孔韶主编《人类学经典导读》,12页,北京,中国人民大学出版社,2017。
④ 〔美〕露丝·本尼迪克特著,北塔译:《菊与刀》,哈尔滨,北方文艺出版社,2017。
⑤ 〔美〕J. M. 阿多瓦西奥、奥尔加·索弗、杰克·佩奇著,李旭影译:《看不见的性别——揭示史前女性的真实角色》,郑州,大象出版社,2010。
⑥ 程锡麟、方亚中:《什么是女性主义批评》,16页,上海,上海外语教育出版社,2011。

世界里，这种无意识的男权偏见几乎统治了整个考古及其研究的邻域，却疏忽了在民族志研究中，采集植物性食物的完成者是女性，且采集所获的食物占族群饮食中的75%–100%，而对于偶尔发生的"狩猎"来说，女人也参与其中，并用陷进捕杀小型哺乳动物[①]，这种方式的成功率应该大于大型的动物狩猎。直至1984年，梅格·唐基（Meg Conkey）和珍妮特·斯佩科特（Janet Spector）的《考古学与性别研究》[②]一文才使人们的目光注意到那些普通女性身上，注意到这些始终被无视的女性身上。女权主义对考古学的波及才让人们开始意识到原来女性是存在的，并且她们的存在是具有一定社会价值和意义的。而这些偏见和现实推测在以石寨山所代表的族群文化当中也有体现，以往对其的研究都沉浸于男性的视角，戴着如此性别眼镜，而无论研究者或受教者都无意识地沉溺在其中并无视、忽略女性在当时社会构建中的积极作用。

五、结　语

"和亲"问题以往与云南省博物馆易学钟先生闲谈中曾听先生提及：石M1铜镜上"畜思君王，心思不忘"铭文应为表现外来汉女的挂念之情。后来又受M6∶13此枚扣饰的启发，遂作此文。

石寨山青铜文化由于目前尚未发现有文字记载，虽《史记》《汉书》《后汉书》等对其记载寥寥，可略知一二，但"过去是一个陌生的国度"[③]，我们现今的人都不曾经历。几千年的历史长河风云变化经历了无数的事和无数的人，如果按照比例来看最后能被记载下来的英雄豪杰、豪言壮举寥若晨星，那么没有被记录下来的人物事件是否就如尘埃陨落。按马林诺夫斯基的文化功能论："一物品成为文化的一部分，只是在人类活动中用得着它的地方，只是在它能满足人类需要的地方……最简

---

① 〔美〕J. M. 阿多瓦西奥、奥尔加·索弗、杰克·佩奇著，李旭影译：《看不见的性别——揭示史前女性的真实角色》，郑州，大象出版社，2010。
② 〔美〕J. M. 阿多瓦西奥、奥尔加·索弗、杰克·佩奇著，李旭影译：《看不见的性别——揭示史前女性的真实角色》，14页，郑州，大象出版社，2010。
③ Lowenthal D. The Past is a Foreign Country. Cambridge: Cambridge University Press, 1985.

单者如是，复杂者何独不然。"①

综上，M6∶13这枚扣饰虽突兀出现，但必有其对墓主"需要"的"实用性满足"之功能。加之对汉滇双方当下关系的分析，以及铜镜铭文和纹饰发展的佐证，推测汉滇和亲这种政治联姻手段具有一定的可能性，在平"滇"的过程中，汉武帝很可能采取了"和亲"政策对滇人施以怀柔手段，循序渐进徐而图之，使滇"不战而降"，直至最终取之。而设益州郡后，武帝实行移民屯田，大量汉人的迁入以及汉人所带来的相对先进的经济文化无疑预示了"滇"的迅速没落，最终神秘消失。而女性在其中所扮演的重要角色却被轻易抹杀掉了。此文以惜之。任何人造物质形态和人类行为的产生都是在人类社会思维和文化以及自然环境等要素相互作用推动下而磨合产生的，对不同族群姻亲关系的认识虽仅见于记载，并仅以记载事件为主，区区数字不足以呈现峰峦迭起，历史背后的蕴藏、有关女性的文化遗产尚需更多的挖掘。当然石寨山所处的地理位置，从此枚扣饰和其他出土器物上也显现出曾经是多元文化交流之所，并从祖国西南之地证明了中华文明的多样性和包容性。

在石寨山青铜器历经二千多年的历史，原生族群无法追溯的情况下，想要挖掘物质文化的深层内涵，无法单纯依靠人类学或遗产学或历史学的单一角度，而本文欲通过物件所体现出的记忆信息和历史文献相结合的方式来探讨墓葬出土扣饰所蕴含的人类学关注视野下的姻亲关系以及相应的女性文化遗产问题，以兹对博物馆藏品在传统研究方法下尝试可并行的研究视角。时间和实践都已证明，博物馆的藏品研究，单一的传统研究视角已不能满足当下的发展，需要人类学、文化遗产学、历史学等多学科的综合运用和分析，才能为人类独特文化现象以及相关问题的深入阐释提供可能。就博物馆的藏品研究而言，立足于"后殖民""后现代"的全球性视野而对其进行理论和实践反思，打破传统考古学的"分类"格局，打破在展厅罗列式的单一陈列格局，跨越藏品分类和物化展示柜给人们带来的界限感和认识障碍，已成为必然。迎接在全球化下不同族群、不同性别交集日益加强的势态，回应当代

---

① 〔英〕马林诺夫斯基著，费孝通译：《文化论》，16页，北京，中国民间文艺出版社，1987。

博物馆发展当中不同学科不断提出的挑战，同时允许多元共生，再审视、再探讨并阐释文化遗产当中更深层次的文化内涵和文化寓意，在去中心化的思想指导下关注女性遗产问题，也符合国际博协讨论之下应对当下人类现世和环境等诸多问题和危机的策略和方向。